EISIGE SCHÖNHEIT
POLARGEBIETE

FASZINATION DER WEITEN WELT

EISIGE SCHÖNHEIT
POLARGEBIETE

Verlag Das Beste
Stuttgart · Zürich · Wien

EISIGE SCHÖNHEIT POLARGEBIETE ist die vollständig überarbeitete deutsche Ausgabe
des Buches FROM POLE TO POLE,
das bei The Reader's Digest Association Limited,
London, erschienen ist.

VON POL ZU POL: Die Originalausgabe TO THE ENDS OF THE EARTH
von Ranulph Fiennes erschien bei Hodder and Stoughton
© 1983 by Sir Ranulph Fiennes

Die Kurzfassung in diesem Buch erscheint mit Genehmigung
des Autors und des Verlags.

© The Reader's Digest Association Limited, London 1997
© Verlag Das Beste GmbH, Stuttgart 1999
Das Werk einschließlich aller seiner Teile ist urheberrechtlich geschützt. Jede Verwendung
außerhalb der engen Grenzen des Urheberrechtsgesetzes ist ohne Zustimmung des Verlags
unzulässig und strafbar. Das gilt insbesondere für Vervielfältigungen, Übersetzungen, Mikro-
verfilmungen und die Verarbeitung in elektronischen Systemen.

Printed in Belgium

ISBN 3 87070 815 8

VORWORT

Die Entdeckungen der vergangenen Jahrhunderte haben viele weiße Flecken von unseren Landkarten entfernt. Nun gelten die Polargebiete als die letzten Bastionen der unberührten Wildnis, und das, obwohl diese Gebiete die Menschen seit dem 16. Jahrhundert zu den gewagtesten Unternehmungen angespornt haben. Die Nordeuropäer hofften, einen Seeweg durch die Arktis zu finden, der sie zu den sagenhaften Reichtümern des Orients führte. Zahlreiche Expeditionen endeten tragisch, bevor die Skandinavier Adolf Erik Nordenskiöld und Fridtjof Nansen das Nordpolargebiet bezwangen. Gleichzeitig dezimierten Robben- und Walfänger die Fauna des Südpolarmeers. Nach dem Zweiten Weltkrieg stachelten dann die reichen Bodenschätze Antarktikas den Ehrgeiz der Großmächte gefährlich an. Zum Glück wurde 1959 der Antarktisvertrag geschlossen, und 1991 einigte man sich darauf, die Ressourcen in den folgenden 25 Jahren nicht auszubeuten. Lediglich Wissenschaftler kommen in den Genuß dessen, was Nordenskiöld „ein unermeßliches Tiefkühllagerhaus des Wissens" nannte.

Heute sind die Polarregionen auch im Rahmen teurer Gruppenreisen zu erreichen. Dagegen gewann der expeditionserfahrene Engländer Ranulph Fiennes Privatleute und wissenschaftliche Institutionen in aller Welt für die Finanzierung eines viel abenteuerlicheren Projekts: eine Reise um die Welt – über beide Pole. In „Von Pol zu Pol" erzählt er anschaulich, wie es zu dieser ungewöhnlichen Reise kam. Sein packender Bericht über die drei Reisejahre durch unwirtliche, weitgehend menschenleere Gegenden in meist lebensfeindlichem Klima zeigt, daß ein solches Unternehmen trotz modernster Hilfsmittel in unserer Zeit noch genauso gefährlich ist wie in den ersten Tagen der Polarerforschung.

INHALT

Welten aus Eis und Schnee
Eine Einführung 9–41

Von Pol zu Pol
Ein Reiseabenteuer von Ranulph Fiennes 42–183

    Ginnies Idee 44
    Südwärts ins Abenteuer 64
    Eine unerforschte Region 82
    Auf der anderen Seite der Erde 102
    Die Nordwestpassage 122
    Beinahe gescheitert 146
    Der Kreis schließt sich 170

Sonderthemen:

    Die blühende Tundra 12
    Tiere des Nordens 15
    Arktische Völker 16
    Der Tod in der Kälte 19
    Fridtjof Nansen – ein Polarforscher mit Weitblick 23
    Wissenschaft und Wirtschaft 24
    Krill: der Schlüssel zum Leben 29
    Die Meeressäuger der Antarktis 32
    Der Mythos vom unbekannten Kontinent im Süden 34
    Sieger und Verlierer 37

Flüge zum Südpol	38
Kontinent der Wissenschaft	40
Erfrierungen	53
Grönland – kein grünes Land	62
Eisberge	71
Winter von Januar bis Dezember	80
Botschaften aus dem Eis	93
Antarktikas geologisches Tagebuch	100
Die Russen in Alaska	114
Richtig gekleidet für die Polargebiete	121
Alarm aus der Arktis	124
Drama im Eismeer	145
Der lebensfeindliche Norden	156
Seefahrt bei Nacht und Eis	169
Walgesänge	180

Arktis – eine Übersichtskarte	10
Antarktika – eine Übersichtskarte	26
Die Reiseroute	46

Register	184
Anhang	189

WELTEN AUS EIS UND SCHNEE

Eine Einführung

WELTEN AUS EIS UND SCHNEE

Auf den ersten Blick wirken die Arktis und die Antarktis wie eisige Zwillinge. Doch dieser Eindruck täuscht, denn abgesehen von den Eis- und Schneewüsten, die hier wie dort riesige Flächen einnehmen, könnten das Nord- und das Südpolargebiet der Erde nicht unterschiedlicher sein. Der wesentliche Unterschied besteht darin, daß das Südpolargebiet ein von Meer umschlossener Kontinent ist, das Nordpolargebiet dagegen einem von Kontinenten umgebenen Meer gleicht. Die Eisdicke im Nordpolarmeer schwankt örtlich zwischen einigen Zentimetern und fünf Metern, Eispressungen erreichen bis zu zwanzig Meter. Antarktika, der Kontinent am Südpol, liegt dagegen fast ganz unter einem durchschnittlich 2500 bis 3000 Meter dicken Eisschild begraben, und die größten Eismächtigkeiten betragen mehr als 4000 Meter. Die Festländer und Inseln im Norden wurden großteils schon vor 30 000 Jahren vom Menschen besiedelt; rund um den Kontinent im Süden erstrecken sich Meere, in die bis vor 350 Jahren wahrscheinlich noch nie ein Mensch vorgestoßen war. Mehrere Millionen Menschen leben ständig in der Arktis, die eine erstaunlich vielfältige Pflanzen- und Tierwelt besitzt. Auf dem antarktischen Festland gibt es hingegen lediglich ein paar Dutzend Forschungsstationen, deren Besatzungen meist nur einige Monate in dieser lebensfeindlichen Welt ausharren, und die Arten höherer Pflanzen und Tiere, die sich bis in das vereiste Binnenland vorwagen, kann man an den Fingern einer Hand abzählen. Der Norden erscheint daher im Vergleich mit dem extrem unwirtlichen Südpolargebiet fast wie ein Garten Eden.

Das Reich des Eisbären

Die Arktis ist nach dem Sternbild des Großen Bären (griech. *arktos* = Bär) benannt, das zusammen mit dem Kleinen Bären und dem Polarstern als hellstem Stern in diesem Sternbild am nördlichen Himmel steht. Entsprechend wird das Südpolargebiet am entgegengesetzten (griech. *ant* = gegen) Ende der Welt als Antarktis bezeichnet. Wesentlich schwieriger lassen sich die Polargebiete jedoch definieren und auf dem Globus abstecken. An und für sich werden die Grenzen von Arktis und Antarktis an den Polarkreisen

Die blühende Tundra

Schneeweiß und Graugrün – das sind die typischen Farben der Tundra. Nur während weniger Wochen des Jahres trägt sie ein farbenfrohes Kleid: gleich nach der Schneeschmelze, wenn die Kräuter eilig ihre bunten Blüten entfalten, um bestäubende Insekten anzulocken, und dann noch einmal im Spätsommer und Herbst, wenn sich das Laub der Zwergsträucher in den herrlichsten Rot-, Gelb- und Brauntönen verfärbt.

Neben Flechten, die eine Verbindung aus Pilzen und Algen darstellen, verschiedenen Moosen und Gräsern beherrschen vor allem Zwergsträucher die Flora der arktischen Tundra. Dazu kommen Miniaturausgaben von Birken und Weiden, Heidekrautgewächse und Pflanzen mit schmackhaften Beerenfrüchten wie die Moltebeere. Die niedrigwüchsigen, meist nur kniehohen Sträucher verschwinden im Winter unter der Schneedecke und sind dadurch vor Frost und Eis einigermaßen geschützt.

Die Kräuter schmiegen sich ebenfalls meist eng an den Boden, bilden dichte Polster und schaffen sich so ihr eigenes Mikroklima, das wesentlich milder und feuchter ist als das der Umgebung. In den Pflanzenpolstern verfangen sich außerdem vom Wind verwehte nährstoffreiche Humuspartikel.

Flechten, äußerst robuste und anspruchslose Organismen, dringen weit in die Frostschuttwüsten vor. ▼

▲ Der Arktische Mohn richtet seine Blüten wie Sonnenkollektoren zur Sonne hin aus.

▲ Die Blätter der Alpen-Bärentraube färben sich im Spätsommer tiefrot. Ihre Früchte werden auch durch Bären verbreitet – daher der Name.

Lupinen besitzen große Wurzelknöllchen, in denen sie in Symbiose mit Bakterien Stickstoff binden und sich so auf nährstoffarmen Böden behaupten können. ▶

WELTEN AUS EIS UND SCHNEE

▲ Ein typischer Zwergstrauch der Tundra: die nur 30 bis 70 cm hohe Zwergbirke

Der Steinbrech duckt sich oft in den Windschatten von Felsblöcken. ▼

gezogen, die bei 66,5° nördlicher bzw. südlicher Breite um den Erdball verlaufen. Die so festgelegten Polarkappen umfassen jeweils ein rund 21,2 Millionen Quadratkilometer großes Areal. In der Natur fallen die Grenzen allerdings nur selten mit den Polarkreisen zusammen. Auf der Nordhalbkugel berührt z. B. das grönländische Inlandeis fast den 60. Breitenkreis, und umgekehrt zieht sich die arktische Tundra in Nordeuropa und Sibirien vielerorts bis jenseits des 70. Breitenkreises zurück. Daneben gelten die nördliche Baumgrenze und die 10 °C-Juli-Isotherme, eine Linie, an deren Verlauf die durchschnittliche Temperatur im Sommer nicht über 10 °C ansteigt, als südliche Begrenzung der Arktis, die ein Gebiet von etwa 27 Millionen Quadratkilometern umschließt. Auf der Südhalbkugel, wo die Polarkreise fast durchgehend über dem offenen Ozean verlaufen, sucht man die Grenzen der Antarktis dagegen im Meer. Dort endet das Polargebiet erst bei etwa 55° Süd an der Antarktischen Konvergenz, der Linie, an der das kalte polare unter das wärmere subtropische Meerwasser absinkt. Die Fläche innerhalb der Antarktischen Konvergenz dehnt sich über rund 52 Millionen Quadratkilometer aus. Insgesamt nehmen die Polargebiete im Norden und Süden unseres Planeten zirka 79 Millionen Quadratkilometer ein, und ihr Anteil an der Erdoberfläche beträgt nahezu ein Sechstel.

Die Pflanzenwelt der Arktis

Von der Gesamtfläche der Arktis entfällt ungefähr die Hälfte auf das 14 Millionen Quadratkilometer große Nordpolarmeer, das selbst in den wärmsten Monaten des Nordsommers noch zu über vierzig Prozent mit Meereis bedeckt ist. Doch die polaren Gewässer sind keine biologischen Wüsten. Im kurzen arktischen Sommer, wenn die Sonne 24 Stunden lang als „Mitternachtssonne" am Himmel steht, entwickelt sich das Phytoplankton in dem nährstoffreichen Wasser geradezu explosionsartig. Die Myriaden dieser mikroskopisch kleinen, im Wasser treibenden pflanzlichen Organismen bilden das Fundament einer Nahrungspyramide aus höchst unterschiedlichen Tieren, von winzigen Einzellern über die verschiedensten Krebstiere und Fische bis hin zu den Robben, Walen und Eisbären.

Auch die Festländer und Inseln rund um den Nordpol sind keineswegs völlig pflanzenleer. Selbst in den polaren Frostschuttwüsten, die zwischen der Tundra und dem „ewigen" Eis der Gletscher liegen, findet man eine Vielfalt von Algen, Flechten und Moosen, dazu einige Dutzend Blütenpflanzenarten, die jedoch nur ein paar Zentimeter groß werden und sich in vereinzelten Büscheln an die Felsen schmiegen. Nach Süden hin steigt die Artenzahl in der Tundra rasch auf 200 bis 300 an. Die Tundra erstreckt sich in einem beinahe ununterbrochenen, oft mehrere hundert Kilometer breiten Gürtel über die nördlichsten Gebiete von Eurasien und Nordamerika.

In der Waldtundra, dem Grenzsaum zu den borealen (nördlichen) Wäldern, können sich noch einzelne verkrüppelte Nadel- und Laubbäume behaupten. Polwärts und in den höheren Lagen der Gebirge nehmen die Überlebenschancen für Bäume unter dem extremen Klima auf den kargen, tiefgefrorenen oder im Sommer wasserdurchtränkten Böden rasch ab. Zwergsträucher, Gräser, Moose, Flechten und ein paar an das rauhe Klima angepaßte Kräuter beherrschen zunehmend die Flora. Auf der unwirtlichen Devon-Insel im hohen Norden Kanadas stehen z. B. über 130 Moosarten rund neunzig Arten von Blütenpflanzen gegenüber, die nach der Schneeschmelze im Frühsommer die sonnenbeschienenen Hänge mit dichten Blütenteppichen von Steinbrech- und Hahnenfußarten überziehen.

Die Tierwelt der Arktis

Das Pflanzenkleid der Polargebiete ist jedoch nur selten so farbenfroh und üppig. Boreale Nadelwälder erzeugen fünfmal soviel pflanzliche Biomasse wie die Tundra. Doch von dieser Gesamtheit der aus Pflanzen entstandenen Substanzen müssen in der Tundra nicht nur Pflanzenfresser wie Rentier, Moschusochse, Schneehase oder Lemming, sondern auch Polarfuchs, Schnee-Eule und die übrigen Landraubtiere als nächste Glieder innerhalb der Nahrungskette leben. Im Winter versiegen die Nahrungsquellen in den arktischen Landgebieten fast völlig, viele Bewohner der Tundra ziehen sich dann in die Waldtundra oder noch besser in den benachbarten Waldgürtel zurück.

Eine nahezu unerschöpfliche Nahrungsquelle sind dagegen die arktischen Meere, in denen es von Leben regelrecht wimmelt. Am Rand der Arktis, vor den Küsten Labradors, Nordnorwegens und Alaskas, liegen einige der reichsten Fischgründe der Welt. Dieses üppige Nahrungsangebot nutzen vor allem die Seevögel. Manche, wie die Elfenbeinmöwe, sind das ganze Jahr hindurch im hohen Norden anzutreffen. Andere, wie die Küstenseeschwalbe, vertauschen jedes Jahr ihr arktisches Brutgebiet mit einem Winterquartier in der Antarktis. Auf dem Zug und in der Antarktis lebt die Küstenseeschwalbe auf hoher See.

Im oder am Wasser findet man auch die meisten Säugetierarten. Wale und Robben, deren Bestände allerdings seit den Nordmeer-Entdeckungsreisen durch Walfänger und Robbenschläger rücksichtslos dezimiert wurden, tummeln sich hier ebenso wie die wohl bekanntesten Vertreter der arktischen Fauna, die Eisbären. Mit einer dicken, wärmeisolierenden Fettschicht, einem dichten Pelz, von dem das Wasser besonders schnell abläuft, und den mit kurzen Schwimmhäuten versehenen Pfoten sind sie perfekt an diesen Lebensraum angepaßt. Natürliche Feinde muß der Eisbär kaum fürchten, sein einziger gefährlicher und furchtbarer Feind ist der Mensch.

▲ Bei den Karibus tragen auch die weiblichen Tiere ein prächtiges Geweih.

Im Verein wagen es Wölfe, eine Herde Moschusochsen zu attackieren. ▼

▲ Arktische Schneehasen sind das ganze Jahr über weiß, ihre Vettern in südlicheren Breiten haben im Sommer ein braunes Fell.

Kleine Eisbären verkriechen sich oft zwischen die Vorder- und Hinterbeine ihrer Mutter und finden so auf den Treibeisschollen ein warmes, sicheres Lager. ▶

Ein Sonnenbad im Eismeer: Walrosse sind sehr gesellige Tiere. Früher versammelten sie sich zu riesigen Herden. ▶

Der gänsegroße Eistaucher gehört zu den mehr als hundert Vogelarten, die alljährlich in der Arktis brüten. ▼

Tiere des Nordens

Im Vergleich zum Südpolargebiet beherbergt die Arktis eine überraschend artenreiche Tierwelt. Vor allem weil die Frostschuttwüsten und die Tundren hier oft direkt an die borealen Wälder grenzen, bietet sich den Tieren die Möglichkeit, im Winter nach Süden auszuweichen. Dagegen ist in der Antarktis der Rückzug in andere Gebiete durch weite Ozeane versperrt.

Die im Norden vorkommenden Tierarten haben meist ein Verbreitungsgebiet, das sich in einem nahezu geschlossenen Band rings um das Nordpolarmeer erstreckt. Zu ihnen gehören Pflanzenfresser wie die durch das längste Haarkleid aller Tiere gegen die Kälte geschützten Moschusochsen, die in Norwegen eingebürgert wurden, oder das Rentier, das in etwa zwanzig Unterarten in der gesamten Arktis heimisch ist. Dasselbe gilt für Raubtiere wie den Wolf, neben dem Bären, dem Luchs und dem Vielfraß einer der „großen Vier" des Nordens, und eine Vielzahl von Vögeln, die im Sommer im Nordpolargebiet brüten und sich alljährlich im Herbst in wärmere Klimazonen zurückziehen.

Die ständigen Bewohner sind meist durch einen dichten Pelz und zusätzlich oft durch eine dicke Fettschicht unter der Haut gegen die Kälte geschützt. Und das weiße Haar- oder Federkleid, das verschiedene arktische Tierarten zumindest im Winter tragen, ist in dieser Welt aus Eis und Schnee nicht nur eine hervorragende Tarnung. Bei Sonnenschein sorgt es auch für einen bescheidenen Wärmegewinn, indem es die Strahlen durch Reflexion bis zur Haut weiterleitet.

Arktische Völker

▲ Longyearbyen, der kunterbunte Hauptort der norwegischen Inselgruppe Svalbard im Eismeer

Nur noch ein paar Schneeblöcke, dann ist der Iglu des Inuit-Jägers fertig. ▶

Beim Skikjöring, dem Nationalsport der Lappen, lassen sich die Teilnehmer von Rentieren ziehen. ▼

Jagd und Rentierzucht bilden seit jeher die wichtigsten Lebensgrundlagen der Völker im Nordpolargebiet. Die Inuit Kanadas, Alaskas und Grönlands ernährten sich in erster Linie von der Jagd, während bei den Einwohnern Lapplands die Rentierzucht im Vordergrund stand. Im arktischen Sibirien, bei den Nenzen, Jakuten und Tschuktschen, fand man die beiden Wirtschaftsweisen oft gleichberechtigt nebeneinander.

In den letzten Jahrzehnten hat sich freilich auch im hohen Norden manches verändert und das meist nicht gerade zum Besten. Viele Inuit in Grönland und Kanada sind heute sogar auf Sozialhilfe angewiesen. Die bedrohliche Überfischung der Meere, strengere Naturschutzgesetze, aber auch die Ausbeutung der Bodenschätze durch Bergbaukonzerne haben die Existenzgrundlagen der Menschen beschnitten. Und in Skandinavien, wo allenfalls noch ein Zehntel der Lappen (Samen) von der Rentierzucht leben, hatte die radioaktive Verseuchung der Weidegründe nach der Reaktorkatastrophe von Tschernobyl verheerende Folgen.

Hinzu kommen soziale Probleme wie Arbeitslosigkeit, Drogensucht oder Kriminalität, die sich beinahe zwangsläufig ergeben, wenn eine traditionelle Gesellschaft von Jägern und Fischern binnen weniger Jahrzehnte in eine städtische Industriegesellschaft umgewandelt wird, wenn Menschen, die seit Jahrtausenden weit verstreut in kleinen Gruppen lebten, jetzt in großen Wohnblocks wohnen müssen.

Manchen gelingt jedoch die Gratwanderung zwischen Tradition und Moderne. Ein Inuit-Bergmann zum Beispiel mag in einem Fertighaus wohnen, am Sonntag zur Kirche gehen und im Supermarkt einkaufen. Trotzdem bewahrt er ein sicheres Gespür für seine Identität als Inuit und geht nach wie vor regelmäßig auf die Jagd, wenn auch mit Flinte und Schneemobil statt mit Harpune und Hundeschlitten.

▲ Aufbruch zur Jagd: Alaska-Inuit schieben ihr Umiak, ein mit Robben- oder Walroßfellen bespanntes offenes Boot, ins Wasser.

Rentiere versorgen die Nenzen im arktischen Sibirien mit Nahrung sowie Material für Kleidung, Zelte und Bettzeug. ▼

Auch die Landtiere müssen sich anpassen, um in dieser lebensfeindlichen Umgebung zu überleben. Allesfresser wie die Braunbären, die keine Kost verschmähen und sich von Wurzeln, Blättern, Beeren, Nüssen, Insekten, Vögeln, Fischen und kleineren Säugetieren ernähren, sind in dieser Beziehung flexibler als wählerische Nahrungsspezialisten. Die Bären halten darüber hinaus Winterruhe und verringern so ihren Energieverbrauch. Eine andere Strategie verfolgen die Rentiere bzw. die Karibus in Nordamerika. Sie weichen im Herbst vor der Kälte und dem Schnee nach Süden hin aus, versammeln sich zu großen Herden und ziehen über weite Entfernungen südwärts in die Waldtundra oder den angrenzenden Nadelwaldgürtel. Füchse, Hasen und Schneehühner tragen im Winter ein weißes Haar- oder Federkleid, teils zur Tarnung, teils wahrscheinlich aber auch, um die geringe Sonneneinstrahlung besser zu nutzen. Die Halsbandlemminge legen ebenfalls ein rein weißes Winterkleid an, was bei Nagetieren eine Seltenheit ist. Mit den Krallen an den Vorderfüßen können sie im Schnee und im gefrorenen Boden außerdem besonders gut graben. Sie halten keinen Winterschlaf, sondern verbergen sich in Gängen unter der Schneedecke. Obwohl sie in diesen Verstecken leben, werden sie häufig von Füchsen, Schnee-Eulen und nordischen Greifvögeln erbeutet, für die die durch ihre „selbstmörderischen" Wanderungen bekannten Kleinsäuger im Winter die wichtigste Nahrungsquelle darstellen. Zu den imposantesten Tieren der Arktis zählen die stämmigen Moschusochsen mit ihrem Haarkleid aus weicher Unterwolle und einer Mähne von Deckhaaren, die bis zum Boden reicht. Zur Verteidigung bilden sie einen Kreis, wobei die Kälber in die Mitte genommen werden. Die gesenkten Hörner der ausgewachsenen Tiere zeigen nach außen. Diese Strategie bewährt sich in der Regel gegen Wölfe oder Bären, gegen das gefährlichste aller Raubtiere, den Menschen, bleibt sie freilich wirkungslos.

Menschen am Rand der bewohnbaren Welt

Der Mensch ist ein Geschöpf warmer Klimazonen: langgliedrig, praktisch unbehaart, kaum für ein Leben in kaltem Klima geeignet. Trotzdem sind die arktischen Regionen Nordamerikas, Grönlands und Eurasiens erstaunlich dicht besiedelt, und der Mensch hat sich dort nicht erst in neuerer Zeit, sondern schon vor Jahrtausenden niedergelassen. Für die Ausbreitung des *Homo sapiens* über die Erde waren die Eiszeiten besonders günstig, denn riesige Wassermassen wurden den Weltmeeren entzogen und lagerten sich als Inlandeis auf den Kontinenten ab. Dadurch sank der Meeresspiegel zum Teil um mehr als hundert Meter unter das heutige Niveau, Landbrücken entstanden im Bereich der Schelfmeere, und die Menschen konnten trockenen Fußes von einem Kontinent zum anderen gelangen.

So wanderten vor rund 30 000 Jahren die Vorfahren der amerikanischen Indianer von Sibirien über die damalige Landbrücke *Beringia* nach Nordamerika ein. Für die Indianer war die nordamerikanische Arktis jedoch nur eine Durchgangsstation; die heutige Bevölkerung ließ sich erst viel später dort nieder. Um etwa 2000 v. Chr. querten sibirische Völker die Beringstraße, gründeten zunächst auf den Aleuten und in Alaska die Beringsee-Kultur und breiteten sich dann bis ins östliche Kanada aus, wo von etwa 1000 v. Chr. bis 1300 n. Chr. die sogenannte Dorset-Kultur ihre Blütezeit erlebte. Die Ureinwohner der nordamerikanischen Arktis jagten Moschusochsen und Karibus zu Lande sowie Robben, Walrösser und Fische in den eisigen Gewässern des Nordpolarmeers. Vor ungefähr tausend Jahren erfolgte eine weitere Einwanderungswelle, die der sogenannten Thule-Kultur, die sich schließlich in ganz Kanada verbreitete und im 12. Jahrhundert nach Grönland gelangte. Die Menschen der Thule-Kultur, die Eskimos („Rohfleischesser"), die sich selbst Inuit („Menschen") nannten, waren erfolgreiche Seeleute. Sie lebten in Küstensiedlungen und ernährten sich von der Fischerei und dem Walfang vom Kajak und größeren Booten aus.

Auf der Suche nach der Nordostpassage

Die sibirische Küste des Nordpolarmeers wurde seit der Mitte des 16. Jahrhunderts von Jägern, Fallenstellern und Kaufleuten erkundet. Angeführt von Timofejewitsch Jermak, überquerte 1579 eine Schar von Kosaken den Ural und gelangte zwei Jahre später an den Zusammenfluß der Flüsse Tobol und Irtysch. 1628 hatten weitere Kosaken die Mündung der Lena erreicht, und schon 1639 waren sie über den ganzen Kontinent bis zum Ochotskischen Meer vorgedrungen.

Etwa gleichzeitig mit der ersten Durchquerung Sibiriens vom Ural bis zum Pazifischen Ozean begann die Suche westeuropäischer Seemächte, vor allem der Engländer und Holländer, nach der Nordostpassage, dem Seeweg von Europa durch das Nordpolarmeer nach Ost- und Südostasien. Weil die Spanier und Portugiesen die südlichen Seewege nach Indien und China unter ihrer Kontrolle hatten, forschten Engländer und Holländer nach alternativen Routen. 1553 gingen drei Schiffe unter dem Befehl von Hugh Willoughby von England aus mit Ziel „Cathay" (China) auf die unbekannte Route. Schon nördlich der Lofoten trieb ein Sturm die Schiffe auseinander. Richard Chancellor, dem Kommandanten des dritten Schiffes, gelang es, sich bis nach Archangelsk am Weißen Meer durchzuschlagen. Von dort fuhr er mit dem Schlitten nach Moskau, wo er mit dem Zaren einen Handelsvertrag abschloß. Willoughby und die beiden anderen Schiffe hatten weniger Glück. Zwar entdeckte er die Insel Nowaja Semlja, doch als das Eis zunahm, hielt

Die *Jeannette* wurde 1881 vom Eis zermalmt. Lediglich elf der 33 Expeditionsteilnehmer überlebten die Rückfahrt zur Küste. ▶

▲ Adolf Erik Nordenskiöld, der erste Bezwinger der Nordostpassage (1878/79), in stolzer Pose vor seinem Schiff, der *Vega*

Ein Eisbrecher erzwingt sich eine Fahrrinne durch das Meereis, um ein im Nordpolarmeer eingeschlossenes Schiff zu befreien. ▼

▲ Fast zehn Monate lang mußte Willem Barents mit seinen Leuten 1596/97 in einem aus Treibholz errichteten Blockhaus am „Eishafen" ausharren.

Der Tod in der Kälte

In der Pionierzeit der Polarerforschung endeten viele Expeditionen in einer Katastrophe: die Teilnehmer erfroren, verhungerten oder mußten gar das Fleisch ihrer Leidensgenossen verzehren, um zu überleben. Ganze Schiffsmannschaften verschwanden für immer in den polaren Gewässern.

Auf der Suche nach einem Seeweg nach China durch das Nordpolarmeer ging der holländische Seefahrer Willem Barents im Mai 1596 auf seine dritte und letzte Polarfahrt. Schon im August wurde sein Schiff vor der sibirischen Küste, etwa bei 76° nördlicher Breite, vom Eis eingeschlossen, und die Besatzung mußte bis zum Juni 1597 im „Eishafen" ausharren. Dies war die erste Überwinterung einer Expedition in so hohen nördlichen Breiten. Trotz Kälte, Hunger und Skorbut überlebten die meisten Besatzungsmitglieder. Barents selbst starb auf der Rückfahrt. Ähnlich erging es dem dänischen Polarforscher Vitus Jonassen Bering. Sein Schiff strandete im November 1741 auf einer Insel im Eismeer; vier Wochen später waren Bering und ein Großteil seiner Mannschaft erfroren, verhungert oder von Polarfüchsen gefressen. Gut hundert Jahre später ereilte den Briten John Franklin und die 129 Mann seiner Schiffsbesatzungen das gleiche Schicksal.

Zu den wenigen glücklichen Ausnahmen in der langen Reihe tragischer Vorfälle gehört die Fahrt Adolf Erik Nordenskiölds, eines schwedischen Polarforschers, der 1878/79 als erster mit Erfolg die Route befuhr, nach der Barents drei Jahrhunderte zuvor vergeblich gesucht hatte. Heute ist dieser Seeweg als die Nordostpassage bekannt und wird von zum Teil von Atomkraft angetriebenen Eisbrechern freigehalten.

▲ Gedenkmünze für Nordenskiöld (oben rechts) und den Marineoffizier A. A. L. Palander, der die *Vega* befehligte

▲ Der dänische Asienforscher Vitus Jonassen Bering starb am 8. Dezember 1741 auf der nach ihm benannten Insel.

WELTEN AUS EIS UND SCHNEE

er notgedrungen nach einem Winterquartier Ausschau. Mit Mühen erreichte er die Nordküste der Halbinsel Kola. Dort müssen die sechzig Männer elend zugrunde gegangen sein, denn russische Fischer fanden im Frühjahr des darauffolgenden Jahres die an Deck der Schiffe festgefrorenen Leichen. Dieses Schicksal blieb einigen Mitgliedern von Willem Barents' Expedition erspart. Auch ihr Schiff wurde 1596 vor Nowaja Semlja vom Eis eingeschlossen. Die Holländer bauten sich jedoch aus Treibholz und den Überresten ihres Schiffs eine Notunterkunft. Mit Mut, Erfindergeist und fast übermenschlichem Durchhaltevermögen gelang es den meisten, die arktische Polarnacht zu überleben. Im Sommer darauf konnten sich zwölf Männer mit den offenen Booten durch das aufbrechende Packeis in Sicherheit bringen.

Nach diesen Fehlschlägen gaben Engländer und Holländer auf. Erst in der zweiten Hälfte des 19. Jahrhunderts versuchten mehrere Expeditionen erneut, das Nördliche Eismeer zu durchqueren. Der schwedische Polarforscher Adolf Erik Nordenskiöld (1832–1901) war es, dem 1879 die erste Durchfahrt vom Atlantik zum Pazifik glückte. Heute entwickelt sich die Nordostpassage mit Hilfe der von Atomkraft angetriebenen Eisbrecher zu einer regelmäßig befahrenen internationalen Schiffahrtsroute.

Die nordwestliche Durchfahrt

Die Briten suchten schon früh nach einem Seeweg, der von Großbritannien über den Nordatlantik und durch die Inselwelt der kanadischen Arktis nach Ostasien führte. Deshalb waren es vor allem britische Forscher und Seeleute, die fünfhundert Jahre lang ihr Leben bei der Suche nach der Nordwestpassage aufs Spiel setzten.

Im späten 16. und frühen 17. Jahrhundert segelten Seefahrer wie Martin Frobisher, John Davis oder Henry Hudson an der Westküste Grönlands nordwärts und leisteten wertvolle Vorarbeiten bei der Suche nach der Durchfahrt. Doch dann stellte sich bei den Erkundungsreisen eine Flaute ein, bis die britische Admiralität im frühen 19. Jahrhundert, kurz nach den Napoleonischen Kriegen, Leute und Schiffe für Fahrten bereitstellen konnte. 1818 entdeckte John Ross den Lancastersund – das Haupttor zu der Passage –, doch eine Fata Morgana, die er fälschlich als „Landgebiete im Hintergrund der Bucht, die eine Gebirgskette bildeten", deutete, hielt ihn davon ab, einen Vorstoß zu wagen. Ein paar Jahre danach ließ William Edward Parry, der bedeutendste aller Nordpolarforscher jener Zeit, als erster seine Schiffe absichtlich den arktischen Winter über vom Eis einschließen. Sie überstanden den Eisdruck und gaben so der

◀ Monatelang wird das Eis der kanadischen Arktis das Schiff umklammern, bis sich im Frühsommer wieder ein paar schmale Fahrrinnen öffnen.

Polarforschung großen Auftrieb, denn es bedeutete, daß Expeditionen im nächsten Sommer ohne Verzögerung fortgesetzt werden konnten. 1845 verscholl Sir John Franklins Expedition im Wirrwarr der Wasserwege westlich des Lancastersunds. Bis in die 1870er Jahre hinein forschten ungezählte „Franklinsucher" zu Land und zu Wasser nach Spuren, doch nur wenige wurden fündig, und so liegt noch immer ein Geheimnis über dem Drama in Eis und Schnee.

Es gehört zu den Ungereimtheiten der Entdeckungsgeschichte, daß Franklin, ein Forscher mit nur bescheidenen Erfolgen, allgemein bekannt ist, während Männer wie Hearne, Mackenzie und Rae weitgehend unbekannt geblieben sind. Samuel Hearne war der erste Weiße, der die Barren Grounds erforschte, jene karge Tundra, die sich „wie ein ausrangiertes Fegefeuer am Nordrand Nordamerikas erstreckt". Begleitet von Chippewa-Indianern unternahm er drei große Reisen. Auf der letzten Reise legte er eine Strecke von 5600 Kilometern zurück und entdeckte die Mündung des Coppermine River. Noch ausgedehntere Reisen unternahm Alexander Mackenzie: Zunächst folgte er dem Strom, der heute seinen Namen trägt, bis zu dessen Delta im Nordpolarmeer, dann gelang ihm die erste Ostwestdurchquerung der kanadischen Arktis. Der fleißigste Polarforscher aber war Dr. John Rae, der sich die Überlebensstrategien der Inuit zum Beispiel nahm. Er legte die erstaunliche Strecke von rund 37 000 Kilometern zurück und kartierte etwa 2700 Kilometer Küste. In der Nähe der Mündung des Back River traf er auf Gräber und die zerstückelten Leichen britischer Seeleute. „Aus der Verstümmelung vieler Leichen", schrieb er, „konnte man schließen, daß unsere armen Landsleute zum letzten schrecklichen Mittel zur Erhaltung ihres Lebens getrieben wurden" – dem Kannibalismus. So bestätigten sich die schlimmsten Befürchtungen über das ungewisse Schicksal Franklins und seiner Leute.

Die Eroberung des Nordpols

Während die Briten noch nach Franklin suchten, waren die Amerikaner schon auf dem Weg zum Nordpol. 1853–55 versuchte der Schiffsarzt Elisha Kent Kane, als erster eine Route zum Pol über den Smithsund zu finden – den Eingang zur Meerenge zwischen Grönland und der Ellesmere-Insel. Seine Expedition gelangte bis zu 80° 35' nördlicher Breite, mußte jedoch zweimal überwintern und wäre dem Hungertod zum Opfer gefallen, wenn Inuit die Männer nicht gerettet hätten. Im August 1871 stieß Charles Hall mit der *Polaris* bis 82° 11' nördlicher Breite vor; zehn Jahre später führte Major Adolphus Greely eine amerikanische Expedition in die kanadische Arktis, um im Rahmen des 1. Internationalen Polarjahres eine Beobachtungsstation einzurichten und „soweit wie möglich nach Norden" zu gelangen. Greely erreichte beide Ziele, doch der

▲ Fridtjof Nansen, das Urbild aller Polarforscher, faßte mit 21 Jahren den Plan, die Eiswüsten des Nordens zu erkunden.

Auf der Drift mit der *Fram* beobachtete und malte Nansen diese spektakulären Haloerscheinungen über dem Eismeer. ▼

◀ Nansen gab seinem Schiff den Namen *Fram*, was soviel wie „Vorwärts" bedeutet. Heute steht das kraftvolle Schiff, das die stärksten Eispressungen überstand, in einem Museum am Rand von Oslo.

▲ Drei lange Jahre dauerte die Fahrt der *Fram*. Hier feiern die Seeleute (ohne Nansen, der das Schiff im März 1895 mit einem Gefährten verlassen hatte) im Mai 1896 den norwegischen Nationalfeiertag.

Fridtjof Nansen – ein Polarforscher mit Weitblick

Fridtjof Nansen (1861–1930) war eine der herausragenden norwegischen Forscherpersönlichkeiten und ein vielseitiger Mensch: sowohl Wissenschaftler als auch Staatsmann – er nahm 1905 an den Verhandlungen über die Auflösung der norwegisch-schwedischen Union teil – und ein entschiedener Verfechter des Humanitätsgedankens. Er erhielt den Friedensnobelpreis für seine Verdienste um die Wiedereinbürgerung russischer Flüchtlinge in ihrem Heimatland nach dem Ersten Weltkrieg. In erster Linie aber war Nansen Polarforscher, fasziniert von der eisigen Wildnis, die er im Sommer 1882 an der Ostküste Grönlands zum ersten Mal kennenlernte. Schon damals dachte er daran, ins Innere der größten Insel der Welt vorzudringen und sie zu durchqueren. Sechs Jahre später, im August und September 1888, bezwang Nansen tatsächlich das grönländische Inlandeis (und die akademische Fachwelt, die das Vorhaben für eine Utopie oder „Narretei" hielt).

Mit dem Ruhm, Grönlands Erstdurchquerer zu sein, begnügte sich der kühne Polarforscher freilich nicht. Im Februar 1890 trug er der Geographischen Gesellschaft zu Christiana, dem heutigen Oslo, erstmals den Plan vor, sich mit einem Schiff quer über das Nordpolarmeer treiben zu lassen – ein Plan, der in Norwegen breiten Zuspruch fand, im Ausland dagegen als „abenteuerliches Programm" zu den Akten gelegt wurde. Doch Nansen hielt unerschütterlich daran fest, bereitete die Driftfahrt sorgfältig vor, ließ vor allem die *Fram* als unbezwingbares Schiff bauen und stach im Juli 1893 in See. Von Mitte September 1893 bis August 1896 war die *Fram* im Eis eingeschlossen, doch sie driftete bis auf weniger als fünf Breitenkreise an den Pol heran, während Nansen die Expedition noch mit einer tollkühnen Schlittentour über das Eis des Polarmeers würzte.

◀ Noch heute sind Schlitten im Einsatz, die nach Nansens Entwürfen gebaut werden.

Wissenschaft und Wirtschaft

Die Arktis zieht seit Jahrzehnten Wissenschaftler der verschiedensten Fachrichtungen in Scharen an. Zu den bedeutendsten Forschern, die dort wichtige Entdeckungen machten, gehörte der deutsche Geophysiker Alfred Wegener (1880–1930). Er gilt als Begründer der Theorie von der Kontinentaldrift, erforschte aber auch das Klima der geologischen Vorzeit und unternahm mehrere große Grönland-Expeditionen. Bei seiner letzten Expedition ließ Wegener auf dem grönländischen Inlandeis die Forschungsstation „Eismitte" anlegen, auf dem Rückmarsch von dieser Station kam er im November 1930 ums Leben.

„Eismitte" sollte unter anderem die Eismächtigkeit durch Echolotmessungen ermitteln. Ähnliche Techniken werden bei der Erkundung von Erdöllagerstätten eingesetzt, und mit ihrer Hilfe entdeckten die Geologen 1968 an der Prudhoe-Bucht im nördlichen Alaska reiche Vorkommen. Sie werden seit der Mitte der 70er Jahre ausgebeutet – gegen den erbitterten Widerstand der Naturschützer, die verheerende Umweltkatastrophen beim Transport des Öls durch die Trans-Alaska-Pipeline und weiter vom Verschiffungshafen Valdez auf dem Seeweg befürchten. Die erste Katastrophe ließ auch nicht lange auf sich warten: Im März 1989 lief der Tanker *Exxon Valdez* in der Nähe des Hafens auf Grund, fast fünfzig Millionen Liter Öl flossen ins Meer und vernichteten die Tierwelt in weitem Umkreis. In der russischen Arktis kommt es ebenfalls fast regelmäßig bei der Förderung und dem Transport von Erdöl und Erdgas zu Unfällen – und von der Umweltverschmutzung durch die Verbrennung dieser fossilen Brennstoffe bleibt die Arktis auch nicht verschont.

An Bord des Forschungsschiffs *Polarstern* wird mit modernsten Geräten die arktische Umwelt untersucht. ▼

▲ **Die Trans-Alaska-Pipeline schlängelt sich rund 1300 km weit von den Erdölfeldern an der Prudhoe-Bucht zum eisfreien Hafen Valdez im Süden Alaskas.**

Ein Eisbär im Dienste der Wissenschaft: Als „Endverbraucher" innerhalb der Nahrungskette leidet er besonders unter Umweltgiften. ▶

▲ Alfred Wegener, Geophysiker und Begründer der Kontinentalverschiebungstheorie

▲ Diese Stoßzähne gehörten einem Mammut. Tiere dieser Art lebten in Kältesteppen und starben am Ende des Eiszeitalters aus.

Preis war furchtbar. Die meisten seiner Leute starben in den beiden Winterquartieren „in einer Atmosphäre des Hasses und des Kannibalismus". Eines stand spätestens jetzt fest: die Eroberung des Pols war nichts für sensible Naturen.

Fanatiker wie Robert Edwin Peary mußte man sein. Der amerikanische Vermessungsingenieur unternahm zwischen 1886 und 1909 eine Reihe von Expeditionen in die Arktis und näherte sich immer mehr seinem Wunschziel: dem Nordpol. Er brach sich das Bein und erlitt Erfrierungen und Schneeblindheit; zweimal wäre er beinahe verhungert, seine Füße erfroren, und schließlich mußten alle seine Zehen amputiert werden. „Die Schicksalsmächte und die ganze Hölle sind gegen mich", rief er aus, „doch ich werde triumphieren!" Pearys Traum wurde zum amerikanischen Traum; am 6. April 1909 errichtete er einen Schneehügel am Nordpol (oder besser: im Nordpolgebiet) und hißte die amerikanische Flagge, die er 15 Jahre bei sich getragen hatte. Aber war er tatsächlich als erster am nördlichsten Punkt der Erde? Fünf Tage zuvor hatte nämlich der amerikanische Forschungsreisende Frederic Cook verkündet, er habe am 22. April 1908, also fast ein Jahr vor Peary, den Pol erreicht. Nun entbrannte ein häßlicher Streit, der inzwischen zugunsten Pearys entschieden worden ist.

Freilichtlaboratorium Arktis

Die Polargebiete gehören zu den wenigen Regionen der Erde, in denen die Natur noch fast unberührt und von den Aktivitäten des Menschen kaum etwas zu spüren ist. Die Umweltverschmutzung hält sich noch in Grenzen, besonders in der Antarktis. Das Nordpolargebiet wird dagegen leider immer stärker verunreinigt, vor allem durch Abgaswolken und Abwässer aus den Großstädten und Industrierevieren Sibiriens, Europas und Nordamerikas.

Für viele Wissenschaftler sind die Polargebiete allerdings nach wie vor riesige Freilichtlaboratorien, in denen man die verschiedensten Phänomene unter möglichst naturnahen Bedingungen untersuchen kann. Dazu zählen Veränderungen in der Stärke und Ausrichtung des erdmagnetischen Feldes oder die prachtvollen Polarlichter, die am häufigsten und schönsten im Umkreis der erdmagnetischen Pole auftreten. Die meteorologische Forschung in der Arktis erlebte in den Jahrzehnten des kalten Krieges einen enormen Aufschwung, als sowohl die Vereinigten Staaten als auch die frühere Sowjetunion eine Reihe bemannter Wetterstationen im hohen Norden einrichteten. Die meisten dieser Stationen hat man inzwischen durch unbemannte automatische Wetterstationen ersetzt, deren Daten von Satelliten zu den Wetterzentralen weitergeleitet werden. Biologen, die sich um die Zukunft wildlebender Tiere Sorgen machen, versehen bedrohte Tierarten mit Marken und untersuchen ihr Verhalten.

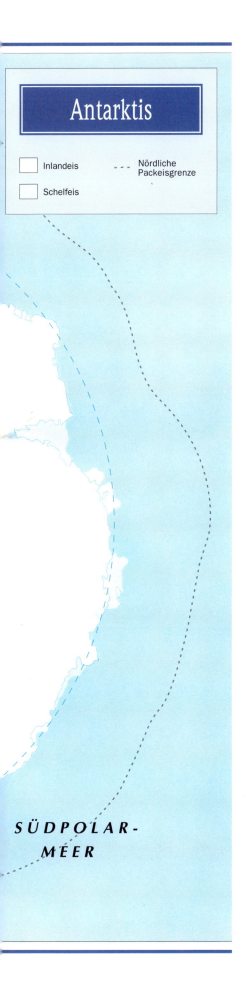

Auf solche Studien geht zum Beispiel die Internationale Vereinbarung zum Schutz der Eisbären zurück, die die Anrainerstaaten der Arktis 1975 geschlossen haben.

Die Wissenschaft, die am engsten mit den Polarregionen verbunden ist, bleibt jedoch die Glaziologie oder Gletscherkunde. Bohrkerne aus dem grönländischen Inlandeis geben den Forschern Auskunft über das Klima in der Vergangenheit. Bei Eisbohrungen an der Station Eismitte, auf der höchsten Stelle der grönländischen Eiskappe, ist man mittlerweile in Tiefen um 3500 Meter vorgedrungen und hat von dort Eisproben mit einem Alter von bis zu 250000 Jahren zutage gefördert. Durch chemische und physikalische Analysen dieser Proben können die oft extremen und abrupten Klimaänderungen erfaßt werden, die das Eiszeitalter prägten. Die Vergangenheit wird so zum Schlüssel für die Zukunft. Forschungen dieser Art verdeutlichen, daß die Polarregionen nicht nur grandiose Naturlandschaften sind, sondern nach den Worten des schwedischen Polarforschers Adolf Erik Nordenskiöld auch „ein unermeßliches Tiefkühllagerhaus des Wissens".

Die letzte große Wildnis

Astronauten berichten, daß das weiße Inlandeis der Antarktis, das „wie eine große weiße Laterne Licht ausstrahlt", vom Weltraum aus gesehen das hervorstechendste Merkmal unseres Planeten sei. Es bedeckt eine Fläche von rund 14 Millionen Quadratkilometern, ein Gebiet fast doppelt so groß wie Australien. Über 85 Prozent der irdischen Eismassen türmen sich auf dem antarktischen Festland auf. Antarktika ist die kälteste, trockenste, stürmischste, durchschnittlich höchste Landmasse der Erde – und der Kontinent, der am spätesten entdeckt wurde. Vor 200 Jahren hatte ihn wohl noch kein Mensch zu Gesicht bekommen, geschweige denn betreten.

Die Abgelegenheit Antarktikas, die weiten Meere, die es umgeben, und die schier unüberwindliche Barriere aus Meereis erklären, weshalb das Festland so lange unbekannt blieb. Vor dem Zeitalter der Luftfahrt mußte man eine lange Reise auf sich nehmen, um sich dem Kontinent überhaupt zu nähern, und die letzte Etappe führte über den stürmischsten Ozean der Welt. Da zwischen 45° und 60° südlicher Breite fast keine Landgebiete liegen, können sich Winde und Wellen in diesen Breiten ungehindert austoben. Die durchschnittliche Windgeschwindigkeit erreicht dort sechzig Kilometer pro Stunde, und die Dünung beträgt fünf Meter. In Stürmen kann es zu Windgeschwindigkeiten von 160 Kilometer pro Stunde und Wellen von 15 Meter Höhe kommen. Schiffe, denen es gelingt, sich einen Weg durch das Südpolarmeer zu erzwingen, müssen dann vor dem geschlossenen, bis zu drei Meter dicken Meereisgürtel um Antarktika kapitulieren. Unter dem Einfluß von Winden und Strömungen driftet das Eis in alle möglichen Richtungen, und je nach Temperatur und Jahreszeit dehnt es sich aus oder zieht sich zurück. In zehn von zwölf Monaten ist es undurchdringlich. James Clark Ross, der erste Polarforscher, der einen Weg durch den Eisgürtel fand, schrieb, daß seine Schiffe „inmitten der schweren Bruchstücke driftender Eisberge rollten und ächzten, über die der Ozean seine turmhohen Wellen ergoß, riesige Eismassen wurden übereinandergeschoben und dann tief unter den schäumenden Wassermassen begraben, die sie umherschleuderten und mit fürchterlicher Gewalt gegeneinanderstießen". Und wenn die Menschen schließlich das Festland erreichen, finden sie die trostlosesten Landschaften auf der ganzen Erde vor.

Und doch sind die Küsten dieses öden Kontinents in jedem Frühjahr von zahllosen Seevögeln und Meeressäugern bevölkert: Tausende von Robben, die sich auf den Stränden aalen, Hunderttausende von nistenden Sturmvogelpaaren und eine Million brütender Pinguine. Was ist der Grund für diese einzigartige Fülle von Leben?

Der Reichtum des Meeres

Polare Gewässer sind in der Regel wesentlich nährstoffreicher als tropische Meere. Das gilt vor allem für Zonen, in denen sich verschiedene Wassermassen mischen, etwa an der Schmelzgrenze des Packeises oder im Bereich der sogenannten Antarktischen Konvergenz, wo kaltes, schwereres Antarktiswasser unter wärmeres und leichteres Meerwasser aus nördlicheren Breiten absinkt. Unter der Einwirkung des Sonnenlichts entfaltet sich im Wasser das Phytoplankton in unvorstellbarer Vielfalt: es kommt zur Planktonblüte.

Wenn man einen Tropfen Wasser aus diesen Meeresgebieten unter dem Mikroskop betrachtet, erkennt man, daß es unzählige winzige pflanzliche Organismen enthält, die teilweise einen Durchmesser von knapp 0,0001 Millimeter haben, vor allem Einzeller wie Kieselalgen, deren Zahl sich unter geeigneten Bedingungen an einem einzigen Tag verdreifachen kann. Insgesamt kann ein Liter Wasser einige tausend bis viele Millionen pflanzliche Mikroorganismen enthalten. Und wo das Phytoplankton in Hülle und Fülle vorkommt, ist auch tierisches Leben in Form von tierischem Plankton und anderen größeren Lebewesen anzutreffen. Manche tierische Organismen des Planktons sind kaum größer als die winzigen Pflanzen, von denen sie sich ernähren, andere können ein paar Zentimeter lang sein. Einige sind Pflanzenfresser wie die Ruderfußkrebse, andere dagegen Fleischfresser, etwa die Pfeilwürmer, die ihre Beute mit der furchterregenden Mundöffnung ergreifen.

Alljährlich kommt es etwa im Südantillenmeer zur massenhaften Entwicklung der Planktonorganismen, die hungrige Gäste aus allen Meeren der Welt anlockt: verschiedene Weichtiere, Seescheiden, Fische und Larven von Krebstieren sowie den Krill, der in dichten

Die roten Flächen auf diesem Satellitenbild der Antarktis weisen auf eine besonders hohe Konzentration von Phytoplankton hin. In diesen nährstoffreichen Gewässern entwickelt sich eine Vielfalt von Meerestieren. ▶

▲ In 50facher Vergrößerung gleichen die im Wasser schwebenden pflanzlichen Organismen dünnen Glassplittern. Ihre Zellwände bestehen in der Tat aus Kieselsäure, dem Hauptbestandteil von Glas.

▲ Das Zooplankton umfaßt eine Vielzahl tierischer Organismen, von Einzellern über winzige Schnecken und Krebse bis zu den im Wasser schwebenden Eiern und Larven.

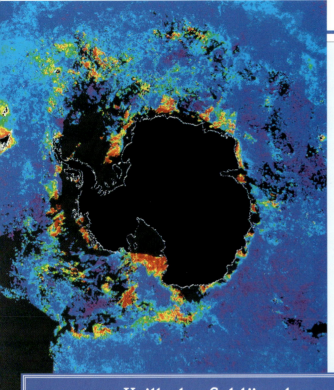

▲ Fangschiffe fischen zur Zeit jährlich etwa 400 000 Tonnen Krill aus dem Meer. Der Fang wird größtenteils zu eiweißreichem Viehfutter verarbeitet.

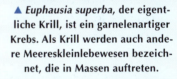

▲ *Euphausia superba*, der eigentliche Krill, ist ein garnelenartiger Krebs. Als Krill werden auch andere Meereskleinlebewesen bezeichnet, die in Massen auftreten.

Krill: der Schlüssel zum Leben

Krill (vom norwegischen *kril* = Fischbrut) ist ein wesentlicher Bestandteil des Ökosystems im Südpolarmeer. Als Krill oder Whalaat („Walnahrung") bezeichneten die Walfänger einst alle in den antarktischen Gewässern massenhaft auftretenden kleinen Meereslebewesen, die den Bartenwalen als Nahrung dienen. Dazu zählt auch der Krill im engeren Sinn: *Euphausia superba*, ein etwa sechs Zentimeter langer Krebs, der in oft riesigen Schwärmen in den oberen Wasserschichten des Südpolarmeers vorkommt.

Euphausia, selbst ein Planktonkrebs, der ununterbrochen schwimmt, ernährt sich hauptsächlich vom pflanzlichen Plankton und ist seinerseits die Hauptnahrung mancher Pinguine, Robben, Wale und anderer großer Fleischfresser. Er sitzt daher an einer Schlüsselposition innerhalb der recht kurzen antarktischen Nahrungskette. Der Krill profitiert von dem reichen Phytoplanktonangebot des kalten Meeres, verschmäht aber auch die im Wasser schwebenden Kleintiere nicht. Mitunter fällt er sogar über die eigenen Artgenossen her. Eine solche Ernährungsstrategie zahlt sich offenbar aus: Im Sommer bevölkern Krillschwärme mit einem Gesamtgewicht von 1,3 Millionen Tonnen das Südpolarmeer.

Die im Wintereis eingeschlossenen Algen verleihen ihm eine schlammbraune Farbe. Im Sommer werden sie aus ihrem eisigen Gefängnis befreit und vermehren sich rasch. ▶

Dieser gewaltige Bestand ernährt eine Fülle größerer Tiere: Bartenwale wie der Blauwal und der Finnwal verzehren unter Umständen drei bis vier Tonnen Krill am Tag. Auch für die Krabbenfresserrobben, die Adéliepinguine und viele Seevögel sind die Kleinkrebse die Hauptnahrungsquelle. Und seit geraumer Zeit versucht der Mensch ebenfalls, sich einen Anteil an diesem schier unerschöpflichen Eiweißreservoir in den antarktischen Meeren zu sichern.

Schwärmen von oft zehn Metern Mächtigkeit und einer Ausdehnung von vielen Quadratkilometern auftritt. Krill ist ein Hauptbestandteil des antarktischen Nahrungsnetzes. Er dient nicht nur zahlreichen Fischen und Seevögeln, sondern auch den riesigen Bartenwalen als Nahrung. Einer dieser Wale, der Blauwal, verzehrt täglich bis zu vier Tonnen der knapp fingerlangen Krebstiere. Die kleinen Fische und Seevögel, die sich von Krill ernähren, stellen die Hauptnahrung der größeren Fische, Seevögel, Pinguine und Robben. Diese wiederum werden von Tintenfischen, Seeleoparden und Zahnwalen verzehrt.

Die Vögel der Antarktis

Relativ wenige Vogelarten finden sich zum Brüten im tiefen Süden ein. Dafür aber kommen sie oft in astronomisch großer Anzahl und sammeln sich in bestimmten Gebieten wie auf der Antarktischen Halbinsel mit ihren besonders nährstoffreichen Gewässern in großen Kolonien. Der Besucher des Kontinents, der Antarktika in den Brutzeiten kennenlernt, läßt sich vom Gewimmel der Vogelscharen täuschen. Nur zu bestimmten Zeiten und an bestimmten Küstenstrichen kommt es zu derartigen Massenansammlungen von Vögeln. In ausgedehnten Bereichen des Hinterlandes wurden bisher höchstens vereinzelte Eissturmvögel oder Raubmöwen gesichtet. Flugfähige Landvögel sind in Antarktika nicht beheimatet, nur Küsten- oder Seevögel und flugunfähige Pinguine.

Zu den Küstenbewohnern gehören Raubmöwen, Kormorane, Scheidenschnäbel, Sturmvögel und Seeschwalben, die sich von kleinen Fischen und Plankton ernähren und im unmittelbaren Küstenhinterland nach zusätzlicher Nahrung suchen. Die Raubmöwen oder Skuas sind besonders aggressiv. Sie nisten sogar in der Nähe der Pinguinkolonien, greifen sie an und erbeuten Eier, frisch geschlüpfte Küken oder verletzte Vögel. Zu den Seeschwalben gehört die Küstenseeschwalbe, die Jahr für Jahr aus dem hohen Norden herbeifliegt. Die Zugbahn beträgt insgesamt mehr als 32 000 Kilometer und gilt damit als die längste Wanderung aller Lebewesen. Der größte Vogel ist der Wanderalbatros mit einer Flügelspannweite bis zu 3,50 Metern, der kleinste ist der Eissturmvogel, der ein Gewicht von nur knapp 400 Gramm erreicht. Alljährlich suchen schätzungsweise 150 Millionen Zugvögel die Antarktis zum Brüten auf und kehren im Herbst wieder in den Norden zurück.

Pinguine, für viele der Inbegriff der Antarktis, sind flugunfähige Meeresvögel, die in 18 Arten ausschließlich auf der Südhalbkugel vorkommen. Sie stammen von flugfähigen Vorfahren ab, paßten

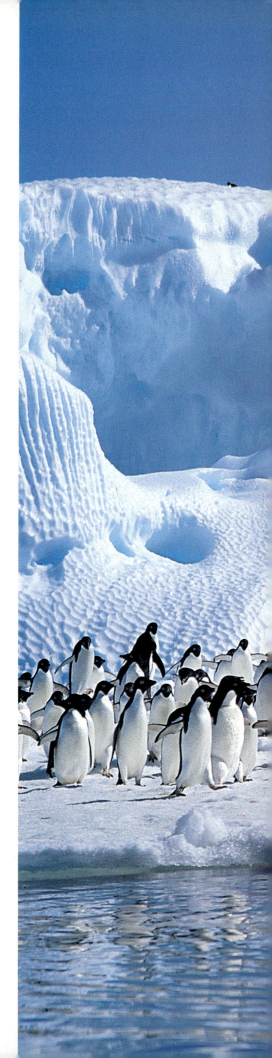

Pinguine sind die unerklärten Herren der Antarktis. Am häufigsten und geschäftigsten sind die Adéliepinguine. Hier springen sie von einer Eisscholle an der Küste der Antarktischen Halbinsel in ihr Element, das Wasser. ▶

▲ Krabbenfresser sind nach der Jagd müde und träge. Bei Gefahr können sie sich jedoch auch an Land mit über 20 km/h fortbewegen.

Die Meeressäuger der Antarktis

Säugetiere können in der Antarktis kaum existieren, weshalb es in dieser eisigen Region der Erde keine heimischen Landsäuger gibt. Meeressäugetiere sind dort jedoch anzutreffen, zumindest im Sommer: mehrere Robben- und Walarten, die über eine dicke, wärmedämmende Schicht aus Blubber oder Fett und andere Schutzeinrichtungen gegen die Kälte verfügen.

Die meisten Arten der antarktischen Robben gehören zu den Hundsrobben und hier wiederum zu den Südrobben, die nur noch im südlichen Pazifik und in den südpolaren Gewässern vorkommen. Unter dem Meereis lebt dort die Weddellrobbe, die sich mit ihrem kräftigen Gebiß Atemlöcher in die Eisdecke nagen kann. Der Krabbenfresser – der in Wirklichkeit vorwiegend Krill verzehrt und ihn ähnlich wie die Bartenwale mit vom Gaumen herabhängenden Hornplatten mit haarartigen Fransen an der Innenkante aus dem Wasser fischt – zählt möglicherweise zu den am häufigsten vorkommenden wildlebenden Säugetieren auf der Erde. Man schätzt seinen Bestand auf mehr als 15 Millionen Tiere. Über Krabbenfresser macht sich der Seeleopard her, wenn er seine Kost aus Krill, Fischen, Seevögeln und Pinguinen bereichern möchte. Der massige Südliche See-Elefant wird zu den Rüsselrobben gerechnet. Wenn er erregt ist, bläst er seine rüsselartig verlängerte Nase drohend auf.

Rund zehn Walarten finden sich im Sommer im Südpolarmeer ein, vom gigantischen Blauwal mit einem Gewicht von bis zu 150 Tonnen das größte Tier, das jemals die Erde bevölkerte, über den maximal fünfzig Tonnen schweren Buckelwal bis zum zierlichen Zwergwal, der „nur" höchstens zehn Tonnen wiegt.

▲ Ein Pottwal tummelt sich an der Wasseroberfläche. Bei der Jagd taucht er in Tiefen von mehr als tausend Metern.

◄ Ein Schwertwal, auch Mordwal oder „Killer" genannt, attackiert ein Robbenrudel.

▲ Eine mumifizierte Robbe, wohl seit Jahrhunderten unter dem eisigen Klima Antarktikas konserviert. Vermutlich hatte sich das Tier ins stellenweise wüstenhaft trockene Binnenland verirrt.

In der Paarungszeit bläst der kolossale See-Elefantenbulle bei Eifersuchtskämpfen mit Nebenbuhlern seine rüsselartige Nase drohend auf. ▼

sich aber vor etwa neunzig Millionen Jahren allmählich an das Leben im Meer an. Sie wurden zu hervorragenden Schwimmern, denn ihre kräftige Flügelmuskulatur erlaubt ihnen eine schnelle, flugartige Fortbewegung im Wasser. Eine dicke Fettschicht, Daunen und besonders ausgebildete Federn, die dachziegelartig übereinanderliegen, bilden einen hervorragenden Schutz vor Nässe und Kälte. Pinguine suchen sich ihre Nahrung – Fische, Weichtiere und Krebse – ausschließlich im Meer. Sie brüten in riesigen Kolonien, die Tausende von Tieren umfassen. Die meisten Arten legen zwei Eier. Die Jungen schlüpfen im Frühjahr und werden von beiden Elternteilen gefüttert. Nur der Kaiserpinguin, der größte Vertreter aus der Familie der Pinguinvögel, legt ein einziges Ei, ausgerechnet zu Beginn der kältesten Jahreszeit. Es wird nur von den Männchen ausgebrütet, die zwei Monate lang ohne Nahrung bleiben. Sie verlieren bis zu 17 Kilogramm Gewicht, während sie das Ei auf den Füßen balancieren und in einer Bauchfalte warm halten, bei Lufttemperaturen von minus 50 °C bis minus 60 °C.

Wale und Robben

Antarktika ist fast ganz von Eis bedeckt, und die wenigen eisfreien „Oasen" bestehen aus nackten Felsen oder Frostschuttfeldern. Die einzigen Pflanzen, die unter diesen unwirtlichen Bedingungen existieren können, sind Algen, Moose, Flechten, eine Grasart und ein Nelkengewächs. Die einzigen dort heimischen Tiere sind rund 120 Arten von Wirbellosen, darunter Springschwänze, Milben und etliche flügellose Insektenarten. Landsäuger konnten sich in Antarktika auf Dauer nicht ansiedeln. Doch seit Millionen von Jahren bietet der Kontinent mit seinen nährstoffreichen Küstengewässern einer gewaltigen Zahl von Walen und Robben, die sich dort zur Nahrungssuche und Fortpflanzung einfinden, eine vorübergehende Heimat.

Die Zoologen unterscheiden zwei Unterordnungen von Walen: Bartenwale und Zahnwale. Die größeren Bartenwale ernähren sich hauptsächlich von kleinen Krebsen, vor allem von Krill. Statt Zähnen besitzen sie bis zu etwa 400 Barten, elastische Hornplatten, die vom Gaumen herabhängen und als Sieb für das Herausfiltern der Nahrung dienen. Am größten sind die Blauwale, die eine durchschnittliche Länge von 24 Metern und ein Gewicht von achtzig Tonnen haben, manche erreichen sogar stattliche 150 Tonnen. Sie gelten als die größten Tiere, die es je auf Erden gegeben hat. Der größte Vertreter der kleineren Zahnwale ist der Pottwal mit einer durchschnittlichen Länge von 15 Metern und einem Gewicht von 25 Tonnen. Er kann bis zu zwei Stunden unter Wasser bleiben und über tausend Meter tief tauchen. Beide Walgruppen werden seit Jahrhunderten vom Menschen gejagt und sind seit der Entwicklung neuer Waffen stark dezimiert, beinahe ausgerottet worden. Trotz

▲ Einer der Maler, die Cook auf seiner Fahrt begleiteten, schuf dieses großartige Bild des Südpolarmeers.

▲ Jahrhundertelang zeichneten Kartographen einen gewaltigen Kontinent als Gegengewicht zu den Landmassen des Nordens.

Der Mythos vom unbekannten Kontinent im Süden

Kein anderer Kontinent der Erde wurde so spät mit seinen richtigen Umrissen in die Weltkarte eingezeichnet wie Antarktika. Dabei hatten schon die griechischen Geographen der Antike von einer gewaltigen Landmasse auf der Südhalbkugel als Gegengewicht zu den Festländern nördlich des Äquators gesprochen. Daher erstreckte sich 2000 Jahre lang über alle Weltkarten im Süden ein geheimnisvolles, unbekanntes Land: die *Terra australis incognita*. Doch bei allen Entdeckungsreisen stießen die Seefahrer bis zum Anfang des 19. Jahrhunderts dort nur auf eisbedeckte Meere. Immer weiter wagten sich die Expeditionen in den fast undurchdringlichen Packeisgürtel nach Süden vor und entdeckten Inselgruppen wie die Südshetlands oder die Südorkneys, nicht aber den legendenumwobenen Kontinent.

Cook hatte vom Reichtum an Robben der subantarktischen Inseln berichtet, und die Robbenschläger waren schnell zur Stelle. ▼

James Cooks Südpolarfahrt leitete die systematische Erforschung – und auf den Spuren der Forscher die Ausbeutung der Naturschätze der Antarktis durch Robbenschläger und Walfänger – ein. Am 17. Januar 1773 kreuzte Cook als erster den Südlichen Polarkreis. Es sollten noch fast fünfzig Jahre vergehen, bis der russische Seefahrer Fabian von Bellingshausen am 5. bzw. 6. Februar 1820 als erster das antarktische Festland sichtete. Vielleicht gebührt dieser Ruhm aber auch John Biscoe, Edward Bransfield oder einem der anderen Kapitäne, die in den 1830er Jahren in der Antarktis nach neuen Fanggründen suchten. Nicht weniger umstritten ist die erste Landung auf dem antarktischen Festland. Höchstwahrscheinlich betrat erst der Norweger Carsten Borchgrevink am 23. Januar 1895 dort festes Land.

Dem baltischen Weltumsegler Fabian von Bellingshausen wird meist das Verdienst zugeschrieben, als erster das antarktische Festland gesichtet zu haben. ▼

Das Ross-Schelfeis, eine imposante, durchschnittlich etwa 30 m hohe Barriere, erschwert den Zugang zum antarktischen Binnenland. ▼

aller Bemühungen der Internationalen Walfang-Kommission und der Umweltschützer ist die Population einiger Arten, darunter auch des Blauwals, auf weniger als ein Prozent des Bestandes im 18. Jahrhundert geschrumpft.

Robben verbringen den Großteil ihres Lebens im Wasser, zur Fortpflanzung und zum Haarwechsel kommen sie aber an Land – zumindest auf das Meereis. Im Südpolarmeer sind sechs Arten heimisch, darunter als größte die Südlichen See-Elefanten, massige Geschöpfe mit einem Gewicht von bis zu vier Tonnen. Seeleoparden, schlanke, wendige Räuber, ernähren sich hauptsächlich von Pinguinen. Die häufigste Robbe ist der Krabbenfresser, am schönsten dürften die Rossrobben mit ihren großen, leuchtenden Augen sein. Die Weddellrobben können über eine Stunde unter Wasser bleiben und in eine Tiefe von mehr als 1200 Meter tauchen, wobei sie bei der Nahrungssuche unter dem Eis lockende Rufe ausstoßen. Früher waren die Antarktischen Pelzrobben die am meisten bejagten Tiere. Vermutlich wurden Ende des 18. und Anfang des 19. Jahrhunderts mehr als vier Millionen dieser anmutigen Tiere erlegt. Die Art war bereits vom Aussterben bedroht, doch in den letzten Jahren haben sich die Bestände kräftig erholt.

Antarktika wird eingekreist

Kapitän James Cook war der erste, der die Welt auf die Naturschätze des Südpolarmeers aufmerksam machte. Seine Tagebücher sind voller Hinweise auf Robben und Wale. Cook selbst hat Antarktika nie gesichtet, doch er kreiste den geheimnisumwitterten Kontinent in immer engeren Bahnen ein und legte so die groben Umrisse auf der Weltkarte fest. Vor seiner abenteuerlichen Forschungsreise in den Jahren 1772–75 herrschte die weit verbreitete Vorstellung, auf der Südhalbkugel müsse als Gegengewicht zu den Landmassen des Nordens ein gewaltiger südlicher Kontinent liegen. Das wurde von Cook widerlegt. Auf seiner rund 112000 Kilometer langen Fahrt drang er mehrmals über den Südlichen Polarkreis vor, entdeckte aber nirgendwo Land. Das Wetter war entsetzlich. „Dichter Nebel, Graupelschauer und Schnee", schrieb er, „die an der Takelage festfroren. Unsere Taue glichen Drahtseilen, die Segel waren wie Metallplatten... Noch nie habe ich so viel Eis gesehen." Cook kam zu der richtigen Schlußfolgerung, daß diese gewaltigen Eismassen als Eisberge von einer Landmasse stammen oder sie als Meereisgürtel umschließen mußten. Zum ersten Mal hatten Menschen eine vage Ahnung davon, wo Antarktika lag und daß es ein sehr unwirtlicher Kontinent sein würde.

Als erster Mensch erblickte wohl der russische Polarforscher Fabian von Bellingshausen die Antarktis mit eigenen Augen, vermutlich aber, ohne sich dessen bewußt zu sein. Anfang Februar

1820 sichtete er bei 69° südlicher Breite „etwa fünfzig größere und kleinere Hügel, die in dieses Eisland eingefroren waren".

Ob der amerikanische Robbenschläger John Davis bereits ein Jahr danach als erster Mensch dieses Land betrat, wird man nie mit Sicherheit erfahren, schriftlich verbürgt ist dagegen die Landung des norwegischen Antarktisforschers Carsten Borchgrevink. Zusammen mit fünf Besatzungsmitgliedern des Walfängers *Antarktik* landete er am 23. Januar 1895 an einem eisfreien Strand am Kap Adare. Die Männer blieben nur wenige Stunden, doch sie fanden zwei Lebermoosarten und damit den Beweis, daß der Kontinent auch pflanzliches Leben hervorbrachte. Damals lagen bereits die Ergebnisse dreier Expeditionen vor, die Anfang 1841 kleine Felsinseln vor dem Festland erreicht hatten. Die Franzosen unter Jules Sébastien César Dumont d'Urville legten mit 23 reich illustrierten Bänden und sieben Atlanten die wertvollsten wissenschaftlichen Erkenntnisse vor. Den von James Clark Ross angeführten Briten gelangen mit dem aktiven Vulkan Erebus und dem gigantischen Ross-Schelfeis die spektakulärsten Erkundungen. Und die Amerikaner unter Charles Wilkes machten die weitreichendste Entdeckung: 2500 Kilometer einer bis dahin unbekannten Küste.

Der Wettlauf zum Südpol

In der zweiten Hälfte des 19. Jahrhunderts schien sich niemand mehr für die öde und bereits damals größtenteils ausgeplünderte Antarktis zu interessieren. Die Pelzrobben waren nahezu ausgerottet, der Walfang erwies sich als schwierig, und nach den Erfahrungen von d'Urville, Ross und Wilkes war es klar, daß sich das Festland weder für eine Besiedlung noch für irgendeine Form der Bodennutzung eignete. Gegen Ende des Jahrhunderts setzte sich bei den norwegischen Walfängern jedoch allmählich der Gebrauch der Harpunenkanone oder Granatharpune nach Svend Foyn durch, einer tödlichen Waffe, die ihrem Opfer keine Chance zum Entkommen ließ. 1895 erklärte dann der Internationale Geographische Kongreß, die „größte, noch zu leistende Forschungsarbeit ist die Erforschung der Antarktis". Walfänger und Wissenschaftler brachen nach Süden auf, in eine Welt, in der noch niemand Fuß zu fassen versucht hatte.

Eine Expedition unter der Leitung des Belgiers Adrien de Gerlache machte sich im August 1897 als erste auf den Weg. Gerlache und seine internationale Mannschaft waren die ersten, die ihre Zelte über Nacht auf dem Festland aufschlugen, und die ersten, die (unfreiwillig) einen antarktischen Winter durchstanden, in dem ihr Schiff im Eis eingeschlossen war. Ihnen folgte eine schwedische Expedition unter Otto Nordenskjöld. Weil deren Entsatzschiff sank, saßen sie zweieinhalb Jahre auf der Antarktischen Halbinsel fest. Eine britische Expedition, angeführt von Robert Falcon Scott,

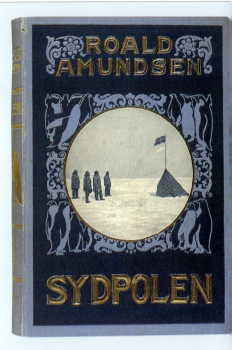

▲ Hinter dieser hübschen, nach Art des Jugendstils gestalteten Titelseite verbirgt sich Roald Amundsens Bericht über seine dramatische Antarktis-Expedition.

▲ Robert Falcon Scott (am Kopfende des Tisches) und seine Leute feiern im Juni 1911 die Wintersonnenwende der Südhalbkugel. Etwa ein halbes Jahr später kamen fünf von ihnen auf dem Rückmarsch vom Pol um.

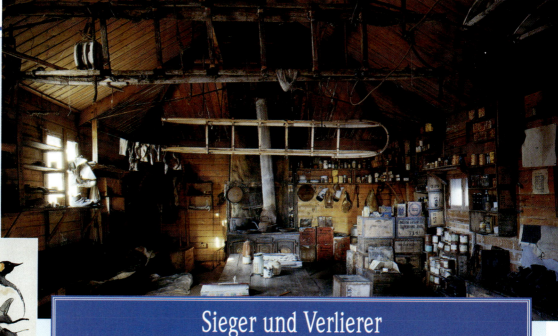

Shackletons Camp, das 1908 auf der Ross-Insel errichtet wurde, blieb bis heute nahezu unversehrt erhalten.▶

Kaiserpinguine, meisterhaft gezeichnet von Edward Wilson, der als Arzt und Maler an Scotts Antarktis-Expedition teilnahm ▼

Sieger und Verlierer

Während Robert Falcon Scott in den Eiswüsten Antarktikas den Tod vor Augen hatte, durfte sein norwegischer Rivale Roald Amundsen bereits den frisch erworbenen Ruhm genießen. Sein Erfolg war freilich kein Zufall, sondern das Ergebnis der perfekten Vorbereitung des Unternehmens.

Amundsen besaß einen reichen Erfahrungsschatz von früheren Expeditionen in die Arktis sowie geschulte Begleiter und Schlittenhundgespanne. Er brach im Oktober 1911 auf, vollendete den strapaziösen Marsch zum Pol in nicht einmal zwei Monaten und kehrte in weniger als sechs Wochen zum Basislager zurück. Scotts Expedition machte sich eine Woche nach Amundsen und knapp hundert Kilometer weiter vom Pol entfernt auf den Weg. Obwohl sie eine bekannte Route einschlug, kam sie wesentlich langsamer voran, denn Zugponys und Motorschlitten waren völlig ungeeignet und wurden bald zurückgelassen. Die Männer mußten ihre Schlitten selbst ziehen. Und anders als Amundsens Expedition wollten Scotts Leute ihre erschöpften Hunde aus Tierliebe nicht erschießen, auch nicht, um ihre eigene Ernährung zu sichern. Die Expedition erreichte am 18. Januar 1912 den Südpol und mußte feststellen, daß Amundsen ihr um mehr als einen Monat zuvorgekommen war. Bitter enttäuscht und geplagt von Erfrierungen, Erschöpfung, Hunger und Skorbut, kamen sie auf dem qualvollen Rückweg nacheinander ums Leben.

Zwei denkwürdige Antarktis-Expeditionen vor und nach Scotts tragischem Unternehmen führte der britische Polarforscher Ernest Shackleton durch. Im Januar 1909 trennten ihn nur noch rund 160 Kilometer vom Südpol; ein paar Jahre später wurde sein Schiff im Weddellmeer vom Eis eingeschlossen. Zusammen mit fünf Gefährten fuhr Shackleton in einem offenen Rettungsboot 1300 Kilometer weit nach Südgeorgien und organisierte dort eine Rettungsaktion für die übrigen Mannschaftsmitglieder, die auf der Elephant-Insel festsaßen. Keiner der Männer kam um.

Shackleton und seine Kameraden zogen das kleine Boot bis ans offene Wasser. Sechs Männer segelten dann 1300 km weit über das stürmische Meer bis nach Südgeorgien. ▶

▲ Blick aus dem Cockpit eines modernen Flugzeugs auf das Transantarktische Gebirge – etwas ganz anderes als Byrds erste waghalsige Flüge

Flüge zum Südpol

Starke Winde, heftige Schneestürme, plötzlich auftretender Nebel, schlechte Landepisten und unzuverlässige Kompaßanzeigen sind nur einige der Probleme, mit denen Piloten in den Polargebieten kämpfen müssen. Aber von diesen Problemen haben sich die Flieger nicht abschrecken lassen. Schon um 1925 wurden im Südpolargebiet laufend Wasserflugzeuge zur Unterstützung von Vermessungs- und Versorgungsschiffen eingesetzt. Und 1928 schließlich führte man mit einem Eindecker erstmals Vermessungsarbeiten in Antarktika durch. Der australische Polarforscher Sir George Hubert Wilkins unternahm damals mit dem Piloten Eielson einen elfstündigen Flug nach Grahamland, um die Spitze der Antarktischen Halbinsel mit Hilfe von Luftbildern zu vermessen.

Wilkins' Pioniertaten standen im Schatten der Flüge Richard Evelyn Byrds, der bereits 1926 als erster den Nordpol überflogen hatte. Ende 1929 wagte er vom Stützpunkt Little America aus den weitaus gefährlicheren Flug zum Südpol. Byrd und seine dreiköpfige Crew starteten am 28. November mit dem dreimotorigen Ford-Eindecker *Floyd Bennett*. 1000 PS und ein wenig Glück beförderten die Flugpioniere über vereiste Gebirgskämme. Nach insgesamt 16 Flugstunden waren sie wieder zurück: Jetzt „gehörten" beide Pole den Amerikanern!

Es war ein anderer Amerikaner, Lincoln Ellsworth, der sich die nächste fliegerische Herausforderung in Antarktika nicht entgehen ließ – ein Flug über den gesamten Kontinent. 1935 flog er innerhalb von zwei Wochen von der Dundee-Insel vor der Küste von Grahamland bis zum Stützpunkt Little America auf dem Ross-Schelfeis und legte dabei fast 3700 Kilometer zurück.

Byrd wirft eine amerikanische Flagge über dem Südpol ab. Das Ereignis ist mit viel künstlerischer Freiheit dargestellt, denn 1500 km vom Meer entfernt leben keine Pinguine. ▶

Byrds dreimotoriger Ford-Eindecker, die *Floyd Bennett*, trug den Namen seines Kopiloten bei einem früheren Pionierflug über den Nordpol. ▼

WELTEN AUS EIS UND SCHNEE

▲ Die wilde Schönheit Grahamlands in der Westantarktis. Luft- und Satellitenaufnahmen ermöglichen es, solche Gebiete kartographisch zu erfassen.

▲ R. E. Byrd in polarem Outfit. Der Admiral und Polarforscher kannte offenbar keine Angst. Schon als Zwölfjähriger war er allein um die Welt gereist.

errichtete 1902 zu Füßen des Mount Erebus einen Stützpunkt am McMurdo-Sund. In erster Linie sollten hier wissenschaftliche Untersuchungen durchgeführt werden, es spielte aber wohl auch der Hintergedanke, den Sturm auf den Südpol vorzubereiten, eine Rolle. Sportlicher Ehrgeiz, dazu eine gehörige Portion nationaler Interessen, trieben Scott und seinen norwegischen Rivalen Roald Amundsen zu einem Wettlauf zum Pol an, der, wie die Welt seit 1912 weiß, für Amundsen mit einem Triumph und für Scott mit einer Tragödie endete.

Ein Kontinent wird entschleiert

Nachdem die norwegische Flagge am Südpol gehißt worden war, stellte sich als nächste Herausforderung die Durchquerung Antarktikas von Küste zu Küste. Den ersten Versuch wagte 1914 Ernest Shackleton. Er schlug fehl, doch der britische Antarktisforscher ging mit einer anderen Ruhmestat in die Geschichte ein: Bevor sein Schiff überhaupt Antarktika erreichte, saß es bereits im Packeis des Weddellmeeres fest und wurde zerquetscht. Fünf Monate lang gelang es der Besatzung, ihr Dasein auf dem Eis zu fristen. Als das Eis schmolz, mußten sie sich in die Rettungsboote flüchten. Nach einer schrecklichen Fahrt voller Gefahren erreichten sie die Elephant-Insel. Shackleton erkannte, daß sie auf dieser trostlosen, unbewohnten Felseninsel nicht lange überleben konnten. So machte er sich mit einem der Boote auf den Weg zu der fernen Walfangstation in Husvik in Südgeorgien. Fast 1300 Kilometer stürmische See und eine 1800 Meter hohe vergletscherte Bergkette mußten Shackleton und seine vier Männer bezwingen, bevor sie an der Walfangstation ankamen und eine erfolgreiche Rettungsaktion für die auf dem Eis zurückgelassene Mannschaft organisierten.

Es dauerte 44 Jahre, bis Vivian Fuchs und Edmund Hillary Shackletons Traum von der Durchquerung des Kontinents in die Tat umsetzten. Sie marschierten über Eis und Felsen, als der Flug über Antarktika schon längst zur Routine geworden war. 1929, als der amerikanische Flieger Richard Evelyn Byrd den ersten Flug zum Südpol plante, muß es noch gewissermaßen ein Blindflug ins Ungewisse gewesen sein, denn man kannte die Gefahren des Südpolargebiets nur ungenau: die extreme Kälte, die in Wolken leicht zur Vereisung des Flugzeugs führte, und die nicht weniger extremen Stürme. Als Byrds Flugzeug zur Startposition rollte, mußten sich acht Mann an einen Flügel hängen, damit das Flugzeug nicht vom Wind umgeweht wurde, und der Flug über eine Bergkette gelang erst, nachdem etliche Lebensmittelsäcke abgeworfen worden waren. Doch der Pionierflug gelang in nur 16 Stunden, und nun folgten ausgedehnte Erkundungsflüge, auf denen weite Gebiete des Kontinents kartiert wurden, die nie zuvor ein Mensch erblickt hatte.

Kontinent der Wissenschaft

Antarktika ist der letzte Kontinent, den es zu erforschen gilt. Die Unterzeichnerstaaten des Antarktisvertrages von 1959 haben beschlossen, die Region nicht auszubeuten, sondern jeweils mindestens eine Forschungsstation – die handfeste Forschungsergebnisse liefert – zu betreiben, um voll stimmberechtigtes Mitglied zu sein. Inzwischen zählt man im Südpolargebiet mindestens drei Dutzend Stationen. Die Untersuchungen, die dort durchgeführt werden, betreffen nicht nur die Antarktis selbst, sondern geben auch Einblick in Phänomene, die die gesamte Welt beeinflussen.

So waren es Wissenschaftler der britischen Station Halley, die erstmals einen alarmierenden Abbau der die Erde schützenden Ozonschicht über dem Südpolargebiet entdeckten. Auf dem antarktischen Inlandeis nehmen Gletscherkundler Eisbohrungen vor, die wertvolle Daten zur Klimageschichte des Kontinents und des gesamten Erdballs liefern. Schneeproben belegen, daß die globale Luftverschmutzung auch schon in der scheinbar unberührten Natur der Antarktis ihre Spuren hinterlassen hat.

Doch mitunter wird hier die Umwelt ausgerechnet von den Wissenschaftlern verschmutzt. Unzureichende Abfallbeseitigungsmöglichkeiten an den Forschungsstationen führten in der Vergangenheit häufig dazu, daß sich der Müll zu häßlichen Halden auftürmte. Heute versucht man durch strengere Verordnungen des Antarktisvertrages die Umweltschäden in dieser letzten großen Wildnis der Erde zu begrenzen.

▲ Zur Erforschung der Ozonschicht lassen Forscher der McMurdo-Station einen Ballon mit Meßgeräten steigen.

◀ Heute wird der Müll der McMurdo-Station zu Ballen gepreßt und mit Schiffen abtransportiert.

▲ Die dunkelblaue Fläche stellt in dem Computerbild das Ozonloch über der Antarktis dar.

◀ Im Halbkreis umschließen die Flaggen der ersten Unterzeichnerstaaten des Antarktisvertrages den geographischen Südpol.

▲ Die britische Antarktis-Vermessungsstation in Rothera auf der Adelaide-Insel

Bestimmungen der Schneedichte gehören zu den zahlreichen Aufgaben der Gletscherkundler in der Antarktis. ▼

Die Zukunft der antarktischen Wildnis

Nach der Erkundung Antarktikas blieb es nicht aus, daß alle maßgeblich an der Erforschung beteiligten oder der vergletscherten Landmasse benachbarten Nationen angesichts der reichen Bodenschätze des Kontinents ihre Gebietsansprüche anmeldeten. Gegen Ende des Zweiten Weltkriegs hatten bereits Großbritannien, Frankreich, Neuseeland, Norwegen, Australien und Argentinien Gebiete des wie eine Torte in Sektoren aufgeteilten Festlandes für sich beansprucht. Diese Gebietsforderungen boten und bieten politischen Zündstoff. Daß eine Feuersbrunst bisher vermieden wurde, ist nicht zuletzt auf die hervorragende internationale Zusammenarbeit der Wissenschaftler bei Projekten wie dem Internationalen Geophysikalischen Jahr (I. G. J.) zurückzuführen.

Ein Dutzend Nationen beteiligten sich 1957/58 an einem solchen Projekt, in dem es vor allem um die Untersuchung der Sonnenfleckenaktivität ging, und handelten den Internationalen Antarktisvertrag aus. Das am 1. Dezember 1959 in Washington unterzeichnete Abkommen verbietet unter anderem jegliche militärische Tätigkeit oder Entsorgung atomarer Abfälle auf dem Kontinent. Der Hauptzweck ist die Sammlung und Verbreitung wissenschaftlicher Erkenntnisse. Spätere Zusätze zum Vertrag schließen auch den Abbau von Bodenschätzen aus und versuchen, das einzigartige Ökosystem Antarktikas zu bewahren.

Die Forschungsarbeiten in der Antarktis haben das Wissen über die Welt, in der wir leben, beträchtlich erweitert. So waren es Daten einer britischen Forschungsstation in der Antarktis, die die Welt erstmals auf das Ozonloch und die alarmierende Zerstörung der Ozonschicht aufmerksam machten, die eine erhöhte UV-Strahlung in fast der gesamten südlichen Hemisphäre mit sich bringt. Kaum jemand würde bestreiten, daß gute wissenschaftliche Gründe für die Bewahrung Antarktikas als internationales Forschungszentrum sprechen.

Bis ans Ende der Welt – eine Einführung

Die Erde ist keine Scheibe, sondern ein kugelähnlicher Himmelskörper, und die Strecke zwischen zwei Punkten auf der Erdoberfläche ist somit keine schnurgerade Linie, sondern Teil eines Großkreises, dessen Mittelpunkt im Zentrum des Planeten liegt. Solche Kreise sind z. B. die Meridiane und der Äquator. Eine Weltreise kann man längs des Äquators unternehmen, warum sollte man aber nicht einmal die Erde entlang des Nullmeridians über die Pole umrunden? Ranulph Fiennes, ein ebenso wißbegieriger wie wagemutiger Mann, unternahm eine solche Reise abseits ausgetretener Pfade. Hier ist sein spannender Bericht über die ungewöhnliche Fahrt.

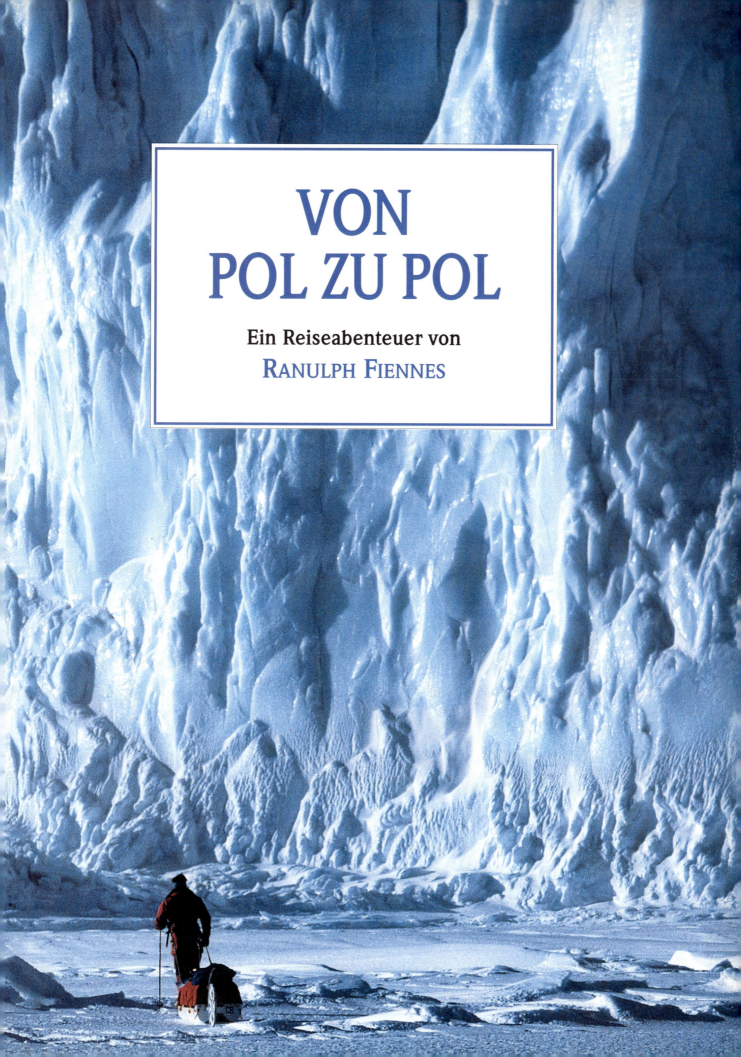

GINNIES IDEE

Im Februar 1972 schlug meine Frau vor, wir sollten um die Welt reisen. Ich schaute vom Stiefelpolieren auf, denn ich bereitete mich gerade auf ein Wochenende mit meinem SAS-Regiment, einer Spezialeinheit der britischen Armee, vor.

„Ginnie, wir können nicht einmal die Hypothek bezahlen. Wie zum Teufel sollen wir da um die Welt reisen?"

„Besorg dir einen Vertrag mit einer Zeitung, einem Verlag und einer Fernsehgesellschaft." Sie warf einen prüfenden Blick in das Irish-Stew. Es mußte Irish-Stew sein, denn das war, mit wenigen Ausnahmen, das einzige Gericht, das sie seit unserer Heirat vor 18 Monaten zustande gebracht hatte.

„Das interessiert die nicht. Reisen um die Welt macht doch jeder."

„Ja, aber alle in Ost-West-Richtung."

„Natürlich, man kann schließlich nicht obenherum fahren, weil dort das Nordpolarmeer liegt, und untenherum ist alles vom antarktischen Eisschild bedeckt. Wenn es möglich wäre, hätte es schon jemand gemacht."

Sie schaute auf. „Du meinst also, daß es nicht geht, weil es noch nie jemand gemacht hat? Ist das dein Ernst?"

„Das ist eine rein praktische Überlegung. Es würde allein Monate dauern, die verschiedenen Möglichkeiten zu erwägen. Wir wissen doch nichts über Polarreisen."

Über dem Irish-Stew diskutierten wir weiter. So merkwürdig es im 20. Jahrhundert auch anmuten mag, aber ich hatte in den letzten zwei Jahren unseren Lebensunterhalt mit Expeditionen bestritten. Es hatte sich einfach so ergeben.

1943, vier Monate vor meiner Geburt, starb mein Vater an einer Kriegsverletzung nördlich von Monte Cassino, wo er die Royal Scots Greys kommandiert hatte. Ich beschloß, ebenfalls die Armeelaufbahn einzuschlagen. Den Verstand

▲ Der Autor und seine Frau Ginnie, deren Idee es war, die Welt über die Pole zu umrunden

meines Vater besaß ich zwar nicht, aber es gelang mir, als Zeitsoldat in die Greys hineinzurutschen. Meine Militärzeit verbrachte ich damit, auf Panzern durch Deutschland zu rasseln, mit muskelbepackten Schotten auf Flüssen in Europa Kanu und in Bayern Langlaufski zu fahren. Das alles weckte meinen Spaß am Reisen.

1965 sah ich ein Plakat für eine Anwerbungskampagne des Special Air Service (SAS) und bewarb mich. Anfangs waren wir 14 Offiziersanwärter und 130 Anwärter für andere Dienstgrade bei dem Auswahllehrgang in Nordwales. Nach einem Monat blieben drei Offiziere und zwölf andere Dienstgrade übrig. Ich wurde schließlich vom SAS übernommen und machte eine Sonderausbildung im Abbruchwesen.

▲ Nach dem Austritt aus der Armee leitete der Autor eine Reihe von Abenteuerexpeditionen. Auf diesem Foto passieren er und ein Reisegefährte wilde Stromschnellen auf einem reißenden Fluß in British Columbia.

Ein Freund, ein Zivilist, war damals erbost, weil die Twentieth Century Fox Englands schönstes Dorf, Castle Coombe in Wiltshire, zum Drehort für den Film „Doctor Doolittle" umfunktionierte. Mein Freund dachte sich einen Plan aus, wie man den imitierten See, den die Leute von Fox gebaut hatten, zerstören und damit den ganzen Skandal öffentlich machen könnte. Meine Rolle war es, den Sprengstoff zu beschaffen.

Irgendwie aber bekam die Polizei Wind von der Sache und steckte mich eine Nacht ins Gefängnis von Chippenham. In dem anschließenden Verfahren vor dem örtlichen Gericht wurde ich zu einer Geldstrafe verurteilt und aus dem SAS gefeuert.

Dann meldete ich mich freiwillig auf zwei Jahre zu den Streitkräften des Sultans von Oman. Mit dreißig muslimischen Soldaten und zehn leichten Maschinengewehren lernte ich, was Soldat sein wirklich heißt. Ich wäre in der Armee geblieben, hatte aber meine Dienstzeit bereits so weit ausgedehnt, wie es irgend ging.

Doch was sollte ich im Zivilleben anfangen? Das einzige, was ich wirklich konnte, war, Abenteuertrainings zu planen und durchzuführen. Zunächst organisierte ich eine Reise zu einem norwegischen Gletscher, eine Nilfahrt mit dem Luftkissenfahrzeug und die Durchquerung von British Columbia auf Wasserwegen. Zur Finanzierung dieser Unternehmungen kontaktierte ich etwa fünfzig Firmen, die aus Menschenfreundlichkeit oder wegen der zu erwartenden Werbewirkung bereit waren, mir unter die Arme zu greifen. 1970 heiratete ich Ginnie. Wir arbeiteten gut zusammen, doch uns stand der Sinn nach größeren Herausforderungen als den Flüssen und Bergen der ersten Expeditionen.

Im Sommer 1972 suchten wir nach dreimonatigen Recherchen in Bibliotheken

46 VON POL ZU POL

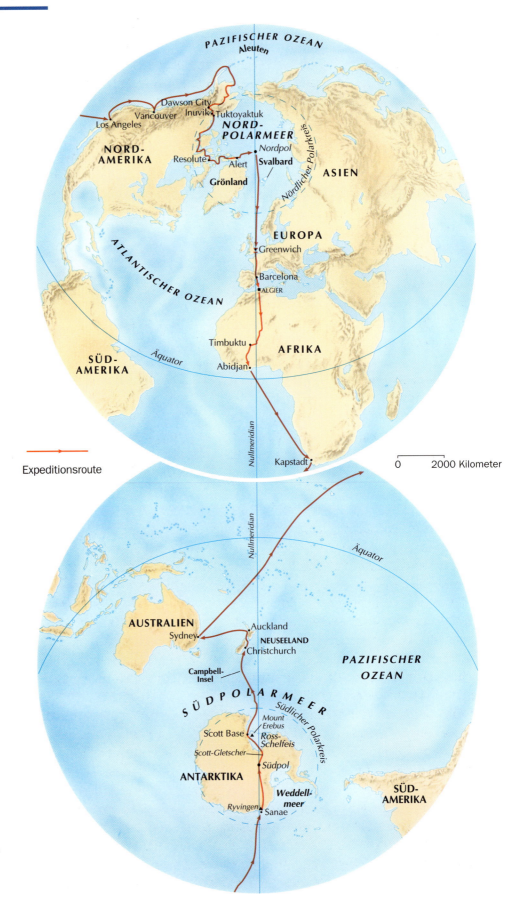

Die Fahrtroute des Autors über die Pole. Die Expedition begann in Greenwich bei London (oben) und führte durch Europa, Afrika, Antarktika, Australien, Nordamerika und die Arktis. ▶

meinen Literaturagenten George Greenfield auf und trugen ihm Ginnies Idee vor. Georges besonderes Interesse galt Entdeckungsreisen, und er erklärte uns, daß wir es mit drei Hauptproblemen zu tun hätten: Zeit, Geld und der erforderlichen Genehmigung der Regierungen. Alle Stützpunkte in Antarktika waren wissenschaftliche Außenstellen, die von den Regierungen unterhalten wurden. Nicht zugelassene Besucher waren gar nicht gern gesehen. Der einzigen Fahrt, die man jemals durch Antarktika unternommen hatte, war eine vierjährige Planungsphase vorausgegangen, sie hatte zwei Jahre gedauert und eine Million Pfund verschlungen. Der Leiter, Sir Vivian Fuchs, besaß große Polarerfahrung. Die einzige Durchquerung der Arktis war Wally Herbert 1968/69 nach vierjähriger Planung und 16 Monaten Schinderei mit drei Gefährten und vierzig Huskies gelungen. Selbst wenn wir alle Probleme auf den anderen Etappen unserer Reise außer acht ließen, sah es so aus, als dauerte allein die Fahrt durch die Polargebiete Jahre.

Schweigend verließen wir Georges Büro und tranken in der nächstgelegenen Snackbar Kaffee.

„Nun?" fragte Ginnie.

„Ja", meinte ich.

Wir suchten eine Herausforderung, und es gab keinen Menschen, der jemals beide Pole erreicht, geschweige denn beide Polargebiete durchquert hatte.

Der Plan nimmt Formen an

Wir kauften einen Globus von dreißig Zentimeter Durchmesser und zeichneten mit Bleistift verschiedene Routen ein. Da wir nicht das Risiko eingehen wollten, daß wir unsere Reise organisierten und unser Plan möglicherweise jederzeit an dem Widerruf der politischen Genehmigung scheitern konnte, radierten wir alle Routen durch das Gebiet der UdSSR aus. Schließlich blieb nur eine Linie übrig, unmittelbar neben dem Nullmeridian. Nach dem Prinzip, daß die kürzeste Verbindung zwischen zwei Punkten eine Gerade ist, beschlossen wir, eine Reise zu planen, die sich am Nullmeridian orientierte, es sei denn, es ergäben sich gute Gründe für Umwege.

Unsere Route sollte von Greenwich nach Süden durch Europa und die Sahara nach Westafrika, über das Meer nach Kapstadt und von dort nach Antarktika verlaufen. In der Nähe der Stelle, wo der Meridian die antarktische Küste berührt, liegt die südafrikanische Forschungsstation Sanae (Südafrikanische Nationale Antarktis-Expedition). Von Sanae verlief unser Bleistiftstrich über rund 2300 Kilometer bis zum Südpol und machte auf der anderen Seite der Erde einen Schlenker nach Norden zu einem neuseeländischen Küstenstützpunkt, zog sich von dort über den Pazifik an der internationalen Datumsgrenze entlang bis zur Beringstraße zwischen Rußland und Alaska.

An diesem Punkt trafen wir eine bedeutsame Entscheidung in der Planung der Route. Wally Herberts Überquerung des Nordpolarmeers war von Point Barrow in Alaska gestartet, doch es gab noch einen anderen möglichen Ausgangspunkt an der nordamerikanischen Küste: Alert auf der Ellesmere-Insel im kanadischen Archipel.

▲ Vor der Reise des Autors war Wally Herbert (ganz rechts) der einzige Mensch, der eine erfolgreiche Expedition über das Nordpolarmeer geführt hatte.

Von der Beringstraße zeichnete ich nun eine Linie vom Yukon River bis Dawson City, dann nach Norden zum Mackenzie und seiner Mündung in Tuktoyaktuk. Von dort zur Ellesmere-Insel ging es erst nach Osten, dann etwa 4000 Kilometer entlang der Küste zwischen verschiedenen Inseln nach Norden. Das war der weitgehend eisbedeckte Seeweg, die Nordwestpassage. Von der Ellesmere-Insel verlief die Route zum Nordpol, wo sie für die letzte Etappe nach England wieder auf den Nullmeridian traf.

Wie lange würde diese fast 60 000 Kilometer lange Weltumrundung wohl dauern? Die Polargebiete kann man nur zur jeweiligen Sommerzeit durchqueren, und das Befahren der Nordwestpassage mit dem Schiff war erst nach dem Aufbrechen des Meereises Mitte Juli möglich. Das waren die Tatsachen, nach denen sich unser Zeitplan richten mußte. Wenn wir im September nach Süden aufbrachen, war es möglich, im Januar die Antarktis zu erreichen, rechtzeitig genug, um dort ein Basislager für den Winter, das Ende des ersten Jahres, zu errichten. Damit wären wir startbereit für die Durchquerung, sobald die Tage im November wärmer würden. Mit etwas Glück könnten wir Mitte Juli den Pazifik überquert haben und so weit den Yukon hinaufgefahren sein, daß wir unseren zweiten Winter, das Ende des zweiten Jahres, in Kanada verbringen könnten. Sobald es im März warm genug zum Reisen wäre, könnten wir die Überquerung der Arktis in Angriff nehmen. Und mit noch mehr Glück könnten wir im September, am Ende des dritten Jahres, wieder zu Hause in England sein. Mit ganz viel Glück könnten wir also alles in drei Jahren schaffen.

Inzwischen war uns das ganze Ausmaß unseres Unternehmens bewußt geworden.

„Wir brauchen ein Büro", sagte Ginnie. „Wir können das auf keinen Fall alles in unserer Souterrainwohnung in Earl's Court vorbereiten."

„Ich frage mal den Colonel", meinte ich. „In der Kaserne muß Platz sein." Als Angehöriger der Territorialarmee gehörte ich zum 21. Regiment des SAS mit Sitz in der Duke-of-York-Kaserne in Chelsea.

Der Colonel zeigte Verständnis. Doch als er die Genehmigung beantragte, in der Kaserne Platz für unsere Expedition zu schaffen, wurden alte Erinnerungen wach. „Ist das derselbe Fiennes, der uns vor sechs Jahren Scherereien gemacht hat? Dann können wir die Sache offiziell nur unterstützen, wenn ihn ein Verantwortlicher vom SAS im Auge behält." Anscheinend hatten sie Humor, denn sie suchten dafür den inzwischen pensionierten Brigadier Mike Wingate Gray aus, der mich damals aus dem SAS geworfen hatte. Zu unserer Überraschung war er bereit, nominell als Chef des Unternehmens zu fungieren.

Man wies uns ein Mansardenzimmer in einem stillgelegten Hallenschießstand zu. Ein Fenster gab es nicht, aber ein Telefon. Wir waren im Geschäft. Schon Ende 1973 hatten wir bergeweise Ausrüstungsgegenstände von etwa zweihundert Sponsorenfirmen in halbleeren Garagen und Waffenlagern überall auf dem Kasernengelände untergebracht.

Um unseren persönlichen Finanzen auf die Sprünge zu helfen, hielt ich abends und an Wochenenden in Schulen, Damenkränzchen und Besserungsanstalten Vorträge über frühere Expeditionen. Tagsüber trugen wir Ausrüstungen zusammen und fragten uns, wie wir an ein Flugzeug mit Schneekufen und erst recht an ein Schiff

Der Heeresausschuß für Kriegführung im Gebirge und in der Arktis rüstete die Expedition mit gefriergetrockneter Nahrung aus. ▼

kommen sollten. Auch Treibstoff brauchten wir, viele tausend Liter. Nach einjährigem Briefwechsel erklärte sich die Firma ICI Petrochemicals bereit, uns zu helfen. Nahrungsmittel für die Arktis und Polarkleidung bekamen wir vom Army Mountain and Arctic Warfare Committee, dem Heeresausschuß für Kriegsführung im Gebirge und in der Arktis, der auf diese Weise jüngst entwickelte Kleidung und Verpflegung kostenlos einem längeren Kältetest unterziehen wollte.

Für die Fahrt über das Eis brauchten wir Hunde oder Zugfahrzeuge für unsere Schlitten. Daß Hunde besser geeignet waren, war gar keine Frage – Hunde weigern sich nicht, bei tiefen Temperaturen zu starten, und Pannen haben sie auch nicht. Doch da wir keine Erfahrung mit Hunden hatten, entschieden wir uns gegen die Tiere.

◀ Das erste Fahrzeug, das wir für die Reise kauften, war dieser österreichische Sno-cat, dem das Team den Spitznamen „Murmeltier" gab.

Ich war völlig verwirrt, als ich feststellte, welche Fülle von Schneefahrzeugen auf dem Markt war. Zu meiner Orientierung teilte ich sie in zwei Gruppen ein. Sno-cats waren große Fahrzeuge mit geschlossenen Fahrerhäusern, Schneemobile waren kleine Fahrzeuge, auf denen man den Elementen schutzlos ausgesetzt war.

Ich entschied mich für einen österreichischen Sno-cat, der so groß war, daß er zwei Passagieren in einem kleinen, erhöhten Fahrerhaus Platz bot. Weil er aussah wie das Murmeltier, das manche Müslipackungen ziert, nannten wir ihn Murmeltier.

Grundausbildung

Mittlerweile schleppten sich meine Versuche dahin, von der Regierung die Genehmigung für die Antarktisplanung zu bekommen. Der für die Polargebiete zuständige Ressortleiter im Auswärtigen Amt hatte mir klargemacht, daß ich nur über seine Leiche nach Antarktika käme. Wenn ein Aspekt meines Plans kritisiert wurde, änderte ich ihn. Doch das Auswärtige Amt fand ständig neue Ansatzpunkte für Kritik.

George Greenfield schlug vor, ich solle mich an Sir Vivian Fuchs um Unterstützung wenden. Sir Vivian meinte, niemand werde uns ernst nehmen, wenn wir nicht zuvor Polarerfahrung sammelten. Also wandte ich mich wieder an das Auswärtige Amt und bekam die Genehmigung für eine dreimonatige Fahrt auf dem Inlandeis in Grönland.

Nun mußten wir uns allmählich Gedanken machen, wer unserem Landteam angehören sollte, das heißt, wer mit uns die Fahrt über die Pole und durch die Urwälder, Wüsten, Sümpfe und Flüsse zwischen den Polen machen sollte.

Die meisten Freiwilligen kamen nicht über das Interviewstadium hinaus. Ich hatte eine Standardeinleitung, die ich „Abschreckungsgespräch" nannte. „Wenn Sie mitmachen wollen", sagte ich, „kontaktieren Sie bitte das SAS-Regiment der Territorialarmee im Korridor unter der Mansarde. Wenn das Regiment Sie als Truppenmitglied akzeptiert, müssen Sie Ihren Job kündigen und uns als Vollzeitkraft bei der Expeditionsvorbereitung helfen. Bezahlt wird nichts. Es ist schließlich eine Expedition. Für Ihren Lebensunterhalt können Sie abends und an den Wochenenden arbeiten."

Die meisten sahen wir nie wieder, doch die anderen nahm ich an Winter- und Frühjahrswochenenden mit nach Snowdonia, wo das Training für den alljährlichen Army-Wettbewerb „Welsh 3000" stattfand. Die Welsh 3000 sind die 3000 Fuß oder knapp 1000 Meter hohen Berge in Wales. In der Regel herrschten dort Eisregen, dichter Nebel und heftiger Wind, manchmal auch Eis und Schnee. Der Ausgangspunkt für das Team war der Gipfel des Snowdon. Von dort trainierten wir, bei einem

Der Luftstützpunkt in Thule im Nordwesten Grönlands. Dort sollten sich der Autor und sein Team mit den Schwierigkeiten einer Polarfahrt vertraut machen. ▼

Vierzigkilometermarsch auf die 13 walisischen Berge von fast 1000 Meter Höhe innerhalb von 24 Stunden zu bewältigen, wobei jeder gut zwölf Kilo Sicherheitsausrüstung mitschleppte. Eine perfekte Methode für die Auswahl von Leuten für eine Polarfahrt war das sicherlich nicht, aber die beste, die ich mir leisten konnte.

Es ging mir nicht um körperliche Meisterleistungen, sondern um die Reaktion auf Streß und Anstrengung. Ich achtete auf Gutmütigkeit und Geduld und hoffte, daß die Armee meine Musterknaben ohne zusätzliche Kosten zu Astronavigatoren, Mechanikern, Funkern und Sanitätern ausbilden würde.

Eines Tages spazierte ein gutgekleideter, ein wenig wie ein Lebemann wirkender Mann in unser Büro. Oliver Shepard war groß, dunkelhaarig, Mitte Zwanzig und wollte sich uns gern anschließen. Wir waren gleichzeitig dem 21. SAS-Regiment beigetreten, uns aber nur selten über den Weg gelaufen. Mir war zu Ohren gekommen, daß er kostspielige Neigungen hatte und bei einem Wein- und Biervertrieb arbeitete, dessen großzügige Spesenabrechnungen sich bei ihm als Bauch niedergeschlagen hatten. Das war zwar kein verheißungsvoller Werdegang für unsere Zwecke, aber man konnte ihn ja sein Glück versuchen lassen. So trat er wieder der Territorialarmee bei und durchlitt Wochenenden in Snowdonia.

Mary Gibbs stieß über Freunde zu uns. Sie war dunkelhaarig und hübsch, und Ginnie kam gut mit ihr zurecht. Weil sie nicht dem SAS beitreten konnte, verpflichtete sie sich bei einer in der Kaserne untergebrachten Lazaretteinheit. Ginnie war einem Regiment der Fernmeldetruppe zugeteilt.

Geoff Newman, groß, blond und kräftig, gab seinen Job als Drucker auf, um sich uns anzuschließen, und im Oktober 1975 nahm Oliver mich zu einem Umtrunk mit, um einen gewissen Charlie Burton kennenzulernen, der gerade seinen Job in Südafrika gekündigt hatte. Am nächsten Morgen tauchte Charlie in einem alten Tweedmantel und mit einer scheußlich riechenden Pfeife im Mund in der Kaserne auf.

Im März 1976 gingen wir zu sechst zum Training in die Cairngorms, einem Gebirge in Schottland. Ich spielte zum zigsten Mal die Grundlagen des Skilanglaufs durch, wie man ein Polarzelt aufbaut und wie man Trockenverpflegung zubereitet. Ich fragte mich, wie lange es die Gruppe wohl aushalten würde.

Darüber hätte ich mir keine Sorgen zu machen brauchen. Zwischen Geoff und Mary entwickelte sich still und heimlich eine Beziehung. Oliver und Charlie, beide extrovertierte Menschen und ausgesprochene Biertrinker, schlossen enge Freundschaft. Deshalb beschloß ich, sie alle nach Grönland mitzunehmen: die Männer sollten eine Fahrt absolvieren, Mary und Ginnie im Basislager die Stellung halten.

Ende Juli 1976 trafen wir in Grönland ein. Ich schlug vor, zwei Testfahrten in die restliche kurze Sommersaison hineinzuzwängen: eine 13 Kilometer lange Rundfahrt durch zwei bekannte Spaltenzonen und einen 240 Kilometer langen Trek in das Inlandeis. Ich entschied mich, Oliver und Geoff auf die erste und Oliver und Charlie auf die zweite Reise mitzunehmen, denn wir hatten nur ein Dreimannzelt.

Wochenlang bahnten wir uns bei eisigen Temperaturen mühsam den Weg über Spalten und Risse. Wir lernten, im Blizzard das Zelt aufzuschlagen, gebrochene Kettenräder bei Temperaturen unter Null auszutauschen, uns im Whiteout, wenn Himmel und Erde für den Betrachter eins zu sein scheinen, und auf Spaltenfeldern zurechtzufinden, eingebrochene Sno-cats auszugraben und tagelang im Schneesturm in einem winzigen Zelt friedlich auszuharren. Geoff, Charlie und Oliver machten einen widerstandsfähigen Eindruck und blieben auch unter Belastung gelassen.

In unserem Büro schnellten die Kosten für die Expedition von Pol zu Pol in die Höhe. Mir wurde klar, daß wir die für unsere Reise erforderliche Unterstützung von Sponsoren nur bekämen, wenn wir eine noch eindrucksvollere Leistung unter ungünstigeren Umständen vollbrächten. Dazu bot sich 1977 eine Reise zum Nordpol an.

Ich trat vor den Expeditionsausschuß der Royal Geographical Society und wurde eingehend über unsere Zeit in Grönland befragt. Dann bat ich um Genehmigung, von Alert aus eine Fahrt zum Nordpol zu versuchen. Dazu war Eile geboten, denn wir mußten vor dem 15. März aufbrechen, wollten wir eine Erfolgschance haben.

Während ich auf den Bescheid wartete, überdachte ich unsere Transportmittel für die Fahrt auf dem Eis. Die Sno-cats waren den meisten Schneefahrzeugen an Zugkraft überlegen, aber auf blankem Meereis waren sie unmöglich zu steuern. Die Arktis ist keine feste Kontinentalmasse wie Antarktika, sondern besteht aus einer dünnen Eisschicht über einem tiefen Meer. Deshalb brauchten wir ein Fahrzeug, das auch auf einer schlüpfrigen Oberfläche sicheren Halt fand.

▲ Der elegante Kartenraum der Royal Geographical Society in London. Die Gesellschaft wurde 1930 mit dem Ziel gegründet, „den wichtigsten und unterhaltsamsten Wissenszweig, die Geographie, zu fördern und zu verbreiten".

In Großbritannien gibt es mehr Menschen, die den Mount Everest zu besteigen versuchten, als solche, die auch nur kurz auf arktischem Meereis gefahren sind. Ich setzte mich mit Geoffrey Hattersley-Smith in Verbindung, einem der wenigen, die jemals den Versuch gewagt hatten. Er empfahl mir, ein kanadisches Skidoo auszuprobieren. Der Hersteller verkaufte uns bereitwillig vier dieser Schneemobile sowie Ersatzteile im Wert von 500 Pfund und ließ sie umgehend nach Resolute, etwa 960 Kilometer südlich von Alert auf der Cornwallis-Insel, transportieren. Oliver fuhr zu einem Kurzlehrgang nach Österreich, wo die Motoren und Getriebe gebaut wurden.

Endlich kam die Genehmigung der Royal Geographical Society und auch die Erlaubnis der kanadischen Armee, einige ihrer alten Hütten in Alert als Basislager benutzen zu dürfen. Die einzige Auflage war, daß wir ganz auf uns selbst gestellt sein mußten, außerdem mußten wir einen Versicherungsschutz über 100 000 Pfund für Such- und Rettungskosten vorlegen. Zuletzt beschloß ich, Seiner Königlichen Hoheit Prinz Charles einen Brief zu schreiben und zu fragen, ob er einverstanden wäre, als Schirmherr der Expedition von Pol zu Pol zu fungieren. Dann konnten wir unsere Expedition zum Nordpol starten.

Lehrzeit am Pol

Am 26. Februar brachen Oliver, Geoff, Charlie und ich von Alert aus auf. Drei Tage später saßen wir nach nur knapp zehn Kilometern fest. Die neuen Skidoos wollten nicht starten, gleichgültig, ob wir ihnen mit Lötlampen, Heizgeräten oder gar mit heißem Tee zusetzten. Ginnie informierte uns über Funk, daß in Alert soeben die niedrigste Temperatur aller Zeiten gemessen worden war: 1977 war kein normales Jahr. Wir beschlossen, nach Alert zurückzukehren und vor weiteren Fahrten ein Heizsystem in jeden Skidoo einzubauen.

Auf der Rückfahrt zur Basis trug Geoff Wollhandschuhe, schwere wattierte Stulpenhandschuhe und Außenfäustlinge aus dickem Leder. Doch statt immer wieder anzuhalten und die Arme zu schwenken, fuhr er weiter, aus Angst, der Motor seines Skidoos könnte absterben. Sechs seiner Finger wurden durch Erfrierungen gefühllos. Als wir am 10. März erneut von Alert aus aufbrachen, war Geoff nicht bei uns.

Nun starteten die Skidoos problemlos. Doch wir mußten viel Zeit aufholen und fuhren deshalb, so schnell wir konnten, manchmal zehn oder elf Stunden ohne Pause, und das bei sehr tiefen Temperaturen, die der Wind-Chill-Faktor, der Kühleffekt des Windes, noch verschlimmerte und bisweilen auf minus 105 °C sinken ließ, eine Temperatur, bei der uns die Tränenflüssigkeit auf den Augäpfeln gefror.

Wegen der beispiellosen Strenge des Winters stießen wir sehr häufig auf Preßzonen, in denen das Eis vom Druck aufgefaltet worden war. Dazwischen lagen Trümmerfelder mit Eisbrocken. Durch dieses Chaos mußten wir einen Pfad freihacken, der breit und glatt genug für die Skidoos war. An vielen Tagen kamen wir nur 800 Meter voran.

Erfrierungen

Extreme Minusgrade, häufig verbunden mit heftigen Winden, die zu einer zusätzlichen Abkühlung des Körpers führen, bilden für die ständigen und zeitweiligen Bewohner der Polarregionen eine große Gefahr. Bei starken Wärmeverlusten, etwa durch nasse Kleidung, kommt es zur Unterkühlung des Organismus, die schon bei 27 °C eine kritische Marke erreicht und ohne rechtzeitige Behandlung meist tödlich endet.

Von der Unterkühlung, bei der die Körpertemperaturen noch weit über dem Gefrierpunkt liegen, sind die örtlichen Erfrierungen mit einer wirklichen Abkühlung des Gewebes bis unter Null Grad Celsius zu unterscheiden. Zu solchen Erfrierungen kommt es vor allem an Füßen, Fingern, Ohren und der Nasenspitze. Erste Anzeichen sind ein leichtes Kribbeln und die Rötung der Haut. Dann bilden sich Blasen und Geschwüre; bei Erfrierungen dritten Grades sterben die betroffenen Teile vollständig ab und müssen manchmal amputiert werden, um die Ausbreitung des gefährlichen Brandes zu verhindern.

▲ Trotz moderner Kleidung, die den Polarforscher wärmt, bleiben Erfrierungen – bis hin zu schwer heilenden Frostgeschwüren (kleines Bild) – eine ständige Gefahr.

Bei leichteren Erfrierungen helfen Frostsalben, die die Durchblutung fördern. Oft genügt schon ein kurzes Einreiben der erfrorenen Stellen mit Schnee.

Tagsüber dürsteten wir 14 Stunden lang in der trockenen Luft der Polarwüste. Als Flüssigkeitszufuhr gab es nur ein paar Schneebällchen. Dauerlutscher aus Eis sahen zwar schön aus, aber ich ließ die Finger davon, nachdem ich einmal ein dünnes Scheibchen in den Mund gesteckt hatte. Es zischte kurz, dann brannte es, und ich schmeckte Blut. Meine Zunge blieb tagelang wund.

Im Lauf der Wochen stieg die Temperatur, und das Packeis wurde brüchiger. Bei starkem Wind bewegte sich das Meer unter unseren Füßen auf beunruhigende Weise mit den Strömungen und dem natürlichen Seegang.

Am 4. April hatte Olivers Skidoo eine Panne. Charlie blieb bei ihm und half. Ich arbeitete weiter an den vor uns liegenden Hindernissen. Die Strecke, die ich verfolgte, verlief nach Nordosten, verengte sich zu einer Art Gasse und endete als breiter Platz. Die Eisschollen, die den Boden gebildet hatten, waren geborsten und in alle möglichen Winkel gekippt, als hätte ein Schraubstock den ganzen Platz eingezwängt. In die tiefer liegenden Stellen war Meerwasser geströmt, und in der Mitte des Platzes waren ein paar Schollen auseinandergetrieben. Das Wasser dort schien frisch überfroren zu sein. Die Stelle sah passierbar aus.

Ich ließ den Skidoo im Leerlauf stehen und ging ein Stück weiter, um mir das näher anzuschauen.

Das Eis fühlte sich instabil an, dann begann es, sich ohne Vorwarnung zu bewegen. Ein paar Schritte vor mir sprudelte dunkles Wasser empor und breitete sich rasch aus. Ich blieb sofort stehen, doch das Wasser schoß über meine Stiefel hinweg. Dann, vielleicht durch das Gewicht des Eises oder meine unwillkürlichen Bewegungen, hoben und senkten sich die neu gebildeten Eismassen, als sei ein Motorboot vorbeigefahren. Als die Woge unter mir verlief, brach die Eisdecke unter meinen Stiefeln, und ich versank allmählich. Vor Angst, das Eis noch mehr in Bewegung zu versetzen, hielt ich stocksteif inne wie ein hypnotisiertes Kaninchen. Als mir das Wasser über die Knie stieg, brach die restliche Eiskruste ein, und ich sank lautlos völlig in die Tiefe. Mein Kopf konnte höchstens eine Sekunde unter Wasser gewesen sein, denn die unter meinem Wolfspelzparka angestaute Luft wirkte wie eine Schwimmweste. Zunächst hatte ich nur den Gedanken, sofort aus dem Wasser zu gelangen, doch die nächste massive Eisscholle war dreißig Meter entfernt.

▲ Mit Charlie zur Seite repariert Oliver die Panne an seinem Skidoo.

Ich rief instinktiv nach den anderen, erinnerte mich aber dann, daß sie über 800 Meter entfernt waren, viele Eisplatten und Grate lagen zwischen uns. Ich stützte beide Arme auf das neue Eis, das ein paar Zentimeter unter der Wasseroberfläche schwamm. Dann strampelte ich mit den Beinen, um meinen Oberkörper auf diese zerbrechliche Eisdecke zu werfen. Die dünne Schicht zerbrach jedoch unter mir, und ich versank wieder.

Ich versuchte es mehrere Male. Jedesmal konnte ich mich festklammern und halb hinauskrabbeln, doch immer wieder brach ich ein. Ich wurde zusehends schwächer.

Dunkel erinnerte ich mich, daß man im Wasser des Europäischen Nordmeers schätzungsweise eine Minute überleben kann, bevor man erfriert.

Meine Innenstiefel liefen voll, meine Hosen waren klatschnaß. Ich hatte kein Gefühl mehr in den Fingern, und nur, wo ich im Wolfspelz steckte, konnte ich „mich noch fühlen". Die Taubheit in meinen Zehen nahm ich wie in weiter Ferne wahr.

Panik stieg in mir auf. Ich mußte aus dem Wasser, jetzt oder nie. Mein Arm klatschte auf einen massiven, einige Zentimeter dicken Eisbrocken, der wie eine Tonschicht im Treibsand im Wasser schwamm. Ich stemmte mich mit dem Oberkörper hoch, das Eis hielt. Dann kamen meine Oberschenkel und schließlich die Knie.

Eine Sekunde lag ich auf dieser sicheren Insel und schnappte nach Luft, dann aber fielen Kälte und Wind über mich her. Es waren an diesem Morgen minus 38,9 °C.

Wie eine Schildkröte manövrierte ich mich bäuchlings mit Armen und Beinen voran und näherte mich zentimeterweise der nächsten Eisscholle. Das matschige Eis unter mir schwankte und pulsierte, als sei es lebendig. Aber es hielt. Ich richtete mich auf der Eisscholle auf und sah das Wasser aus Stiefeln, Hose und Ärmeln triefen. Wenn ich mich bewegte, hörte ich, wie meine Hose knisterte, als sie gefror. Nun setzte ein unkontrollierbares Zittern ein.

Ich schleppte mich zu meinem Skidoo hinüber. Der Motor stand still, und ich konnte ihn nicht neu starten, ohne meinen dicken Außenhandschuh auszuziehen, was aber nicht ging, weil das Leder steinhart gefroren war.

Eine Viertelstunde lang stapfte ich tropfnaß mit schweren Schritten um meinen Skidoo herum, schwenkte meine Arme wie eine Windmühle und schrie dabei.

Dann kam Oliver. „Ich habe es hinbekommen", sagte er. „Wie sieht der nächste Abschnitt aus?"

„Unsicher", meinte ich. „Ich war drin."

„Gibt es eine Möglichkeit, die Stelle zu umfahren?" fragte er. Dann musterte er mich. „Mein Gott, du warst ja wirklich drin."

Danach ging es Schlag auf Schlag. Ich setzte mich hinten auf sein Skidoo, und wir fuhren zu der Stelle zurück, wo Charlie mit seinem umgestürzten Schlitten haltgemacht hatte. Schnell bauten sie das Zelt auf, warfen den Kocher an, schnitten meine Stiefel und den Wolfspelz mit einem Messer auf und suchten ihre Ersatzkleidung zusammen, damit ich meine nassen Sachen ausziehen konnte. Bald hingen die nassen Kleidungsstücke tropfend auf der Leine, der Tee zog, und Ollie rieb meine Finger und Zehen, um die Blutzirkulation wieder in Gang zu bringen.

Ich versicherte den anderen, daß künftige Ausflüge zum Erkunden der Eisverhältnisse mit größerer Vorsicht erfolgen würden. Wir würden alle verdächtigen Stellen abstochern.

Ich hatte Glück, daß ich noch am Leben war, nur wenige überstehen ein Bad in der Arktis. Doch das war so ziemlich das einzige Glück, das wir auf dieser Fahrt haben sollten. Mitte März hatten die Temperaturen einen Rekordtiefstand erreicht, nun sollten wir eine Rekordwärme erleben, was zur Folge hatte, daß das Meereis einen Monat früher als gewöhnlich aufbrach. Die Beschaffenheit des Meereises änderte sich von Grund auf, die oberste Schicht wurde matschig, und die Raupen unserer Skidoos drehten durch.

Jeden Tag mußten wir Entscheidungen treffen, die Gratwanderungen glichen. Konnte man das Eis sicher überqueren? Wie und wo? Der Erfolg stand auf der Kippe. Wir arbeiteten schwer, sprachen wenig, schliefen kaum, verloren eine Menge

Gewicht und Kraft und lebten in einer Traumwelt. Land hatten wir schon lange nicht mehr gesehen. Es gab keine Nacht und keinen Tag. Inzwischen zog die Sonne auf einer gleichmäßig hohen Bahn über den Horizont und verbreitete ein geisterhaftes Licht. Die Aussicht mochte sich verändern, immer aber bestand sie aus Eis, Schnee, Wasser und Himmel.

Jede Minute, die wir nach Norden vorankamen, bedeutete Befriedigung, jede Verzögerung Frust. Wir waren zwölf Stunden unterwegs, kampierten sechs Stunden. Zweimal gelang es uns, in 24 Stunden über 32 Kilometer zurückzulegen.

Am 7. Mai, bei 87° 11,5' nördlicher Breite, etwa 270 Kilometer vom Nordpol entfernt, steckten wir schließlich im wirbelnden Eismatsch fest. Neun Tage warteten wir auf außerplanmäßigen Dauerfrost. Statt dessen stiegen die Temperaturen.

Als am 16. Mai die Twin Otter landete, das Flugzeug, das wir gechartert hatten, luden wir unsere gesamte Ausrüstung ein und flogen nach Alert. Bei unserer Ankunft erwarteten mich zwei Nachrichten, eine von Wally Herbert: „Ihr habt den nördlichsten Rekord sogar von Nansen geschlagen und könnt zu Recht stolz auf Eure Leistung sein. Herzlichste Glückwünsche. Wally." Und die andere informierte uns, Prinz Charles habe sich bereit erklärt, Schirmherr unserer Expedition von Pol zu Pol zu sein.

Das Team formiert sich

Dieser Ausflug war ohne Frage von ungewöhnlichem Nutzen. Er hatte uns einiges über die Bedingungen gelehrt. Wir mußten uns nochmals sorgfältig überlegen, welche Kleidungsstücke und Ausrüstungsgegenstände wir brauchten. Die Skidoos hatten sich den Igeln überlegen gezeigt, aber würden sie auch das gebirgige Gelände in Antarktika bewältigen? Probleme bereiteten nach wie vor Erfrierungen und extreme Kälte, besonders hinsichtlich der Hände. Doch nun wußten wir, worauf wir uns einließen.

Auch übereinander hatten wir einiges gelernt. Hätte ich wieder zwei Männer aussuchen müssen, wäre die Wahl zweifellos erneut auf Oliver und Charlie gefallen. Sie waren solide, ungeziert und natürlich, vor allem aber waren sie zuverlässig.

Leider würden Geoffs Hände wohl niemals wieder extreme Kälte aushalten. Deshalb beschloß Geoff, uns zu verlassen – mit Mary.

Uns war klargeworden, daß wir für die Reise, die wir nun einvernehmlich Transglobe-Expedition nannten, eine verläßliche Organisation in England brauchten. Und es schien unvermeidlich, Expertenausschüsse einzurichten, die die Unternehmung auch nach unserer Abreise in Gang hielten.

Sir Vivian Fuchs war bereit, unserem Hauptausschuß als Mitglied, nicht aber als Vorsitzender anzugehören. Für diesen Posten gewann er Konteradmiral Sir Edmund Irving. Sir Edmund, Gewässerkundler der Königlichen Marine im Ruhestand und früherer Präsident der Royal Geographical Society, nahm das Angebot an, und im Lauf der nächsten Monate traten weitere angesehene Persönlichkeiten bei.

Um Ersatz für Mary und eine Bürohilfe zu finden, inserierte ich, wann immer uns kostenlose Anzeigenflächen zur Verfügung standen. Auf diese Weise wurde Simon Grimes geködert, ein junger Tiefbauingenieur aus Cumbria, ein erfahrener Bergsteiger und Mitglied früherer Expeditionen nach Norwegen, Grönland und Ghana.

In unserem kleinen Büro ging es zu wie im Taubenschlag. Über 700 Sponsorenfirmen lieferten jetzt Nahrungsmittel und Ausrüstungsgegenstände in die Kaserne.

▲ Sir Vivian Fuchs stand der Transglobe-Expedition als Berater zur Seite. Er leitete 1957/58 die erste Expedition, die Antarktika zu Fuß durchquerte.

◀ Die Twin Otter trug wesentlich zum Erfolg der Transglobe-Expedition bei. Sie deponierte Treibstoff, Verpflegung und anderen Bedarf entlang der Route.

Im September 1977 fanden wir mit Ant Preston einen geschäftsführenden Sekretär, der sich auch nach unserer Abreise aus England um alle Aspekte unserer Fahrt kümmern sollte. Ant hatte früher als Leutnant der Luftwaffe gedient und sich anschließend zwanzig Jahre mit Öffentlichkeitsarbeit und Export befaßt.

Am 15. Dezember bat mich unser Schirmherr, ihm das Team im Buckingham-Palast vorzustellen. Prinz Charles war charmant und von unserem Vorhaben sehr angetan. Sollten Probleme auftauchen, versicherte er mir, könne ich mich jederzeit an ihn wenden. Er wolle uns helfen, soweit es in seiner Macht stehe.

Was wir am dringendsten brauchten, war ein Flugzeug für den Transport des Nachschubs zu den Polen. Zu unserer Freude bot ein Direktor der Chubb Fire Company an, der Expedition eine gebrauchte Twin Otter für die Überquerung der Pole zur Verfügung zu stellen. Diese sollte zwischendurch verchartert werden, um die Kosten zu decken. Nun hatte Transglobe endlich auch ein Flugzeug.

In der ganzen Welt gab es nur eine Handvoll Twin-Otter-Piloten mit Antarktis-erfahrung. Einer der besten war Giles Kershaw. Er war bereit, uns ohne Gehalt zu fliegen, als Flugingenieur aber wollte er Sergeant Gerry Nicholson vom Königlichen Pionierkorps zur Seite haben, mit dem er tief im Süden schon einmal zusammengearbeitet hatte. Gerry war Berufssoldat. Mike Wingate Gray und der SAS wurden ein halbes Jahr lang immer wieder bei der Armee vorstellig, und schließlich wurde Gerry für die Dauer des Transglobe-Unternehmens für uns freigestellt.

David Mason, Hauptmann der Welsh Guards, der in Arabien eine Tapferkeitsmedaille erhalten hatte, stand uns als Krisenmanager bei. In den nächsten vier Jahren sorgte er für den Nachschub zwischen den Polarregionen, Afrika, Amerika, Kanada, Neuseeland, Australien und Europa, der reibungslos und ohne Transportkosten klappte.

Anfang 1978 erschienen zwei ländliche Typen in Jeans und mottenzerfressenen Tweedmänteln. Anton Bowring, der größere der beiden mit blitzblauen Augen und einem schwarzen Rauschebart, beeindruckte mich auf der Stelle – möglicherweise eine unterschwellige Reaktion auf die vielen Filme über heroische Zerstörerkapitäne. Er hatte sechs Jahre Erfahrung auf hoher See, in jüngster Zeit auf grönländischen Fischereischutzschiffen. Sein Begleiter, Mick Hart, war ein Seemannskamerad.

Sie erkundigten sich nach ihren Aufgaben und wann sie anfangen sollten.

Ich zögerte. Diese beiden wollte ich nicht verlieren. „Euer erster Job wäre, ein Schiff zu besorgen, und anfangen könnt ihr sofort."

Anton betrachtete das Chaos im Büro, dann fragte er: „Was für eine Art Schiff suchen wir? Und wieviel will die Expedition bezahlen?"

„Einen Eisbrecher, und kosten darf er nichts. Das ist eine unserer Regeln."

Etwas später schrieb Anton in sein Tagebuch: „Das alles schien damals eine nette Idee zu sein. Je mehr ich mich damit befaßte, desto besessener wurde ich. Diese Expedition ist wie ein Virus oder eine Krankheit."

Anton bekam sein Schiff. Sein Vater Peter war damals Vorstandsvorsitzender der größten britischen Versicherungsmaklerfirma C. T. Bowring. Peter wußte, daß alle Geschäfte mit Anton gefährlich nach Vetternwirtschaft riechen und uns eher schaden als nutzen würden. Deshalb blieb er im Hintergrund, als Anton die Firma zu gewinnen versuchte. Die Firma Bowring war stolz auf ihre Verbindung mit Captain Scott, dessen Schiff *Terra Nova* sie damals beschafft hatte, und betrachtete es als ungeheuer werbewirksam, Eigner des Polarschiffs zu sein, das bei uns zum Einsatz käme.

Schließlich hatte Anton ein Schiff mit verstärktem Bug und Spanten ausfindig gemacht, das sich als Eisbrecher eignete. Es war Baujahr 1952, stammte aus Dänemark und hatte Blei von Grönland nach Europa transportiert. Das Schiff hatte 1100 Bruttoregistertonnen, war 63 Meter lang und besaß zwei Frachträume und einen Dieselmotor mit 1200 PS Leistung, der es auf eine Geschwindigkeit von zehn Knoten brachte.

Leider kostete es doppelt soviel, wie Bowring bezahlen wollte. Peter Bowring führte damals gerade Verhandlungen mit den New Yorker Versicherungsmaklern Marsh and McLennan, und diese erklärten sich bereit, als Symbol für ihre Zusammenarbeit die andere Hälfte der Kosten zu übernehmen.

Dann aber erwartete mich ein Tiefschlag. Die Firma ICI Petrochemicals hatte entschieden, ihr Angebot für die Versorgung mit Treibstoff rückgängig zu machen, denn Antons und Gerrys berechneter Treibstoffverbrauch lag weit über meiner ursprünglichen Schätzung. Nun begann eine Jagd, die einem Alptraum glich. Alles, was sich in England an Möglichkeiten bot, war bereits erschöpft. Die Franzosen, Deutschen und Italiener, sogar die Japaner, lehnten dankend ab. Sechs amerikanische Firmen betrachteten meine Anfrage offenbar als grotesk und antworteten nicht einmal.

Nun blieb mir nichts anderes mehr übrig, als Prinz Charles um Hilfe zu bitten. Er empfing mich in seinem Wohnzimmer im Palast, hörte aufmerksam zu und sagte, er wolle sein Bestes tun. Eine Woche später meldete sein Büro, ich solle Dr. Armand Hammer in Los Angeles anrufen, was ich noch am selben Abend tat. Dr. Hammer besaß eine große Ölgesellschaft, doch da sie nicht im Treibstoffeinzelhandel war, hatte er seinen Konkurrenten Mobil Oil überzeugt, uns zu helfen. Ich dankte Gott, Prinz Charles, Dr. Hammer und dem Aufsichtsrat der Mobil Oil von ganzem Herzen.

Dr. Hammer fragte an, ob er uns anderweitig behilflich sein könne. Das konnte er tatsächlich. Ich hatte die beiden englischen Fernsehanstalten gebeten, ein Filmteam für die Berichterstattung über unsere Reise zu entsenden. Beide hatten abgelehnt. Darum bat ich nun Dr. Hammer, eine amerikanische Firma ausfindig zu machen. Da auch keine amerikanische Gesellschaft interessiert war – die Reise war einfach zu lang – gründete er selbst eine Filmgesellschaft und stellte ein eigenes Team ein.

Der Countdown bis zur Abreise

Fünf Monate vor dem Tag X verstärkte Anton seine Suche nach der Besatzung. Weil das Handelsministerium das Auslaufen unseres Schiffs nur mit einer kompletten professionellen Crew genehmigte, brauchte Anton Profis, die ihre Karriere für mindestens drei Jahre an den Nagel hängen wollten.

Daß Anton Freiwillige fand, die bereit waren, für nichts als den gesetzlichen Monatssold als Schiffsbesatzung zu arbeiten, war meiner Meinung nach beachtlich. Terry Kenchington, ein gewerkschaftlicher Vertrauensmann, bewarb sich als Bootsmann. Dann stießen ein neuseeländischer Ingenieur, Jimmy Young, und zwei geborene Komiker dazu, Eddie Pike, Schiffszimmermann, und Martin Weymouth, Deckshelfer. Martin hatte schulterlanges goldblondes Kraushaar. Er stammte aus Leighton Buzzard und hatte sofort den Spitznamen „Buzzard" (Bussard) weg.

Die Bowring Steamship Company lieh uns einen Skipper, Kapitän Les Davis, damit Anton das Schiff aus Kanada holen konnte.

Anton bekam von der Londoner Hafenbehörde einen kostenlosen Liegeplatz in den Millwall Docks, denselben, den das Team von Vivian Fuchs zwanzig Jahre zuvor belegt hatte, ehe es zu seiner Transantarktis-Expedition aufbrach. Ginnie taufte das Schiff

Die Crew der Freiwilligen versammelt sich vor Antritt der Reise vor der *Benjamin Bowring*. ▼

mit Champagner zum Andenken an den Firmengründer *Benjamin Bowring*, und wir nannten es *Benjy B.* Es hatte viel Atmosphäre und wurde von allen heiß geliebt.

Gleich darauf gingen wir daran, es in Schuß zu bringen. An den Wochenenden waren bis zu dreißig Leute an Bord, die spachtelten, putzten und pinselten.

Sir Vivian Fuchs hatte ein regelrechtes wissenschaftliches Programm für uns zusammengestellt, das im wesentlichen aus magnetosphärischer und glaziologischer Forschungsarbeit bestand. Doch wir hatten auch Aufgaben aus den Gebieten Meteorologie, Kardiologie und Blutanalysen sowie Aufträge vom Natural History Museum.

Am 9. April, fast sechs Jahre nach meinem ersten Besuch, schrieb ein jüngerer, freundlicherer Mann, der das Polarreferat im Auswärtigen Amt übernommen hatte, an die entsprechenden Vertreter in Neuseeland, Südafrika und den Vereinigten Staaten. Er betonte, daß „nichts in diesem Brief so ausgelegt werden darf, als unterstütze die britische Regierung diese Expedition oder sei in irgendeiner Weise für sie verantwortlich". Trotzdem hatten die von der Regierung ernannten Kontrollgremien uns in wissenschaftlicher und logistischer Hinsicht überprüft und waren nun bereit, die Empfehlung auszusprechen, man möge mir erlauben, zu einem Gespräch zu kommen. British Airways bot an, meine Flüge zu sponsern.

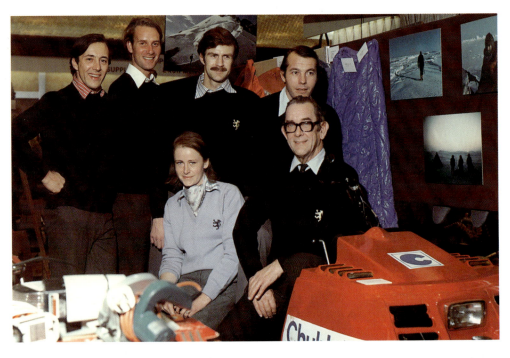

Eine Ausstellung als Dank für die Sponsoren der Transglobe-Expedition. Stehend von links nach rechts: Oliver Shepard, Geoff Newman, der Autor und Charlie Burton; sitzend: Ginnie und Mike Wingate Gray ▶

Ich flog nach Pretoria. Die Südafrikaner waren bereit, mir beim Transport des Treibstoffs vom Kap zur Basis Sanae zu helfen. In Washington traf ich mit dem amerikanischen Antarktisbeauftragten, Dr. Todd von der Nationalen Wissenschaftsstiftung, zusammen. Er sagte, man werde über meine Bitte um Treibstoff am Südpol nachdenken.

Ich flog nach England zurück, wo acht Wochen vor dem Tag X Dr. Todds Entscheidung ankam. Die USA konnten uns in keiner Weise behilflich sein, weil alle ihre Ressourcen bereits voll verplant seien. Trotzdem machten wir weiter wie geplant. Falls die USA uns noch immer Treibstoff am Pol verweigerten, wenn wir den Überquerungsversuch starteten, mußte Giles Treibstoffdepots auf der Überquerungsroute und an den Polen anlegen.

Auf früheren Expeditionen hatte ich die Sponsoren für ihren Einsatz entschädigt, indem ich Ausstellungen ihrer Produkte organisierte. Mit Hilfe der örtlichen britischen Handelsattachés wurden diesmal acht Ausstellungen in Zentren an der Transglobe-Route veranstaltet. Ein paar Wochen vor der Abreise hielten wir probeweise eine Ausstellung in London ab. Neunzehn Mann brauchten drei Tage für den Aufbau.

Um unseren Sponsoren zu helfen, brauchten wir so viel Berichterstattung in den Medien wie möglich. George Greenfield arrangierte nun für mich ein Treffen mit dem Besitzer und leitenden Angestellten der Zeitung The Observer, um ihnen meine Pläne zu erläutern. Beim Mittagessen sorgte ich dafür, daß sich alles über die Transglobe-Expedition möglichst aufregend und exotisch anhörte. Am nächsten Tag mußte ich eine Gruppe führender Londoner Versicherungsmakler ermuntern, uns mit kostenlosen Versicherungspolicen zu unterstützen. Diesmal hörte sich die Expedition etwa so gefährlich an wie eine Tupperware-Party. Der Observer gab uns einen hervorragenden Vertrag für die Rechte an den Sonderberichten über die Expedition, und der Londoner Versicherungsmarkt versicherte die Unternehmung umfassend und kostenlos.

Anton Bowring jedoch war beunruhigt. Es waren nur noch zwei Wochen Zeit, aber er hatte noch immer keinen annehmbaren freiwilligen Skipper gefunden, und Les Davis' Kapitänsgehalt konnten wir nicht bezahlen. Als wir schon fast aufgegeben hatten, hörten wir von einem Admiral im Ruhestand, der bereit sei, die Benjy B. zumindest bis nach Antarktika zu übernehmen. Trotz seines Namens hatte Admiral Otto Steiner im letzten Weltkrieg zum Versenken deutscher Schiffe beigetragen. Anton, der den mit Monokel bewaffneten Admiral zuerst allein traf, war ein wenig besorgt, ob die Crew mit ihm zurechtkäme.

In der Kaserne schufteten wir im Juli und August fast jeden Abend bis Mitternacht. Ich packte, numerierte und registrierte über tausend Pappkartons, die auf 18 verschiedene Stützpunkte überall auf der Welt verteilt werden und uns für die nächsten drei Jahre versorgen sollten. Ollie war vor allem für die mechanische Ausrüstung zuständig, Ginnie für die Funkausrüstung und Simon für die Lebensmittel. Charlie vertrat das Team in den letzten zwei Monaten im Büro, und ich rief ihn täglich an und gab ihm neue Aktionslisten durch, Dinge, die beschafft werden mußten, Ausrüstungen, die zu ändern waren, zusätzliche Lebensmittel, die bestellt werden mußten.

Abends fuhr ich mit zwei anderen Männern endlose Wagenladungen zu den Docks und lagerte sie am Kai neben der Benjy B.

Am Tag vor unserer Abreise am 1. September erschien in der Leitartikelspalte der New York Times folgender Text unter der Überschrift RUHM:

„Die Briten sind gar nicht so träge, wie man ihnen manchmal nachsagt. Nach siebenjähriger Planung soll die Transglobe-Expedition morgen von Greenwich, England, zu einer so wagemutigen Fahrt aufbrechen, daß man sich verwundert fragt, wieso die Sonne jemals über dem britischen Weltreich unterging."

▲ Vor der Expedition wurden über tausend Kisten mit Versorgungsgütern für die nächsten drei Jahre vorbereitet.

Grönland – kein grünes Land

▲ Ungefähr fünf Sechstel der Fläche Grönlands liegen unter dem mächtigen Inlandeis begraben.

Die Falkenraubmöwe gehört zu den vielen wildlebenden Tierarten, die im größten Nationalpark der Welt beheimatet sind. ▶

Trawler im Hafen von Umanak. Die Fischerei ist Grönlands Haupteinnahmequelle. ▼

Mit einer Fläche von 2,18 Millionen Quadratkilometern ist Grönland die größte Insel der Welt. Sie erhielt ihren Namen – grünes Land – von dem Wikinger Erik der Rote, der im Jahr 982 an der klimatisch günstigeren Südwestküste eine Siedlung gründete. Doch bald rissen die Beziehungen zu Europa wieder ab, und erst im 18. Jahrhundert knüpften dänische Missionare neue Kontakte. Grönland kam unter dänische Herrschaft, und seit 1953 ist die von knapp 60 000 Menschen bewohnte Insel gleichberechtigter Teil Dänemarks.

Trotz seines vielversprechenden Namens ist Kalaallit Nunaat (Land der Menschen), wie die Inuit die Insel nennen, kein grünes, fruchtbares Land. 85 Prozent seiner Fläche sind von einem gigantischen Eispanzer bedeckt, der im Durchschnitt 1600 Meter und an den dicksten Stellen bis zu 3400 Meter mißt. Vor den Küsten treiben Eisberge im Meer, und das Packeis türmt sich auf. Viele Hafenorte können nur im kurzen Sommer von Schiffen angelaufen werden.

Ein solches Land bietet seinen Bewohnern nur eine karge Existenzgrundlage: ein wenig Schaf- und Rentierzucht, ein paar Bodenschätze, die wegen des rauhen Klimas und der entlegenen Lage jedoch bislang kaum ausgebeutet werden, dazu Fische, Garnelen und andere Meerestiere in den Küstengewässern. Viel Platz ist dagegen noch für die unberührte Natur. Grönland beherbergt den größten Nationalpark der Welt. Mit einer Fläche von annähernd 1,036 Millionen Quadratkilometern ist er größer als Deutschland und Frankreich zusammen.

In der Nähe der Hauptstadt Nuuk fand man aus Holz und Knochen geschnitzte Brettspielfiguren der Wikinger. ▼

Ein Geologe untersucht einen Bohrkern, der Zinkerz enthält. Grönland besitzt zahlreiche nutzbare Mineralien. ▼

▲ Ein kühner Bergsteiger genießt die Aussicht von einem Berggipfel in Liverpool-Land, wo zerklüftete Felsen die Landschaft beherrschen.

▲ Die bunten Holzhäuser mit den weiß abgesetzten Kanten erinnern auch in der Altstadt von Nuuk an das dänische Erbe Grönlands.

◀ Dieses Satellitenbild von der Südspitze Grönlands zeigt das gewaltige Inlandeis und die von tiefen Fjorden zerklüftete Küste.

SÜDWÄRTS INS ABENTEUER

Obwohl man in den Fernsehnachrichten sehen konnte, wie die *Benjamin Bowring* mit Prinz Charles als Kapitän und allen Mitgliedern der Transglobe-Expedition an Bord themseabwärts und scheinbar direkt nach Antarktika fuhr, ging die Reise für die meisten nur bis Tilbury. Es gab noch viel an dem Schiff zu tun, bevor die Prüfer des Handelsministeriums das Auslaufen genehmigten.

Charlie, Ollie, Simon, Ginnie und ich sollten auf dem Landweg durch Frankreich und Spanien fahren, über das Mittelmeer nach Algerien übersetzen, die Sahara mit zwei Landrovern, einem Range Rover und drei Anhängern durchqueren und bis Abidjan an der Elfenbeinküste fahren. In Paris und Barcelona wollten wir für Ausstellungen haltmachen und in Barcelona und Abidjan mit der *Benjy B.* zusammentreffen.

Seine Königliche Hoheit Prinz Charles, der Schirmherr der Expedition, auf der Brücke der *Benjamin Bowring* ▶

In Frankreich verließ uns Charlie, um mit dem Range Rover nach St. Tropez zu fahren und sich dort mit seiner neuen Freundin für ein paar Urlaubstage zu treffen. Als er in Perpignan, nahe der spanischen Grenze, wieder mit uns zusammentraf, verkündete er, er beabsichtige, Twink zu heiraten, ein sehr wohlproportioniertes, attraktives Mädchen, das außerdem leitende Angestellte bei Berlei, einem unserer Sponsoren, war. Die Hochzeit solle nach der Durchquerung Antarktikas in Sydney stattfinden.

Wir fanden die *Benjy B.* am besten Liegeplatz von Barcelona, direkt gegenüber der größten Hafenbar. Gleich nach dem Laden verließen wir Barcelona und machten uns bei völliger Flaute und wolkenlosem Himmel auf den Weg nach Afrika.

Am zweiten Tag trafen wir in Algier ein, wo eine Gruppe Offiziere an Bord kam. Alle trugen goldene Abzeichen oder Streifen auf den Schulterklappen ihrer Uniformen – Zoll, Hafenbehörde, Polizei, Gesundheitsamt und andere Behörden.

Unser Admiral zeigte mit weißer Uniform, Monokel und Konquistadorenbart, was in ihm steckte, und lenkte die Besucher von ihrem üblichen Vorgehen ab, einen Gegenwert für Gefälligkeiten zu fordern.

„Ihr geht besser von Bord, bevor die Brüder uns wieder beehren", riet der Admiral, und sofort hievte die Crew unsere Fahrzeuge auf den Kai. Dort standen wir nun und sahen, wie die *Benjy B.* in die Dunkelheit auslief; wir würden sie erst nach der Durchquerung der Sahara wiedersehen.

Auf guten Asphaltstraßen fuhren wir, von Tanklastern begleitet, nach Süden. Neben uns erhoben sich im Dunst der Straße Berge mit flachen Kuppen.

In der Abenddämmerung machten wir neben den welligen Sanddünen von El Golea halt. Ein paar Kilometer weiter südlich lag Khanem, wo Ollie im Auftrag des Natural History Museum in London Skinke, eine Echsenart, fangen sollte. Während wir das Lager aufschlugen, stellte Ollie Fallen, in denen er Corned beef als Köder auslegte.

Am nächsten Tag ging eine riesige, orangefarbene Sonne auf, doch alle Fallen waren leer. Dafür umschwirrten uns den ganzen Tag Schwärme von Fliegen, und der Schweiß floß uns in Strömen vom Körper. Ollie maß nachmittags 50 °C. Wir konnten uns nicht entscheiden, wo es unangenehmer war, im Zelt oder im Freien.

Nach zwei Tagen ohne Skinke entschloß sich Ollie zu einer aggressiveren Vorgehensweise. Vielleicht war gerade dieses sandige Becken schlecht für Skinke. Deshalb zogen wir mit Wassersäcken, Kompaß und Skinkfallen in die Dünen.

Nach zwei Stunden mühsamen Marschs hatte Ollie noch immer keine Fährte gefunden, obwohl er uns versicherte, daß die etwa zwölf Zentimeter langen Echsen erkennbare Spuren hinterließen. Erschöpft beschlossen wir, die Suche einzustellen.

Am nächsten Tag machte ich mich mit Simon daran, in El Golea nach Skinkfängern zu fahnden. Da Simon Französisch sprach und ich Arabisch, war das kein Problem.

Nach einigen Nachforschungen kamen wir zum Lehmhaus von Hamou, dem ortsansässigen „Führer". Hamou versicherte uns, er sei *der* Skinkfänger schlechthin. Aber es sei eine gefährliche und deshalb kostspielige Angelegenheit. Wußten wir überhaupt, daß es genau an den Sandstellen, wo man nach Skinken suchen müsse, auch haufenweise Sandvipern und Skorpione gäbe?

▲ Der Hafen von Barcelona, wo der Autor nach seiner Fahrt durch Frankreich mit der *Benjy B.* zusammentraf

An diesem Nachmittag führte uns Hamou mit drei Beduinenjungen als Gehilfen unter Ollies wachsamen Augen in ein Gebiet mit hohen Dünen, etwas mehr als einen Kilometer von unserem Camp entfernt, und innerhalb weniger Minuten hatte er zwei prächtige Skinke gefangen. Bis zum Abend hatte er einen dritten, und wir brachten Hamou nach Hause, damit er sich an dem Dosenobst und Tomatenpüree gütlich tun konnte, mit dem wir ihn bezahlt hatten.

Zwei Tage lang folgte Ollie der Taktik Hamous und vergrößerte seine Sammlung eingelegter Skinke. Wenn er einen neuen Fang in seine Formaldehydflasche steckte, seufzte er und schwor, sich nie wieder auf etwas so Grausames einzulassen. Später bekam Ollie einen Dankesbrief vom Natural History Museum für seine Arbeit:

▲ Die Skinke, die Ollie gesammelt hatte, bescherten dem Natural History Museum die Lösung eines Rätsels.

> Früher lagen die nächsten bekannten Fundstellen für zwei der am weitesten verbreiteten Formen der Sandskinke mehrere hundert Kilometer voneinander entfernt. Ihre Exemplare haben den Abstand auf 25 Kilometer verkürzt, und weil sie der anderen aus El Golea bekannten Form in keiner Weise gleichen, haben wir es wahrscheinlich mit zwei verschiedenen Arten, nicht nur mit Unterarten, zu tun. Wir danken Ihnen, daß Sie uns geholfen haben, das Geheimnis der Sandskinke zu lüften.

Wir fuhren nach Süden bis In-Salah, was „salziger Brunnen" bedeutet, und füllten dort unsere Wasservorräte mit salzhaltigem Wasser auf. Nachts strich warmer Wind aus den Dünen im Westen um unser Lager im Djebel Moujdir, um uns herum hüpften Wüstenspringmäuse, und über unseren Köpfen zog ein Lämmergeier seine Kreise.

Dann ging es weiter nach Tamanrasset, einem selbsternannten Touristenzentrum im Ahaggarmassiv. Unsere nächste Etappe führte uns durch die trockenen Wüstengebiete des Tanezrouft nach Südwesten, denn dort mußten wir unsere zweite Aufgabe erledigen und beiderseits der Grenze von Mali Fledermäuse fangen.

Fledermausfänger

Der Weg von Tamanrasset nach Westen wurde zusehends schlechter. Die Fahrzeuge ratterten fürchterlich, wenn die Fahrspuren zwischen schwarzen Basaltstufen und sandigen Furchen wechselten. Unser Ziel war die Quelle von Silet, denn Ollie meinte, das sei ein gutes Fledermausgebiet. Ich begleitete ihn als Dolmetscher zum Dorfältesten, doch als wir Fledermäuse erwähnten, wirkte er beunruhigt. „In diesem Dorf nicht. Wir haben keine Fledermäuse. Draußen bei den Quellen vielleicht."

Nur zögernd war er bereit mitzukommen, und knapp sieben Kilometer von Silet entfernt zeigte er uns ein paar Kiesgruben mit sechs bis fünfzehn Meter tiefen Schächten. Wir ließen Ollie am Seil hinab. In vier Schächten versuchten wir unser Glück, aber bis auf ein paar Taubenfedern fanden wir nichts.

Es war Allahs Wille, daß wir hier keine Fledermäuse finden sollten, weiter im Westen aber, jenseits des Ödlandes, würden wir unzählige Fledermäuse finden – da war sich der Älteste ganz sicher.

Wochen später erfuhr ich, daß man in dieser Gegend Fledermäuse anscheinend für die Söhne des Teufels hält, deren größter Wunsch es ist, die Seelen junger Dorfbewohner zu stehlen. Niemand wollte sich bei den heimischen Fledermäusen unbeliebt machen und ihr Vorhandensein ausländischen Fledermausfängern verraten. So war es am besten, uns fortzuschicken, weit von unserem jeweiligen Aufenthaltsort entfernt.

Drei Tage lang rationierte Simon uns das Wasser, während wir uns langsam durch gesichtslose Wüstengebiete nach Süden und Westen fortbewegten. Heftige Staubstürme wüteten und begruben die Fahrspur.

Am 16. Oktober passierten wir die unmarkierte Grenze nach Mali und erreichten ein reizvolleres Land ohne Wind, ohne Sand, dafür mit angenehm trockener Hitze. Wir fuhren hohe, mit Felsbrocken übersäte Kieshügel hinauf, wo Kamel- und Ziegenherden, bewacht von blaugekleideten Tuaregnomaden, umherstreiften.

Auf unserem Weg durch das wunderschöne Tilemsital wurden unsere Lagerplätze immer interessanter. Skorpione und Spinnen sammelten sich dort, und Frösche, Grillen und Ziegenmelker sorgten für die nächtliche Geräuschkulisse. Insekten in faszinierenden Formen und Färbungen waren zu sehen, Kaninchen, Füchse, Eidechsen und Gazellen. Einige Gebiete waren so grün wie ein englischer Garten im Frühling.

In Gao erreichten wir den breiten, schnell fließenden Niger und folgten seinem weiten Bogen 650 Kilometer weit in westliche Richtung bis Timbuktu. Das war ein Paradies für Ollie, einen begeisterten Ornithologen, der alles notierte, was Federn hatte. Seine Eintragungen schlossen Schmutzgeier, Mausvogel und Bienenfresser, Brubru, Bandfink, Weißbürzel-Steinschmätzer und Wiedehopf ein.

Die Expedition folgte dem Lauf des Niger. Auf diesem Bild spülen Dorfbewohner in Mali ihre Töpfe und Pfannen am Flußufer. ▼

In Timbuktu ist die Wüste zu Ende. Etwas weiter im Süden dehnen sich Schwemmebenen und die weitläufigen, seichten Wasserflächen des Niger bis zum Horizont aus.

Camping im Wald von Timbuktu ist nicht empfehlenswert. Wir wachten verschwitzt und klebrig auf, aus den Pango-Pango-Bäumen über unseren Zelten ertönten die aufreizenden Rufe vieler tausend Tauben und bunter Wiedehopfe. Wie diese Bäume wirklich hießen, weiß ich nicht. Aber Simon, der schon einmal in Westafrika gewesen war, nannte sie so, und wir übernahmen die Bezeichnung. Der Sand um uns herum war so locker, daß wir nur langsam vorankamen. Hunderte von Eseln und barfüßigen Eseltreibern überholten uns und riefen uns vergnügt zu, wenn wir uns endlich befreien konnten und an ihnen vorbeidonnerten. Dabei versuchten wir, eine bestimmte Geschwindigkeit beizubehalten, damit wir nicht wieder einsanken.

Goundam entpuppte sich als freundliches Dorf, um das sich ein von Gärten und Palmen gesäumter Nebenfluß des Niger schlängelte. Knapp sieben Kilometer weiter schlugen wir unser Lager an einer ruhigen Stelle auf. Von dort fuhr Ollie mit unserem Faltboot flußaufwärts bis zu einem großen, schilfbedeckten See, wo es von Vögeln wimmelte. Ganz in der Nähe, in ein paar Ruinen, fand er schließlich seine Fledermäuse.

Das Gelände bereitete den Transglobe-Fahrzeugen in einigen Gebieten Westafrikas Schwierigkeiten. Häufig fuhren sie sich im weichen, tiefen Sand fest. ▶

Um die Jagd abzuschließen, spannten wir Vogelnetze, scheuchten die Fledermäuse auf und fingen sechs kaum spatzengroße Tiere ein. Ollies anfängliche Freude über diesen lang ersehnten Erfolg wurde bald getrübt, als er die kleinen Lieblinge konservieren mußte. Um ihn aufzumuntern, bereitete Charlie ein extra scharfes Curry zu. Dann fand Ollie einen dunkelroten Amaranten und vergaß sein „Einmachtrauma".

Es tat mir leid, daß wir das Camp verlassen mußten, einen heiteren Ort mit zwitschernden Feuerwebern, Habichten, die über uns schwebten, und tauchenden Eisvögeln. Als wir dann Niafounke erreichten, erfuhren wir, daß die Fähren den angeschwollenen Fluß nicht überqueren konnten. Unser Weg nach Süden durch Obervolta, das heutige Burkina Faso, war somit versperrt. Um die Überschwemmung zu umgehen, mußten wir einen 720 Kilometer langen Umweg auf uns nehmen.

Südlich des Niger

Meine Erinnerungen an unsere Reise südlich des Niger sind bruchstückhaft. Ein Camp im Vollmond, gegen den sich riesige Ameisenhügel abzeichneten, und das Zirpen von Zikaden in der Nacht. Ein einstmals großer Wald aus toten und absterbenden Bäumen, in dem keine Vögel sangen und Vieh das Unterholz zu Morast zertrampelt hatte. Ein Dorf, in dem anscheinend alle Einwohner aus den Häusern kamen, als wir uns näherten, und uns laufend und händeklatschend auf ihrer einzigen Straße verfolgten, bis auch der letzte kläffende Hund in einem Staubschleier hinter uns verschwunden war. Ein Nomadenlager, in dem Arabisch sprechende Mauretanier mit negroiden Gesichtszügen bei Sonnenuntergang sangen, die Männer mit Speeren, Schilden und Knüppeln mit Knauf, die Frauen mit stolzen, spitzen Brüsten und Ringen aus bunten Perlen. Ein sanftes orangefarbenes Licht grub die Szene in mein Gedächtnis ein: Einbäume im Uferschilf, Gruppen lächelnder Mädchen, die im Takt stampften und sangen, während sie Hirse mit Flegeln zu staubfeinem Mehl verarbeiteten. Und hinter Dornengehegen drängten sich muhende Herden afrikanischer Büffel, jeder mit einer Reihe langer, eingebrannter Narben auf den Flanken.

▲ Ollie hatte außerdem den Auftrag, Exemplare dieser Süßwasserschnecke zu sammeln. Sie ist der Wirt eines Parasiten, der beim Menschen verschiedene Wurmkrankheiten verursacht.

Drei Tage lang fuhren wir nach Südosten durch feuchte Wälder und bewässerte Reisfelder, bis wir an dem donnernden Niger-Staudamm in Markala wieder auf eine Asphaltstraße kamen. Nun schlugen wir unsere Camps nicht mehr in der Savanne auf, sondern im Wald, unter Kokospalmen und Affenbrotbäumen.

Endlich überquerten wir die Grenze zur Elfenbeinküste und erreichten am 4. November Tiassale. Ich hoffte, einen Lagerplatz am Ufer des Roten Bandama zu finden, wo wir auf Schneckenjagd gehen konnten. Denn noch hatte Ollie einen letzten Auftrag in Afrika auszuführen: Er mußte in den stehenden Gewässern dieses Urwaldgebietes Süßwasserschnecken sammeln, die Wirte des Bilharziose auslösenden Egels.

Nach einer einstündigen Fahrt durch den Regenwald auf einer schlammigen Piste kamen wir am Flußufer an, wo zwei Einbäume unter gewaltigen Urwaldriesen an Land lagen. In dieser Nacht kampierten wir auf einer von Bambus und Unterholz gerodeten Stelle. Charlie fand einen gut 22 Zentimeter langen schwarzen Skorpion, den Ollie prompt einlegte „für den Fall, daß sich das Museum dafür interessiert".

Ollie führte uns auf Schneckensuche im nahen Wald. Simon entdeckte eine Schlange, die sich in einem verfaulten Bambusrohr eingeringelt hatte; auf ihrem Hals prangte ein elegantes Totenkopfabzeichen. Es gab schwarze und gelbe Spinnen, und überall fielen Sonnenstrahlen durch das Laubdach über uns. Schmetterlinge, Motten und Libellen bewegten sich bis zur Dunkelheit anmutig durch die grünliche Düsternis, dann wurden sie von den herumwirbelnden Glühwürmchen abgelöst.

Als unser Tierjäger Ollie endlich mit seiner schleimigen Ausbeute zufrieden war, verließen wir umgehend den Wald. Nach dreistündiger Fahrt in Richtung Süden gelangten wir an die Küste, in die Stadt Abidjan, mit Wolkenkratzern auf bewaldeten Hügeln, eleganten Hotels und selbstmörderisch fahrenden orangefarbenen Taxis. Die *Benjy B.* lag bereits sicher im Hafen.

Mit dem Wind nach Süden

Am 20. November fuhr die *Benjy B.* aus der weiten Lagune bei Abidjan in den Atlantik, und am nächsten Tag überquerten wir knapp neben dem Nullmeridian den Äquator. Mit Dreizack und Krone als Meergott Neptun verkleidet, hielt Admiral Otto den Vorsitz über das Zeremoniell der Äquatorüberquerung. Der goldblonde Buzzard mit zwei Bällen unter dem T-Shirt war Neptuns Braut Aphrodite. Terry, der Bootsmann, war mit Wasserschlauch und Dosen mit grünem Waschmittel bewaffnet und spritzte alle Besatzungsmitglieder gründlich naß, die den Äquator noch nie überquert hatten.

Wir sichteten Pottwale, und fliegende Fische verendeten auf dem heißen Deck. Als wir in den Benguelastrom gelangten, verschlechterte sich das Wetter. Sieben Tage lang herrschte Windstärke sieben. Weil wegen des schweren Seegangs die Wellen über den Bug schlugen, wurde allgemein befohlen, an Deck Sicherheitsleinen zu benutzen.

Da es in diesem Gebiet keine Landmassen gibt, die als Bremse wirken könnten, rasen die gewaltigen Wellen des Südpolarmeers unmittelbar um die Welt und nehmen an Größe und Gewalt zu. Bisweilen erreichen einzelne Wellen gewaltige Ausmaße, donnern mit enormer Wucht auf die Schiffe und schleudern tonnenweise Wasser auf die Decksaufbauten. Auch Schiffe wie die *Benjy B.* sind vor diesen Monsterwellen nicht sicherer als früher die Holzschiffe Shackletons oder Scotts. Eisbergen kann man dank dem Radar aus dem Weg gehen, einzelnen Riesenwellen nicht.

Langsam bewegten wir uns an der afrikanischen Westküste auf die *Roaring Forties* zu, starken Winden zwischen dem 40. und 50. Breitengrad auf der Südhalbkugel. Doch wir hatten Glück, und das Meer beruhigte sich ein wenig. Am 3. Dezember erreichten wir Saldanha, ein paar Stunden nördlich von Kapstadt. Möwenschwärme, Tausende von Vögeln, stießen auf Fischschwärme hinab und erhoben sich wieder in die Luft, und in den Nistkolonien an der Felsenküste zeterten Brillenpinguine.

Dann lief die *Benjy B.* unter dem kahlen Tafelberg in den Hafen von Kapstadt ein. Die Sponsorenausstellung mußte sofort aufgebaut werden, und zu neunzehnt gelang es uns, sie diesmal in nur 24 Stunden fertigzustellen.

Bis Kapstadt hatten Anton Bowring und ich unsere Reise gefilmt, nun aber schickte Dr. Hammer ein Kamerateam mit vier hochbezahlten Profis, die das Filmen übernahmen. Auch David Mason kam mit dem Flugzeug und schloß sich uns an, er brachte Ginnies Terrier Bothie mit, und an einem glühendheißen Tag traf ein weiteres Teammitglied, Anto Birkbeck, mitsamt seiner Polarausrüstung ein. Er trug ausgebeulte Shorts aus dem Ersten Weltkrieg, ein verschossenes Turnhemd und einen ramponierten Filzhut. Mein Plan sah vor, daß Anto und Simon allein an der Stelle in der Antarktis überwintern sollten, wo wir die *Benjy B.* entluden. Sie sollten sich um unsere gesamte Ausrüstung und den Treibstoff kümmern, dafür sorgen, daß die Sachen nicht unter Schneewehen verschwanden, und eine Landebahn offenhalten. Ginnie, Ollie, Charlie, Bothie und ich wollten den Winter in einem 480 Kilometer landeinwärts gelegenen Camp verbringen. Sobald es warm genug würde, wollten wir für den Abmarsch zum Südpol bereit sein.

Am 22. Dezember starteten wir von Südafrika nach Sanae. An Bord befanden sich 29 Männer und Frauen und ein Hund.

Um 19 Uhr fuhren wir am Kap Agulhas vorbei, dem letzten Stück Land, das wir auf fast 2400 Seemeilen sahen, und nahmen Kurs in Richtung Süden auf das Packeis.

Auf unserem Weg in der schweren See hielt Admiral Otto Steiner eine Ansprache: „Zunächst erwarten wir Sturm von der Windstärke acht, der in Böen Windstärke neun erreicht: westlich des Agulhas-Beckens gibt es die schwerste See überhaupt. Es wird stürmisch, in den *Roaring Forties* allerdings wird es noch schlimmer. Die direkte Route nach Sanae beträgt 2400 Seemeilen, wir müssen aber eine scharfe Kurve fahren, um uns von Osten zu nähern. Im letzten Jahr versuchte ein südafrikanischer Eisbrecher, die direkte Route zu nehmen, wurde aber von dem dichten Eis im Weddellmeer beschädigt und mußte zurückfahren. Vergeßt nicht: es war im Weddellmeer, wo vor rund sechzig Jahren Shackletons Schiff vom Eis zerquetscht wurde und sank. Die ersten Eisberge sind ab 45° südlicher Breite zu erwarten, und ab Ende Dezember herrscht ständiges Tageslicht. Alle Eisberge werden auf der Luvseite passiert, denn auf der Leeseite lauern Growler."

Abgesehen von Eisbergen und Growlern, relativ kleinen, halb unter Wasser schwimmenden Eisbergen, denen auch die *Titanic* zum Opfer gefallen war, ist Antarktika von einer gewaltigen Packeisbarriere umgeben. In einem gewöhnlichen Sommer bricht das Packeis normalerweise auf und zerfällt in eine Masse von Eisschollen, die oft eine schmale Fahrrinne zur Küste offenlassen.

Eisberge

Die Polarmeere sind „weiße" Meere, bedeckt von Meereis, das im März/April, wenn die jährliche Vereisung am größten ist, allein auf der Nordhalbkugel eine Fläche von rund 16 Millionen Quadratkilometern einnimmt. Hinzu kommen Abertausende von Eisbergen. Jahr für Jahr entstehen in der Arktis mehr als 16 000, vor allem an den Küsten Grönlands. Sie lösen sich von gewaltigen Gletschern, Inlandeismassen oder Schelfeis und haben mitunter die Größe deutscher Bundesländer.

Im Unterschied zum Meereis, das sich auf dem Meer bildet, stammen Eisberge hauptsächlich von Gletschern auf dem Land. Wo die Eisströme im Meer enden, „kalben" sie: Verschieden große Blöcke brechen mit viel Getöse von der Gletscherstirn ab und werden von Meeresströmungen davongetrieben. Zuweilen dauert es über zwanzig Jahre, bis sie in wärmeren Gewässern völlig geschmolzen sind.

Auf ihrer Reise verändern die Eisberge ständig ihre Form. Junge Eisberge sind häufig tafelförmig, ältere dagegen zerschmelzen im Lauf der Zeit zu bizarren Gebilden, die Zinnen oder Pilzen gleichen und oft wie ein Schweizer Käse durchlöchert sind. Die höchste Gefahr für die Schiffahrt geht dabei von älteren Eisbergen aus, die dicht unter der Wasseroberfläche von einer breiten Eisplattform umgeben und nur selten zu erkennen sind.

Als „schwimmende Kristalle" beschrieb der irische Mönch St. Brendan im 6. Jh. Eisberge wie diese vor der Küste der Antarktischen Halbinsel. ▶

Die Hauptmasse des Packeises ist zwar 0,60 bis 2,70 Meter dick, doch in den Sommermonaten Dezember und Januar kommt ein kurzer Zeitraum, in dem Eisbrecher und gegen Eis verstärkte Schiffe wie das unsere das Eis beiseite schieben und sich hindurchmanövrieren können. Das ist freilich nicht in jedem Sommer der Fall: manchmal bleibt es undurchdringlich, manchmal passiert es auch, daß ein Schiff beim Einfahren aufgebrochenes Packeis vorfindet, dann aber festsitzt und nicht mehr wegkommt, weil das Eis frühzeitig zufriert. Oder aber der Wind dreht sich dort und schiebt das Packeis und alles, was darin gefangen ist, zusammen.

Die Fahrt ins Packeis

Weihnachten feierten wir in den *Roaring Forties*. Das Schiff rollte und schlingerte in den grauschwarzen Wellen. Der Weihnachtsbaum, den die Crew am Mast angebunden hatte, wurde von heftigen Böen fortgeweht. Grüne Wasserwände schossen über die tief eintauchende Bugspitze hinweg, überspülten Bug und Vorschiff, und überall auf dem Schiff spürte man die Erschütterungen durch die aufprallenden Wellen.

Fünf Leute hatten ständig Wache, entweder auf der Brücke oder am Radar. Andere hielten sich währenddessen unter Deck auf, schliefen oder wanderten umher. Das bedeutete, daß sich etwa 14 Personen zu den Mahlzeiten um den kleinen Tisch im

Weihnachten auf der *Benjy B*. Die Party ist in vollem Gang. Der Autor (ganz links) und Charlie singen, begleitet von Micks Gitarre. ▶

Salon einfanden. Zum Weihnachtsessen freilich platzte der Raum aus allen Nähten, denn es saßen 24 Leute gleichzeitig am Tisch, während Mick Hart, Gitarrenspieler und Chorleiter, die Festlichkeit anführte.

Mittschiffs, in der Nähe der Kapitänskajüte, hatte Anton einen Neigungsmesser aus Messing aufgehängt, dasselbe einfache Instrument, das Captain Scott auf der *Discovery* bei sich hatte und unser einziges Relikt von dieser früheren Reise nach Süden. Ein gewaltiger Brecher ließ die *Benjy B.* nach beiden Seiten um 47° schwanken. Die weihnachtlichen Leckerbissen fielen auf den Boden, Bothie schlitterte auf der Seite gut sechs Meter weit, und der Admiral verschluckte beinahe seine Pfeife. Deshalb blieben wir beim Weihnachtsgottesdienst die ganze Zeit sitzen, denn Stehen war nicht ratsam.

Am Abend des 28. Dezember überquerten wir den 50. Breitenkreis. Querab schwamm der erste Eisberg an uns vorbei, während vor uns fast nur glitzernder, tosender Schaum zu sehen war. Unser Kurs war 220° auf den Magnetpol.

Ollie war oft mit gezücktem Fernglas auf der Brücke zu finden. Seine Liste gesichteter Vögel wuchs: Schwarzbrauen- und Graukopfalbatros, Orion, Raubmöwe, Riesensturmvogel, Entensturmvogel und viele andere.

Jeden Tag gingen unsere beiden Bordwissenschaftler mit dem Schleppnetz auf Planktonfang. Sie untersuchten das Strömungsverhalten beim Zusammentreffen verschiedener Wassermassen. Es beeinflußt das Vorkommen des winzigen pflanzlichen Planktons und damit auch der Freßfeinde, also des tierischen Planktons, einschließlich des Krills.

Dr. Chris McQuaid zeigte mir nach zehnminütigem Schleppnetzfang ein Glas mit Meerwasser, in dem es von winzigen Krebstieren nur so wimmelte. „Das hier", sagte er und wies mit der Hand über die große graue Wasserfläche, „ist das produktivste Meer der Welt. Krill kann sich durchaus als wichtiger Nahrungslieferant erweisen, als eine so reichhaltige Quelle, daß man Tausende von Tonnen gewinnen kann. Mehrere Länder haben bereits kommerzielle Fischereiflotten für den Krillfang eingerichtet. Krill ist auch das zentrale Bindeglied in den gewaltigen, komplizierten Nahrungsnetzen, die das ökologische System des Südpolarmeers bilden. Ein zu hoher Krillfang bedroht Wale, Robben, Seevögel und Fische, aber ehe wir Forscher nicht alle Fakten kennen, können wir kein überzeugendes Argument für eine Kontrolle vorbringen. Deshalb ist die Fahrt der *Benjy B.* für uns ein Geschenk des Himmels."

▲ Der Schwarzbrauenalbatros gehört zu einer der zahlreichen Vogelarten, die in den planktonreichen Gewässern des Südpolarmeers auf Nahrungssuche gehen.

Auf der Schwelle zum Jahr 1980 verdichtete sich das Packeis um das Schiff, und der Kampf mit dem Eis begann. Jedesmal, wenn wir auf eine massive Eisplatte stießen und der Bug sich hoch über das Eis hob, wurde der Schiffskörper erschüttert. Mit Glück konnte das Hindernis durch unser Gesamtgewicht durchbrochen werden. Meistens klappte es. Andernfalls wiederholte der Skipper einfach seinen Rammstoß, bis es gelang. Der Wind blies nach wie vor und war nun deutlich kälter, das Meer aber war unter seiner schweren Decke ruhig.

Silvester drängten mich Eddie Pike und Buzzard in eine Ecke. „Diese Maus", Eddie hielt mir eine braune, zweieinhalb Zentimeter lange Porzellanmaus hin, „gehört der Familie Pike, und weil sie nun schon von Greenwich hierhergereist ist, sollte sie über die Pole dorthin zurückkehren. Nimm sie mit."

Ich nahm die Maus vorsichtig entgegen. Wir nannten sie Maus Pike.

Buzzard überreichte mir eine zugekorkte Flasche von etwa derselben Größe. In der Flasche saß ein Zwerg. Sein Besitzer bohrte mir den Finger in die Brust: „Zwerg Buzzard muß auch auf diesem Weg um die Welt fahren." Daraufhin ging die Abordnung.

Ich packte die Gegenstände zu meinem Lieblingskompaß und meinem Taschenmesser. Dann feierte ich fröhlich mit den anderen.

Zwei Tage lang schafften wir im Packeis durchschnittlich drei Knoten. Eine Wache im Ausguck dauerte normalerweise zwei Stunden. Man schaute durch sein Fernglas, um sich zu vergewissern, daß nicht einfach auf die nächstbeste, verlockende Fahrrinne angesteuert wurde, sondern in die Richtung mit dem geringsten Eisgang führte. Seine Anweisungen gab man über die antiquierte Gegensprechanlage an die Brücke.

Am 4. Januar 1980 drangen wir in die Wasserrinne an der Küste vor und fuhren nach Westen. Südlich von uns sahen wir die Eisklippen Antarktikas, und der Rand des Packeises lag auf der Steuerbordseite.

Ginnie setzte sich über Funk mit den Südafrikanern auf der Basis Sanae in Verbindung, und ihr Leiter sagte uns zu, er werde an der Eisbucht, wo das Ausladen für uns am sichersten wäre, Leuchtsignale abfeuern. Er nannte die Bucht bei ihrem norwegischen Namen Polarbjörnbukta. Seine Basis lag nur 16 Kilometer landeinwärts.

Etwa um die Mittagszeit machten wir die südafrikanischen Leuchtsignale in einer Bucht aus, deren Eingang etwa 800 Meter breit war. Die von Kliffen gesäumte, etwa zweieinhalb Kilometer lange Bucht verlief V-förmig. An der Spitze fielen die Eisklippen ab und bildeten eine Schneerampe, über die man ins Innere gelangen konnte. Der Admiral rammte den Rand des Eises und schuf so eine Anlegestelle für das Schiff, von dem eine Leiter auf das Eis hinabgelassen wurde. Die Besatzung der *Benjy B.* ging sofort von Bord, um Antarktika unter den Stiefeln zu spüren und mit den Süd-

Januar 1980: die *Benjy B.* erreicht Antarktika und macht am Rand der vereisten Polarbjörnbukta fest. ▼

afrikanern zu sprechen, die ein Jahr lang keine Fremden gesehen hatten. Als ich vom Vorschiff schaute, bemerkte ich zwei Grüppchen: eine Gruppe Südafrikaner drängte sich um unsere Köchin Jill McNicol, eine Transglobe-Gruppe mit Kameras umringte einen einzigen Adéliepinguin. Schwer zu sagen, welche Gruppe mehr fasziniert war.

Basislager

Weil die *Benjy B.* Antarktika möglichst bald verlassen mußte, um nicht vom Eis eingeschlossen zu werden, hatten wir in aller Eile viele hundert Fässer Treibstoff von jeweils fast einer halben Tonne Gewicht und mehr als hundert Tonnen gemischte Fracht auszuladen. Wenn meine Berechnungen auf dem Papier stimmten, sollten wir in elf Tagen fertig sein. Zur Bewältigung dieser Aufgabe hatten wir nur einen Igel von unseren Probereisen in Grönland und fünf Skidoos zur Verfügung.

Inzwischen waren Giles Kershaw und Gerry Nicholson mit der Transglobe Twin Otter auf dem Weg zu uns. Ihr Flug führte in sorgfältig ausgearbeiteten Etappen über Island, Toronto, die Karibik, Südamerika und die Falkland-Inseln. Ihre Aufgabe war es, etwa 50 000 Kilo Frachtgut 480 Kilometer landeinwärts bis an den Rand des antarktischen Plateaus zu transportieren. Unser Vorauslager wollten wir in der Nähe des verschütteten südafrikanischen Stützpunktes Borga einrichten. Dieser lag dicht am Eisrücken des Kirwan Escarpment, über dessen Südgrenze hinaus sich noch kein Mensch vorgewagt hatte. Der Berg, an dessen Fuß wir den langen dunklen Winter zu verbringen hofften, hieß Ryvingen. Von dort waren es 1450 Kilometer bis zum Südpol ein gewaltiges, unbekanntes Eisgebiet, das mehr als 3000 Meter über dem Meeresspiegel lag. Auf dem Weg bis Ryvingen waren wir einfach Reisende, ab dort jedoch Forschungsreisende in einer der letzten unberührten Regionen der Erde.

In 99 Tagen hatte Sir Vivian Fuchs den Kontinent auf einer kürzeren Route überquert. Er hatte Fahrzeuge mit geschlossenen Fahrerhäusern eingesetzt, die für die Leute das Risiko der Unterkühlung verringerten. Wir mußten uns wohl auf eine mindestens ebenso lange Fahrt einstellen. Wir hofften, im Oktober zum Pol aufbrechen zu können, sobald die ansteigenden Temperaturen die Reise erlaubten. Der antarktische Sommer, in dem eine Fahrt überhaupt nur möglich ist, dauert höchstens 120 Tage. Der Norweger Roald Amundsen hatte die Natur durch einen frühen Start zum Südpol herausgefordert. Extreme Kälte erzwang die Rückkehr seines Teams zum Basislager, wo es fast einen Monat lang ausharren mußte. Captain Scott gelang es nicht, bis Anfang Februar von seiner Fahrt zum Südpol zurückzukehren. Er wurde von einem herbstlichen Schneesturm überrascht, der sein Schicksal besiegelte.

Der Leiter der südafrikanischen Wissenschaftlergruppe nahm mich mit auf die Schneerampe. Nach 1500 Metern schritt er eine relativ flache Strecke von rund 650 Metern ab. „Der vorherrschende Wind weht in diese Richtung. Das erkennt man an der Ausrichtung der Sastrugi, den Riegeln und Unregelmäßigkeiten aus Schnee. Eure Twin Otter kann diese Strecke als Landebahn nutzen. Legt eure Fracht am besten parallel dazu ab."

Ich dankte ihm, und nachdem sich die Südafrikaner an Frischobst, Gemüse, Milch und Whisky gelabt hatten, die auf der Basis längst ausgegangen waren, verließen sie uns.

Während die Crew Telegrafenmasten als Anker in das Eis der Bucht rammten, markierte ich mit 200 beflaggten Bambusstäben eine Route vom Schiff zu unserem landeinwärts liegenden Frachtdepot und weiter bis zu der Stelle, wo Simon und Anto Birkbeck den Winter neben den aufgestapelten Frachtgütern verbringen sollten. Am Ende des zweiten Tages lag bereits etwa ein Viertel der Fracht neben der Landebahn.

Am dritten Tag flog die Twin Otter dröhnend über die *Benjy B.* hinweg. Nach einer fehlerfreien Vorführung von Hüpfern landete Giles neben unserer Landebahn, nicht darauf. Wir sollten später merken, daß ihm unberührte Landeplätze, die nicht mit Axt und Schaufel vorbereitet waren, besonderes Vergnügen bereiteten.

Zum ersten Mal war alles beisammen, was zur Transglobe-Expedition gehörte. Binnen kurzem würde das Schiff wieder ablegen müssen, und die Flugzeugcrew hatte nicht einmal einen Monat Zeit, um eine ausreichende Menge Treibstoff und Geräte an die Stelle im Inland zu bringen, wo wir uns acht Monate lang aufhalten wollten. Dann mußten sie vor Wintereinbruch von Antarktika entkommen.

Mit einer in Sanae gebauten Fertighütte flog Giles Ginnie und mich über viele schwarze Berge und von glitzernden Gletscherspalten durchzogene Eisfelder landeinwärts. Links floß der Eisstrom des Jutulstraumen-Gletschers mit eindrucksvoller Gewalt nach Norden und führte ein Durcheinander zersprungener Eisblöcke mit sich.

Jenseits des Borgamassivs ging Giles in der Nähe des Huldreslottet, dem Berg, wo das alte südafrikanische Lager begraben lag, in Sinkflug über. Der spitze Gipfel des Ryvingen erhob sich 18 Kilometer östlich von Huldreslottet über den Schneefeldern, und an seinem Fuß setzte Giles die Twin Otter auf einem sanften Abhang auf.

Giles flog den Autor und Ginnie über die zerklüfteten Gipfel des Borgamassivs zum Ryvingen. ▼

Er ließ uns mit einem Zelt, Überlebensausrüstung und einer halben Flugzeugladung beflaggter Stäbe zurück und flog wieder ab. Giles blieb niemals lange. Nach fünf Saisons, die er für die britische Antarktisvermessung in der Antarktis geflogen war, wußte er besser als jeder andere, was gutes Wetter wert war.

Weil Antarktika das mit Abstand kälteste Gebiet der Erde ist, wo die Temperaturen im Winter durchaus auf minus 83 °C fallen, war es besonders wichtig, daß unser Winterlager windgeschützt war. Denn der Wind ist es, der den Menschen am meisten zu schaffen macht, weil er auch die letzte Wärme aus Poren und Haaren bläst. Minus 40 °C in ruhiger Luft sind recht angenehm, tödlich dagegen sind minus 20 °C bei einem Wind von sechzig Knoten. Da der vorherrschende Wind von Süden blies, mußten wir im Windschatten auf der Nordseite des Berges Schutz suchen. Ginnie jedoch wollte unbedingt bei dem bevorstehenden Überquerungsversuch eine gute Funkverbindung mit Sanae, der Crew der Twin Otter sowie mit England aufrechterhalten, deshalb paßte ihr meine Wahl des Lagerplatzes nicht. Nach einer hitzigen Debatte einigten wir uns auf einen Kompromiß.

Als erstes setzten wir Pfosten und markierten die Antennenstandorte westlich des Windschattens des Berges, wo es in einer klaren Linie nach Süden zum Pol ging. Dann schritten wir eine Kabellänge in östlicher Richtung ab und markierten die Stelle für

Ginnies Funkhütte. Schließlich ließen wir einen Abstand von rund fünfzig Metern zwischen der Funk- und der Generatorhütte und weitere 25 Meter bis zur Wohnhütte.

Giles flog nun fast ununterbrochen im Pendelverkehr hin und her, wobei jeder Rundflug etwa 800 Kilometer betrug. Er brachte Simon, Anto, David, Treibstoffässer, Fracht und was wir für die Errichtung unseres zwölf Meter langen Wohnraums brauchten. Die Wände bestanden aus gewöhnlicher Wellpappe, wie man sie für Verpackungen benutzt. Sie erwies sich als vorzügliche Wärmeisolierung.

Wir ließen David, Simon und Anto zurück. Sie sollten Gräben anlegen, Hütten bauen und Fracht und Treibstoffässer an Ort und Stelle bringen. Ginnie und ich flogen nach Sanae zurück. Die *Benjy B.* war bereits fast vollständig entladen und abfahrtbereit.

Am nächsten Tag, dem 17. Januar, saßen wir an der zerklüfteten Kante der vereisten Bucht auf unseren Rucksäcken und sahen unsere Freunde abfahren, das melancholische Nebelhorn der *Benjy B.* tönte noch in die Bucht hinein, als sie schon längst verschwunden war.

An der Schwelle zur Antarktis

Am 25. Januar verließ das Eisteam – Ollie Charlie und ich – Sanae. Unsere Skidoos entsprachen den 1977 in der Arktis erprobten Geräten, nur hatten sie verbesserte Vergaser. Die Reise nach Ryvingen sollte im Zickzack zwischen Bergrücken und Spaltenfeldern verlaufen. Der Magnetkompaß war zwar verwendbar, denn die lokale Mißweisung betrug nur 18°, doch er war mit Vorsicht einzusetzen, weil der Alkohol darin nun kalt und dick war, so daß die Nadel nur träge ansprach.

Jeder Skidoo zog einen mit rund 600 Kilo Gewicht beladenen Schlitten, mehr als wir für die 380 Kilometer lange Fahrt brauchten, denn ich hatte vor, diese Fahrt als Probe für die Überquerung im nächsten Jahr zu nutzen. Jeder Skidoo war mit doppelten, zehn Meter langen Seilen mit einem Schlitten verbunden. Sollte ein Teil in eine Eisspalte fallen, würde das anhängende Gewicht den Sturz bremsen. Bei Abwärtsfahrten oder auf glattem Eis würde das Prinzip möglicherweise nicht allzu gut funktionieren, wenn der Skidoo als erster abstürzte. Wir alle trugen Bergsteigergurte und waren über ein Seil entweder am Skidoo oder am Schlitten gesichert. Ollie und ich hielten den Schlitten für geeigneter, Charlie den Skidoo.

Zunächst bewegten wir uns in ebenem, konturlosem Weiß, die Oberfläche war passabel und fest, und die Maschinen liefen gut über das Schelfeis. Es war schwer vorstellbar, daß dieses Eis tatsächlich auf dem Meer driftete. Etwas weiter südlich mußten wir die gefürchtete Hinge Line überqueren, die Nahtstelle zwischen dem treibenden Schelfeis und dem antarktischen Inlandeis. Dort würden wir erstmals wirklich auf den antarktischen Kontinent stehen, mit Felsen unter dem Eis zu unseren Füßen.

Wir wollten die Hinge Line auf der Route überqueren, die südafrikanische Exkursionen von Sanae aus eingeschlagen hatten. Ich orientierte mich an Landmarken. In

▲ Im Basislager entstanden drei Hütten: eine für den Generator, eine für die Funkstation und eine, in der die Transglobe-Teilnehmer acht lange Monate wohnen sollten.

diesem Gebiet verlaufen in Nord-Süd-Richtung Spalten im Eis, die durchschnittlich sechs bis zehn Meter breit und 800 bis fast 5000 Meter lang sind. Da der Sommer bereits fortgeschritten war, mußten wir uns darauf gefaßt machen, daß die Schneewehen über den Spalten brüchig und dünn waren. Doch unsere Skidoos hatten unbeladen nur ein Gewicht von rund 350 Kilo, und ihre Gummiketten verteilten die Bodenbelastung auf rund 0,02 kg/cm², das ist ein geringerer Druck, als eine Hundepfote oder der menschliche Fuß ausüben. Völlig anders verhielt es sich dafür mit den schmalen Kufen der schweren Schlitten, die viel leichter einbrechen konnten. Das zu verhindern schien uns eine Sache der Geschwindigkeit. Vorsichtig bewegten wir uns nach Osten auf den schwarzen Hügel des Marsteinen zu.

Ohne Vorwarnung lag die Hinge Line vor und neben uns. Ein paar Meter voraus glitzerte plötzlich grünlich und unheilverkündend ein Schatten aus der Tiefe.

Ich gab Gas, spürte einen Ruck unter mir, dann wieder festes Eis. Weitere grüne Linien links und rechts. Die weißen Stellen ansteuern. Vier oder fünf Spalten auf ein paar hundert Metern... Schweiß bricht aus, wenn man die Lenkung nach links reißt, einen neuen Abgrund entdeckt und nach rechts ausschert, dabei das Körpergewicht zur Seite und nach vorn verlagert, um den Lenkskiern ein besseres Greifen zu ermöglichen. Dann wieder eine feste Stelle.

Ich hielt an und schaute schwer atmend zurück. Mein Schlitten hatte Krater aufgerissen. Meinen Spuren zu folgen wäre keine gute Wahl gewesen. Das wurde den anderen sehr bald klar. Zusehen ist schlimmer, als selbst etwas zu tun, dachte ich, und rechnete jeden Augenblick damit, daß eine der kleinen, nach rechts und links schwenkenden Maschinen und ihre vermummte menschliche Fracht verschwand.

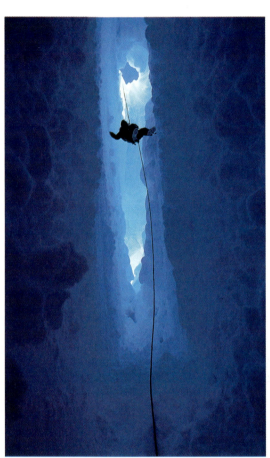

▲ Tiefe Eisspalten machten die Reise gefährlich und nervenaufreibend. Hier wagt ein Kletterer einen riskanten Abstieg in eine solche Spalte.

Sie stoppten, bevor sie mich erreicht hatten. Auf dem Weg zu der festen Stelle hatte ich eine Schneewächte überquert. Ich sah, daß mein Schlitten die Wächte eingerissen hatte, und nun hinderte eine sechzig Zentimeter breite grüne Öffnung die anderen am Weiterfahren. Sie schien so schmal zu sein, daß man sie mit einem Sprung überqueren konnte. Ich erinnerte mich an meine Pflicht als Kameramann, packte eine 16-Millimeter-Filmkamera aus und ging zum Rand der Spalte.

Daß ich nicht in die Tiefe stürzte, war pures Glück. Zunächst war ich mir der Gefahr überhaupt nicht bewußt, denn ich erkannte, daß die gegenüberliegende Spaltenseite steil abfiel. Hätte ich auch nur einen Moment überlegt, wären mir Bilder von Spalten eingefallen, die mich gewarnt hätten, daß die Spalte auf meiner Seite wahrscheinlich von einem spitz zulaufenden Überhang bedeckt war, der möglicherweise unter Belastung absacken würde.

Wahrscheinlich rettete mich das Einbeinstativ der Kamera. Ich stellte es einen Meter von der Kante entfernt auf, und es sank widerstandslos durch eine 15 Zentimeter dicke Schneekruste ins Bodenlose. Es lief mir eiskalt über den Rücken.

Mit dem Gefühl, das ich so gut aus Arabien kannte, mit dem man Stellen betrat, an denen man Landminen vermutete, zog ich mich zurück. Schwitzend gelangte ich auf festeren Grund zurück und verfluchte mich.

An diesem Morgen erhielten wir einen Adrenalinstoß nach dem anderen, als wir uns über das Eisfeld mit seinen unzähligen Spalten vorwärts bewegten. Erleichtert schwenkte ich schließlich in südöstliche Richtung den steilen Hang zum Hügel des Marsteinen hinauf. Wir hatten die Nahtstelle überwunden. Nun hielten wir uns genau an die südafrikanische Route, und nach 14 Stunden erreichten wir die schwarz-orangefarbenen Felsen des Nalegga mit ihren nadelförmigen Graten, hoch aufragenden Wachen am Horizont.

Den ganzen Tag lang blieb die Temperatur um minus 27 °C, es war kaum windig und angenehm zu fahren. Eine neue Kulisse kam im Süden und Westen zum Vorschein, hohe Bergketten waberten wie eine Luftspiegelung: Jekselen, Grunehogna, Slettfjellnutana und so manche namenlose Zinne. Tiefe, vom Wind ausgefegte Mulden zogen sich auf unserer Hügelflanke wie gewaltige Amphitheater hinab, und Anhöhen aus blauem Spiegeleis krönten Sastrugifelder in den Bahnen der Fallwinde. Bizarre Felsen, Überreste uralter Felsstürze, erhoben sich einsam und drohend.

Wir kampierten im Schatten des Nalegga. Der erste große Aufstieg lag hinter uns, denn der Eisschild hatte hier eine Höhe von etwa 1500 Meter über dem Meeresspiegel. Eine Reihe Nunataker, aus dem Eis ragende Felsinseln, geleitete uns südlich und östlich aus der Gebirgskette des Seilkopffjella, dann fuhren wir durch weite, von Steilabhängen flankierte Schneefelder bis zu den Felsen von Skoddemedet, unserem vorletzten Ziel. Auf der Fahrt um die südliche Wand erhob sich in weiter Ferne vor uns über dem Schnee am östlichen Horizont das Ryvingenmassiv. Mit dem Fernglas konnte man den kleinen, schattenhaften Fleck an seinem Fuß erkennen, unser Zuhause für den kommenden Winter.

▲ **Charlie beim Kochen einer Freiluftmahlzeit im Lager Nalegga.**

Dort waren Ginnie und Simon eifrig am Werk. Die Hütten waren fertig, doch vor dem Beginn der langen Monate der Dunkelheit gab es noch eine Menge zu tun. Am 1. Februar flog Simon auf einem der Pendelflüge mit Giles nach Sanae, um sich mit Anto in ihrem eigenen Wintercamp einzurichten.

Am 10. Februar beendeten Giles und Gerry den letzten von 78 Transportflügen. Nach einer gemeinsamen warmen Mahlzeit starteten sie zu ihrem langen Rückflug nach England. Am nächsten Tag verschlechterte sich das Wetter gewaltig: Whiteout und keine Sicht. Von nun an waren Ginnie, Charlie, Ollie, Bothie und ich auf uns selbst gestellt. Sollte einer von uns in den nächsten acht Monaten krank werden, gab es keinerlei Transportmöglichkeit, keine Hilfe und keine medizinische Versorgung. Wir mußten täglich mit Batterien umgehen, uns aber davor hüten, daß Säure in die Augen spritzte. Frostbrand, Verbrennungen durch Treibstoff oder Elektrogeräte, Blinddarmreizungen, ernsthafte Zahnbeschwerden – alle diese Risiken mußten wir vermeiden. Die Temperatur würde unter minus 50 °C fallen. Der Wind würde mit mehr als 150 Kilometer in der Stunde blasen. 240 Tage lang müßten wir vorsichtig leben.

Winter von Januar bis Dezember

Das rauhe Klima der Polargebiete ist berüchtigt, besonders das des Südpolargebietes, wo zwei bemerkenswerte Wetterrekorde registriert wurden: die höchste je an der Erdoberfläche gemessene Windgeschwindigkeit von nahezu 320 Kilometer pro Stunde und die tiefste Lufttemperatur, die an die minus 90 °C-Marke heranreichte. Solche extremen Werte sind zwar gewissermaßen meteorologische Eintagsfliegen, die vielleicht nur einmal im Jahrhundert registriert werden, doch auch die Jahresmittel der Temperatur – minus 58 °C am Pol der Unzugänglichkeit – bzw. der Windgeschwindigkeit – 68 Kilometer pro Stunde am Kap Denison – unterstreichen das unwirtliche Klima des vereisten Kontinents, das durch Luft- und Wasserströmungen die klimatischen Verhältnisse der gesamten Erde beeinflußt.

Im Nordpolargebiet ist die Kälte nicht ganz so extrem, denn das Klima wird durch den Einfluß des Meeres, das den größten Teil der Arktis einnimmt, ein wenig gemildert. Der kälteste Punkt der Nordhalbkugel mit Temperaturminima unter minus 70 °C liegt knapp jenseits des Nördlichen Polarkreises, noch in der Nadelwaldzone. Am Nordpol selbst sinkt die Temperatur im Jahresdurchschnitt „nur" auf minus 23 °C. Die Niederschläge sind sowohl im Nord- wie im Südpolargebiet sehr gering: An beiden Polen fällt im Jahr weniger Schnee als in den Kammlagen der deutschen Mittelgebirge.

Freilich sind die klimatischen Eigenarten der Polarregionen bislang nur in groben Zügen bekannt. Und erst mit Hilfe längerer Beobachtungsreihen wird die Rolle, die Arktis und Antarktis bei Phänomenen wie Treibhauseffekt oder Ozonloch spielen, deutlicher werden.

▲ Mit Hilfe von Wetterballons und Radiosonden werden die höheren Schichten der Atmosphäre untersucht.

Das Innere Antarktikas ist unter Hochdruckeinfluß meist nur locker bewölkt, doch über dem Südpolarmeer toben sich die Tiefdruckwirbel aus. ▶

◀ Meteorologen bauen eine automatische Wetterstation in der Antarktis auf. Solche unbemannten Stationen liefern meteorologische Daten aus schwer zugänglichen Regionen.

Thermometer und Hygrometer sind in Wetterhütten untergebracht. Die Lamellentüren lassen die Luft frei zirkulieren und schützen die Instrumente vor direkter Sonneneinstrahlung. ▼

▲ Der Sonnenscheinautograph, eines der vielen Instrumente, mit denen man die Wetterelemente beobachtet und registriert

Glasklare Eiszapfen hängen an einem Eisberg in der Antarktis, wo die Temperaturen im Sommer den Gefrierpunkt übersteigen. ▶

Eine Wetterstation in Grönland, aufgenommen zur Zeit der Mitternachtssonne, wenn es am Tag 24 Stunden hell ist. ▼

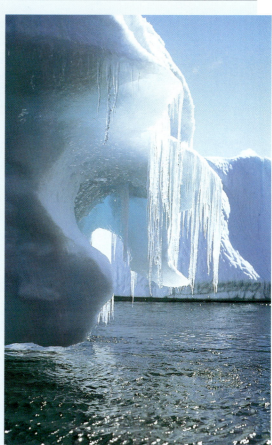

EINE UNERFORSCHTE REGION

Nun hatten wir am Ryvingen, auf dem Inlandeis, unser Winterlager bezogen. Sobald es warm genug wurde, wollten wir die Überquerung des Kontinents in Angriff nehmen. Antarktika ist größer als Europa, und 99 Prozent dieser gewaltigen Fläche liegen unsichtbar unter einer Eisdecke begraben, die stellenweise 4000 Meter dick ist. Und obwohl der Eisschild die Landmasse um über 600 Meter in die Tiefe preßt, gibt es einen Berg von rund 5500 Meter Höhe.

Es ist so kalt, daß die Luft kaum Feuchtigkeit enthält. Die eisige Kälte und die Abgelegenheit machen den Abbau von Mineralen unrealistisch teuer. Zum Glück, denn Antarktika ist mit Sicherheit die letzte unberührte Wildnis.

Was uns rasch beeindruckte, war die Stärke des Windes. Die langen Reihen von Treibstoffässern, Ausrüstungsgegenständen, Lebensmittelkisten und Skidoos verschwanden bald unter Schneewehen. Markierungsfahnen flogen fort, und ich beschloß, daß alles, bis auf den Treibstoff, nach innen gebracht werden mußte. Die Hütten waren bereits vollgestopft, und so gruben wir Tunnels. Weil die Hüttentüren rasch von Schneewehen blockiert wurden, benutzten wir pro Hütte nur eine Tür, allerdings nicht, um direkt ins Freie zu gelangen, sondern als Zugang zu den Eistunnels.

Ollie baute einen zehn Meter langen Gang bis zur Tür der Generatorhütte. Der Gang bog um Ecken, war schmal, niedrig und mit Metallstreben versehen, an denen man sich den Kopf stieß, wenn man sich nicht mit größter Vorsicht bewegte. Die Tunnels, die zur einzigen Tür unserer Haupthütte führten, besaßen drei Notausgänge. Zwei bestanden aus Eistreppen mit Falltüren aus Segeltuch, einer war ein 200-Liter-Faß mit Deckel und abgesägtem Boden, an dem eine Trittleiter baumelte. Es war sinnvoll, sich einzuprägen, wie diese Tunnels im Dunkeln und in Eile zu passieren waren.

▲ Ollie taucht aus einem Notausgang auf – einem 200-Liter-Faß mit Deckel und abgesägtem Boden.

Für das Ausheben der Haupttunnels brauchte ich zwei Monate. In diesem Tunnel befand sich auch ein kleiner Toilettenraum, dessen Temperatur im Winter bei minus 31 °C lag. Es war angenehm, daß man sich eine Weile von den anderen absondern und seinen Gedanken nachhängen konnte – wenn auch nur eine recht kurze Weile. Das Hinterteil erfriert zwar viel langsamer als die Gliedmaßen, doch wenn es lange genug entblößt ist, kann es doch vorkommen. Ende März waren die Tunnels rund 200 Meter lang, und alle unsere Besitztümer waren darin untergebracht. Ich goß Kerosin in ein kleines Loch in der Mitte des Tunnelsystems und zündete es mit brennenden Lappen an. So bildete sich nach drei Tagen eine zehn Meter tiefe Abwassergrube, in die wir das schmutzige Spülwasser schütten konnten.

Das Leben am Ryvingen

Als die Tunnels fertig waren, begannen wir in den spaltenfreien Tälern um das Camp mit dem Training. Weil weder Ollie noch Charlie geübte Skilangläufer waren, legte ich eine 800 Meter lange, kreisförmige Loipe an. Sie trainierten dort täglich, und Anfang März begannen wir, Pulkas, von Menschen gezogene Schlitten, über immer größere Strecken zu ziehen. Nach der erfolgreichen Überquerung Antarktikas würde unweigerlich der Tag in der Arktis kommen, an dem wir selbst unsere Schlitten über Berge ziehen mußten, die kein Skidoo schafft. Unsere letzte Chance, die Kunst zu erlernen, hatten wir hier am Ryvingen, bevor die Sonne verschwand.

In unserer kleinen Wohnhütte teilten Charlie und Ollie die eine Seite, Ginnie und ich die andere. In der Mitte war unser gemeinschaftlicher Koch- und Eßbereich mit der Ausgangstür zu den Tunnels. Zwischen den beiden Teilen der Hütte lagen zwei Türen, so daß sich jedes Paar ohne Zuhörer unterhalten konnte.

In den ersten Ehejahren hatte sich zwischen Ginnie und mir eine ungezwungene Beziehung entwickelt, die uns die unschätzbare Gewißheit gab, daß jeder von uns einen völlig loyalen Verbündeten hatte, der sich nie hinter dem Rücken des anderen abschätzig äußerte. Auch Charlie und Ollie waren gut genug befreundet, um einander zu vertrauen. So waren zwei Einheiten entstanden, die die Stärken und Besonderheiten der anderen verstanden und respektierten. Auf diese Weise vermieden wir die unausgesprochene Furcht vor Verrat, die Argwohn und aggressiver Isolation den Boden bereitet. Und das ist wichtig auf so engem Raum, wo selbst die geringste Veränderung der Atmosphäre spürbar wird, ohne daß man ein Wort darüber verliert.

Ginnie nahm Bothie jeden Tag mit in ihre Funkhütte, außer bei Blizzards, wenn sie selbst Mühe hatte, die Hütte zu erreichen und beide Hände für die Sicherungsleine frei haben mußte. Ollie, der alle sechs Stunden meteorologische Beobachtungen vornehmen (in den meisten Polarstützpunkten teilten sich drei Mann diese Aufgabe) und drei Generatoren warten mußte, arbeitete meistens in der Garage. Ich verbrachte einen Großteil meiner Zeit in den Tunnels und war mit Schaufel und kleinem Schlitten in der Umgebung des Camps unterwegs. Charlies Hauptarbeit war das Kochen.

Als uns das Trockengemüse ausging, zogen Charlie und ich zu der alten südafrikanischen Basis unterhalb des Huldreslottet, etwa 18 Kilometer westlich von unserem Lager. Nachdem wir uns zum Haupteingang durchgegraben hatten, gelangten

▲ Kisten mit Vorräten im 200 Meter langen Tunnelsystem am Ryvingen

▲ Ollie stellte ein Anemometer zur Aufzeichnung von Windgeschwindigkeit und -richtung auf. Unter dem Schnee verlaufende Kabel verbinden den Mast (ganz rechts) mit den Anzeigegeräten im Hauptwohnquartier.

wir in den Hauptwohnraum mit Bettgestellen und einem gußeisernen Ofen. Die letzten Bewohner hatten tatsächlich jede Menge Nahrungsmittel zurückgelassen, so daß Charlie zwei Drittel von seiner Einkaufsliste abhaken konnte.

Wir hatten unsere „Einkaufstour" gerade noch rechtzeitig erledigt, denn mit dem rasch vergehenden Sonnenlicht wurde das Wetter ungemütlich. Am 2. Mai maßen wir nur noch minus 41 °C, und der Wind blies mit einer Geschwindigkeit von dreißig Knoten. Oliver hatte ein Anemometer aufgestellt, das Windgeschwindigkeit und -richtung aufzeichnete. Der Mast stand neben der Garage, und die Kabel verliefen unter dem Schnee zu den Meßdatenanzeigen in Ollies Teil unserer Hütte. Die Böen fielen ohne Vorwarnung über uns her. In einer Minute zeigte Ollies Windmesser absolute Windstille an, und es herrschte Totenstille. Im nächsten Moment wurde die Hütte wie von einem Bombeneinschlag erschüttert, als Wind von den hochgelegenen Eisfeldern mit einer Geschwindigkeit von 130 Kilometer pro Stunde über uns hereinbrach.

Unter solchen Umständen waren Sicherungsleinen lebenswichtig, sogar zwischen den nur fünfzig Meter auseinanderliegenden Hütten. Eines Morgens wollte ich filmen, wie Charlie Schnee durch eine Bodenluke schaufelte, um den Schmelzwassertank aufzufüllen. Eine Minute vor mir verließ er den Haupttunnel, etwa hundert Meter von der Wohnhütte entfernt, während ich meine Bolexkamera bereitmachte.

Sobald man aus dem Tunnel trat, war man dem Wind ausgeliefert. Nur durch die volle Konzentration aller Sinne konnte ich mich gegen den Wind in die richtige Richtung fortbewegen. Es herrschte ein vollkommenes Whiteout. Ich verlor die Sicherungsleine und war sofort völlig verunsichert. Es hatte keinen Sinn, die Augen gegen den Wind zu öffnen, denn scharfe Schneenadeln fegten mit einer Geschwindigkeit von achtzig Knoten waagerecht durch die Luft. Ich stolperte und fühlte Treibstofffässer. Aus dem Winkel, in dem sie aufgestapelt waren, schloß ich, in welcher Richtung die etwa dreißig Schritte entfernte Hütte liegen mußte. Ich bewegte mich gezielt auf die Mitte der Hütte zu und kam erleichtert dort an. Vorsichtig tastete ich mich an der Hütte entlang, bis ich mit Charlie zusammenstieß. Ihm war es ähnlich ergangen, und er hatte auch gerade erst die Schneeluke erreicht. Hätte einer von uns die Treibstofffässer verfehlt, wäre er orientierungslos so lange umhergeirrt, bis er erfroren wäre.

Zu anderen Zeitpunkten wirbelten teilweise zwölf Meter hohe Schneespiralen über unser Plateau, trafen kurz auf unser Lager, rasten weiter und verschwanden talabwärts. Diese Spiralen vereinigten sich bisweilen zu gewaltigen weißen Fronten, die vorwärts stoben, über uns herfielen, an den Hütten zerrten, mit gräßlichem Kreischen durch die Funkmasten sausten und alles fortrissen, was nicht niet- und nagelfest war.

Diese Stürme waren nervenaufreibend. Selbst in der Hütte stockte jedes Gespräch, wenn das wütende Tosen unsere zerbrechlichen Wände erschütterte und die Bodendielen knarrten, als wollten sie abheben. Wir dichteten jedes Leck in den Hütten und den Tunnels ab, denn selbst durch ein nicht zugeklebtes Schlüsselloch konnte bleistiftdünn Schnee hereinwehen und den Raum mit der Zeit waagerecht anfüllen.

Im tiefsten Winter

Täglich schaufelte ich stundenlang Eingänge und Vorbauten frei, sorgte dafür, daß Notausstiege passierbar waren, und verbrannte Müll in Gruben, aus denen er nicht fortgeweht werden konnte. Immer wieder verstopfte der Schnee die Zugänge, begrub Brennstoffässer, Leitungen und Sicherungsseile. Weil die Fässer aus Sicherheitsgründen ein Stück von der Hütte entfernt gelagert wurden, mußte ich jeden Tag die nötige Anzahl ausgraben und zu den Stellen rollen, wo wir sie anzapften.

Unsere Öfen funktionierten nach dem Schwerkraft-Tropfsystem. Die abgestrahlte Hitzemenge entsprach der Paraffinmenge, die man in die Brennschale im Sockel des Ofens fließen ließ. Jeder plötzliche Zugwind, der in den Metallschornstein des Ofens fuhr, konnte die Flamme löschen. Dann sank die Temperatur in der Hütte innerhalb weniger Minuten auf weit unter minus 23 °C.

Sofort nach dem Abendessen ging Ollie ins Bett, weil er um Mitternacht für eine meteorologische Kontrolle wieder aufstehen mußte. Ginnie, Charlie und ich spielten dann bei Kerzenlicht am Küchentisch Karten, bis wir den Generator um 21 Uhr abschalteten.

▲ Anhaltende Stürme und böige Winde machten tägliches Schneeräumen erforderlich.

Nach dem Kartenspielen gingen Ginnie und ich an dem einen Ende der Hütte zu Bett. Wir schliefen alle auf Brettern unterhalb des Dachfirstes. Nachts drehten wir den Ofen niedrig, um Brennmaterial zu sparen. Auf Bodenhöhe fiel die Temperatur auf minus 15 °C, und in Betthöhe, also bei 2,40 Meter, lag sie bei gut 2 °C. In Nächten, in denen der Wind unsere Öfen ausblies, war es ganz schön frostig.

Ollie und Charlie hatten auf ihren getrennten Bettpodesten Platz für Kleidung, Bücher und einen Kaffeebecher. Ginnie und ich hatten keinen Stauraum, dafür die Gesellschaft des anderen. Gern denken wir an die langen Nächte zurück, in denen der Wind unmittelbar neben uns toste und der Geruch nach Wachs noch in der Luft hing.

Ich spreche von Tag oder Nacht, in Wirklichkeit aber gab es nur Mondschein, oder es war stockdunkel. Im April waren viele Nächte vom Polarlicht erhellt, Streifen irisierender grüner oder weißer Leuchterscheinungen, die sich in zarten Mustern von einer Seite des Horizonts zur anderen schlängelten.

▲ Die schimmernden Lichtschleier der Aurora australis tanzen über den Nachthimmel der Antarktis. Sie sind das Gegenstück zum Nordlicht, der Aurora borealis.

Nachdem Ginnie wochenlang Kabel verlegt, Antennen abgeschnitten und verschiedene Frequenzen ausprobiert hatte, gelangen ihr klare Funkverbindungen zur RAE (Royal Aircraft Establishment) Funkstation Cove und der Portishead Marinefunkstation an der Mündung des Severn. Wenn die Ionosphäre für eine bestimmte Frequenz geeignet war, konnte sie eine Verbindung zu jedem Telefonanschluß weltweit herstellen.

Ginnie machte sich nicht wichtig mit ihrem Können, im Gegensatz zu dem leitenden Offizier in Cove. Er schilderte sie als „erstaunliche Nachrichtentechnikerin". Noch dazu verfügte sie über eine überdurchschnittliche Portion gesunden Menschenverstand und Entschlossenheit, die ihr halfen, wenn etwas schiefging. Ihre Hochfrequenz-Arbeit bestand in erster Linie aus der Übertragung spezieller Daten an die RAE Cove, wo Signalstärke, Schwundmuster und die Zuverlässigkeit der Leitung geprüft wurden. Das alles erweiterte die Kenntnisse über ionosphärische Eigentümlichkeiten. Als zwei Widerstände des Sendegerätes ihren Geist aufgaben, plünderte Ginnie meine Ersatzteilkiste für den Kocher und stahl mir eine Ersatzkochplatte. Diese zerlegte sie. Dann stellte sie sie auf eine Asbestmatte auf den Boden und verdrahtete sie mit dem Innenleben des Sendegerätes. Es funktionierte hervorragend, und der selbstgemachte Widerstand glühte rot auf seiner Matte.

Etwa 480 Kilometer entfernt in Sanae warteten Simon und Anto friedlich ab, bis Giles und Gerry mit dem antarktischen Frühjahr zurückkehrten und es wieder mehr Arbeit für sie gab. An einigen Abenden veranstalteten wir über Funk Quizschlachten mit Simon, Anto und den Südafrikanern. Regeln einzuhalten war schwierig, man konnte ja nicht sehen, ob die Gegenseite schummelte und Lexika zu Rate zog. Natürlich gab es gute und schlechte Tage, während das unaufhörliche Brüllen des Windes, das Peitschen des Schneetreibens, vor allem aber die ununterbrochene Polarnacht uns alle in unseren Kleinlichkeiten gefangenhielt und aus den kleinsten Mücken Elefanten machte. Ganz allmählich verlagerte sich unser Blickfeld nach innen und hielt sich mehr mit unseren Reaktionen auf die banalsten Dinge auf. Das wird in diesen Auszügen aus meinem Tagebuch deutlich:

> Meine Hexenschußbeschwerden waren heute schlimmer, ich kann mich nicht einmal mehr bücken, ohne daß das Bein weh tut. ... Etwas verspätet beim Frühstück. Die Eier sind schlecht geworden, deshalb habe ich sie mit Meerrettich gegessen. Pfui Teufel! Das

gebratene Brot schmeckt durch und durch nach dem ranzigen Fett, das wir aus der alten Borga-Basis haben mitgehen lassen. Trotzdem, Charlies Brot ist super, auch wenn die Margarine zehn Jahre alt ist.

Heute hat Ollie Charlie die Haare geschnitten. Außerdem hat er sich warmes Öl in die Ohren geträufelt, um sie auszuspülen. Er glaubt, daß er taub wird. Zum Abendessen trägt er einen roten, aufgerauhten Anzug voller Ölflecke.

Heute abend fing Charlie zum drittenmal an, die Hobbitbücher zu lesen. Seine Käse- und Schinkenpasteten sind hervorragend, Ollies selbstvergorenes Bier aus Apfelschnitzen dagegen ekelhaft.

Warten auf die Sonne

Die dunklen Tage flogen dahin. In Antarktika ist Weihnachten kein besonders großer Feiertag. Statt dessen wird in jedem einzelnen einsamen Basislager von den paar hundert Männern und Frauen aus dem Dutzend Nationen, der vorübergehenden Bevölkerung des ganzen weiten Kontinents, begeistert der Tag der Wintersonnenwende, der 21. Juli, gefeiert.

Funkbotschaften mit brüderlichen Grüßen gehen zwischen den multinationalen Wissenschaftlern hin und her, die alle miteinander dieselbe Freude verspüren, daß die längste Nacht vorbei ist und die Sonne zurückkehrt. Die Japaner, die Südafrikaner, die Briten und sogar die in Novolazarewskaja, 480 Kilometer küstenabwärts und östlich von Sanae stationierten Sowjets, schickten uns Grußbotschaften.

Ollie deckte den Tisch mit unserer SAS-Flagge, faltete Servietten aus dem Papier für die Wetterberichte und holte eine versteckte Flasche Schaumwein hervor, mit der wir auf unseren Schirmherrn und die Besatzung der *Benjy B.* anstießen, die gerade mit Charterfahrten genug Geld verdiente, um rentabel zu sein. Die einzigen Charteraufträge, die es gab, waren Transporte von Passagieren und Fracht zwischen den Koralleninseln von Tuvalu, in der Nähe von Westsamoa, einer heißen, feuchten Region. So schwitzten also Anton Bowring und der Rest unserer „Familie" in dem feuchten Ofen der *Benjy B.,* während wir südlich von ihnen vor Kälte zitterten.

Die kurze Euphorie des Mittwinters verflüchtigte sich schnell. Denn die rauhe Wirklichkeit bedeutete schließlich weitere drei Monate Dunkelheit und Schneestürme, auch wenn die Sonne allmählich, ohne daß wir sie sehen konnten, zu uns heraufstieg. Dafür raste ein wütender Schneesturm nach dem anderen Woche für Woche durch das Lager.

In London versuchten Davin Mason und Ant Preston, alles für die zweite Hälfte der Expedition zu organisieren. Jede Woche schickte Ginnie ihnen Listen mit Ausrüstungsgegenständen, die wir für die Stützpunkte in der Arktis brauchten. Jedesmal, wenn ich dachte, die Listen seien abgeschlossen, fielen mir neue Dinge ein.

Der Ausschuß bemühte sich nach wie vor, von den Amerikanern die 23 lebenswichtigen Brennstoffässer am Südpol zu bekommen, doch er blieb erfolglos. Ant Preston gab durch, daß Giles Kershaw die Twin Otter nur eine der zwei Saisons, die wir in der Arktis verbringen wollten, fliegen könne. Wir mußten also einen anderen Piloten finden. Nur drei Piloten im Nordpolargebiet verfügten über genügend Erfahrung für den Job. Karl Z'berg, der Pilot, der 1977 für uns geflogen war, als wir den Nordpol nicht erreicht hatten, war verfügbar und sagte zu, für uns zu fliegen.

Die schlimmste Nachricht aber betraf ein Problem, das kein Funkspruch lösen konnte. Am 26. Juli warnte mich Charlie, er glaube, Rebecca setze ihren Mann Ollie stark unter Druck, die Expedition nach der Durchquerung Antarktikas zu verlassen. Charlie meinte, Ollie würde wohl eher die Expedition als seine Frau aufgeben.

Wir klammerten das Problem bis September aus in der Hoffnung, es werde sich lösen. Doch das war nicht der Fall. Die arme Rebecca, die die meiste Zeit in Paris lebte, wo sie bei der Chase Manhattan Bank arbeitete, wurde so krank, daß sie ins Krankenhaus kam. Ollie konnte ihr dorthin einen Funkspruch übermitteln und versicherte ihr, er werde Transglobe nach der Antarktika-Reise verlassen. Nun diskutierten wir, wie die Lage wäre, wenn er ginge. Ich war entschlossen, uns keinen ungetesteten Ersatz aufdrängen zu lassen. Charlie war derselben Meinung. Doch was auch immer in der Arktis geschehen würde, noch hatten wir Ollie für den bevorstehenden Überquerungsversuch bei uns, und wie es weiterging, würde man dann sehen.

Am 5. August erschien die Sonne für genau vier Minuten. Wir prosteten ihr mit Ollies „Bier" zu. Anfang Oktober hatten wir schon jeden Tag ein paar Stunden Sonne. Als die Sonne täglich höher stieg, hörte man in den Tälern plötzliche Explosionen, deren Echos von den Bergwänden oberhalb des Camps widerhallten. Waren es Lawinen oder implodierende Spalten? Wir wußten es nicht.

„Wenn du mich doch nur nicht verlassen würdest", sagte Ginnie.

Wir rechneten damit, in der zweiten Oktoberhälfte aufbrechen zu können, sobald wir wußten, daß Giles und Gerry die Twin Otter sicher von England überführt hatten. Dann erhielt Ginnie aus England eine Pressemitteilung aus Neuseeland, die unsere geplante Überquerung als schlecht ausgerüstet und unsere Skidoos als nicht leistungsfähig genug kritisierte. Die in der neuseeländischen Antarktis-Abteilung in Christchurch vorherrschende Meinung lautete anscheinend: „Zu weit, zu hoch und zu kalt."

Diese düsteren Vorhersagen konnte man nicht einfach lachend abtun, als wir in unserer Papphütte hockten und die unmittelbare Zukunft überdachten. Die Einwände stammten immerhin aus dem Mund von Leuten, die Antarktika kannten.

Am 28. Oktober landete Giles auf unserer selbstgebauten Landebahn. Er brachte uns Post von der Außenwelt. Außerdem hatte er einen Zwischenstopp eingelegt und Simon in Sanae abgeholt. Am 29. Oktober 1980 verabschiedeten wir uns von Ginnie, Simon und Bothie und verließen den Ryvingen. Als Charlie, Ollie und ich zum Südpol aufbrachen, lag die Temperatur bei minus 50 °C, und der Wind hatte eine Geschwindigkeit von beständigen zwanzig Knoten.

Mit Vollgas über den Steilhang

Charlie und Ollie waren in fünf Schichten Kleidung vermummt, darüber trugen sie Parkas aus Wolfspelz. Auch ich hatte mich in fünf Schichten eingehüllt, die Außenbekleidung bestand jedoch aus einer weiten, mit Entendaunen gefütterten Jacke, die vielleicht nicht so warm war wie die anderen, aber man konnte sich darin besser bewegen und umschauen. Trotz drei Lagen Fußbekleidung, Fäustlingen, Mützen, Schutzbrillen und Gesichtsmasken drang die schneidende Kälte durch, als wäre man nackt. Die Finger waren bald ebenso gefühllos wie Zehen und Nase, aber noch so lebendig, daß sie schmerzten, was auch gut war.

Ich fuhr voraus und zog meine beiden schwerbeladenen Schlitten. Ich folgte genau einem geradlinigen Kurs von 187° auf den Magnetpol bezogen und hielt über den Penck-Gletscher hinweg auf die hohe Eismauer zu, das sogenannte Kirwan Escarpment. Den ganzen Tag lang fuhren wir über eine blauweiße Wüste mit verstreuten Eisdünen, und jedesmal wenn wir den Gipfel einer Eisdüne erreichten, erblickten wir die schwarze, steinerne Landmarke des Stignabben, den letzten Anhaltspunkt auf mehr als 1600 Kilometern.

Als wir uns dem Steilhang näherten, stellte ich fest, daß er nicht weiß, sondern grau war. Mir wurde klar, daß es sich hier um das Inlandeis handelte, dem der Windschliff im Lauf von Jahrhunderten eine marmorartige Beschaffenheit verliehen hatte. Spalten durchzogen die steilen Hänge wie dunkle Adern. Ich schaute zurück: meine Gefährten glichen schwarzen Punkten auf den welligen Dünen des Penck-Gletschers. Im Osten krönten Treibschneefahnen den Steilhang, doch neben den Kliffen des Stignabben war die Sicht gut, und ich erkannte eine leichte, in sich zurückkehrende Biegung. Ein Adrenalinstoß machte jedem Kältegefühl ein Ende. Ich stellte den Handhebel auf Vollgas und begann mit dem Aufstieg.

Würden die Gummiraupen auf diesem Eishang greifen? In Grönland oder auf dem Nordpolarmeer gab es nichts Vergleichbares. Wenn es nicht klappte, würden wir Probleme bekommen. Ich versuchte, den Skidoo mit Willenskraft nach oben zu zwingen und jedes bißchen Leistung aus der kleinen Maschine herauszuholen. 540 Kilo Gewicht lasteten auf meinen beiden umherhüpfenden und schlingernden Schlitten, eine verdammt große Bürde für einen Motor mit einem Hubraum von 640 cm^3 in 2100 Metern über dem Meeresspiegel. Zweimal zuckte ich innerlich zusammen, als die Raupen nicht griffen. Eine unebene Stelle rettete die Lage, ermöglichte neuen Halt und eine weitere Beschleunigung, die den Skidoo gerade noch bis zum nächsten ebenen Abschnitt trug.

Dann endlich die Gratlinie, 500 Meter über unserem Winterlager und 65 Kilometer davon entfernt. Im Norden wirkten die Gipfel des Borgamassivs wie Pickel in dem gewaltigen Schneemeer, und der Ryvingen lag wie ein Schatten weit hinter uns in unserer Spur. Innerhalb einer Stunde waren auch die anderen oben, doch der Steilhang war kein Ort zum Verweilen, deshalb machten wir uns eilig auf den Weg nach Süden. Bis zur Abenddämmerung war weit und breit nichts zu sehen als die endlose Weite der Schneefelder.

Der 30. Oktober war unangenehm. Der Wind wehte mit dreißig Knoten und wirbelte Schnee auf. Bald war die Sicht wie in einer Waschküche. Wir stiegen allmählich auf; das eigentliche Plateau lag noch 1200 Meter über uns. Harte Eishöcker, die in der Düsternis nicht erkennbar waren, warfen unsere Skidoos um. Wenn sie kippten, mußten die Fahrer schnell abspringen, damit die Beine nicht zwischen dem Eis und den 350 Kilo schweren Maschinen zerquetscht wurden. Charlies Schutzbrille war an diesem Morgen gerissen, nun schnitt ihm der eisige Wind in die Nase. Er konnte schlecht sehen und nur mit größter Konzentration meine Spuren erkennen.

▲ Schutzbrille, seidene Gesichtsmaske und eine Pelzkapuze – lebenswichtige Polarausrüstung – machen den Träger völlig unkenntlich.

Als wir unser Dreimannzelt zusammenpackten, hatte mir Ollie gesagt, er sei sehr müde. Von jemandem, der nie über Beschwerden geklagt hatte, war das ungewöhnlich. Nach vierstündiger Fahrt taumelte er von seinem Skidoo und wankte zu mir.

Er sprach nur undeutlich. „Ich bin unterkühlt. Muß ein bißchen rasten."

Er zitterte vor Kälte. Unter diesen Bedingungen würden wir zwei Stunden brauchen, um unser Biwak aufzuschlagen, deshalb packten Charlie und ich die Fahrzeugplane aus und befestigten sie so um den Schlitten, daß ein kleiner Windschutz entstand. Wir kochten Wasser aus Schnee und gaben Ollie zwei Becher Tee und etwas Schokolade. Weil er körperlich der widerstandsfähigste von uns allen war, bedeutete das für uns, daß wir tatsächlich sehr vorsichtig sein mußten, wenn sogar er bereits am zweiten Tag vor Kälte zitterte. Das größte Problem auf den offenen Fahrzeugen ist der Wind, doch geschlossene Fahrerhäuser verbrauchen zu viel Treibstoff, mehr als die Twin Otter herbeischaffen konnte. Wir mußten einfach weitermachen und vorsichtig sein.

Ollie war grau im Gesicht, sagte aber, er fühle sich besser. Wir setzten wieder unseren Gesichtsschutz auf, banden die Kapuzen fest und begaben uns widerstrebend ins Freie. Das Wetter hatte sich verschlechtert. Ich konnte kaum einen Schatten erkennen, keine Wolke, nur meinen Skidoo. Sogar mein Schlitten war nur ein verschwommener Fleck in der heulenden Finsternis. Nach knapp dreißig Kilometern, die wir ohne Sicht in der Eiswüste vorwärts krochen, schlugen wir das Lager auf.

Ollies Tagebuch sagt über diesen Tag: „Extrem schlechtes Wetter. Wir wären besser im Zelt geblieben."

Ich verstand sein Argument, doch jede Stunde, die wir vorankamen, auch wenn der Vormarsch langsam und schmerzlich war, brachte uns möglicherweise unserem Erfolg näher. Wir hatten noch einen sehr langen Weg vor uns, 3500 Kilometer quer durch Antarktika, und nur vier Monate Zeit, in denen die äußeren Bedingungen eine Fahrt erlaubten. Wenn man einen Blick aus dem Zelt wirft und nicht einmal den nächsten Schlitten sehen kann, sagt man sich nur zu schnell, wie witzlos es doch ist, sich überhaupt auf den Weg zu machen, wenn man in zwölf Stunden voller Frust bestenfalls zwei oder drei Kilometer vorankommt.

Ollies und meine Finger waren an den Spitzen und von den Nagelhäuten abwärts stark eingerissen. Aus irgendeinem Grund litten wir darunter immer mehr als Charlie.

Wir erreichten eine Höhe von 3000 Meter über dem Meeresspiegel. Ollies Aneroidbarometer bestätigte, daß der Luftdruck abnahm und wir ständig aufstiegen.

Die Transglobe-Expeditionsteilnehmer ziehen ihre Schlitten über die konturlosen Eiswüsten Antarktikas. ▼

Eine Nebenwirkung unserer nächtlichen Fahrt war die problematische Navigation, vor allem um Mitternacht, wenn die Sonne genau vor uns stand. Dann war es schwieriger, eine Unebenheit in den Schneefeldern vor uns auszumachen, die ich mit meinem Kompaß anpeilen konnte. Ich hielt im Durchschnitt alle zehn Minuten an, um den Kompaßkurs von nach wie vor 187°, auf den Magnetpol bezogen, abzulesen.

Nach dem Schrecken, den Ollies Zustand mir eingejagt hatte, ging ich dazu über, bei Tag zu fahren, wenn die Sonne höher stand.

Um Mittag wollte ich nach einer Kompaßpeilung abfahren, aber es ging nicht.

Ollie kontrollierte meinen Skidoo. „Die Antriebsachse ist hinüber."

„Kannst du sie reparieren?"

„Das schon, aber unter diesen Umständen verlieren wir möglicherweise einen Tag. Das Basislager ist doch nur 150 Kilometer entfernt, könnten wir Giles nicht einfliegen lassen? Es sieht hier ziemlich flach aus. Er könnte uns einen Reserve-Skidoo bringen."

Meine erste Reaktion war Ablehnung. Es schien mir sinnlos, eine Ersatzantriebsachse mitzunehmen, wenn man die anfallende Reparatur dann doch nicht an Ort und Stelle erledigte. Noch dazu war das Flugbenzin, das wir in Sanae und am Ryvingen gelagert hatten, streng rationiert. Wir hatten zwanzig Prozent zusätzlichen Treibstoff für unvorhergesehene Notfälle eingerechnet, aber dies war eindeutig kein Notfall.

▲ Alle zehn Minuten machte der Autor halt, um eine Kompaßpeilung vorzunehmen.

Während wir über das weitere Vorgehen diskutierten, stellten wir das Zelt auf, denn den Unterschlupf brauchten wir ohnehin, ob wir nun die Achse austauschten oder auf die Ankunft des Flugzeugs warteten. Nun zündeten wir den Kocher an, um das Funkgerät eine Stunde lang anzuwärmen, bis es betriebsbereit war, dann riefen wir Ginnie an. Giles wollte sehr gern kommen, denn er wollte unsere Position kontrollieren, bevor wir zu weit entfernt waren. Das gab den Ausschlag. Innerhalb von drei Stunden tauchte die Twin Otter auf, und wir tauschten die Skidoos aus. Vor dem Abflug schlug Giles vor, wir sollten an unseren jeweiligen Lagerplätzen Hügel aus Schneeblöcken errichten. So könne er unsere Route bei klarer Sicht erkennen, weil die Sonne in einem Gelände, wo alles waagerecht war, auf den vertikalen Schneehaufen glitzern würde.

Als wir uns für die Nacht niederließen, bemerkte ich, daß die Temperatur minus 53 °C betrug. Aufgrund dieser extremen Kälte vermutete Ollie, daß wir uns inzwischen mehr als 3000 Meter über dem Meeresspiegel befanden.

Als wir uns auf unserem Weg nach Süden von den Bergen und dem Meer entfernten, gab es weder Stürme noch Wolken, sondern nur Oberflächenwind und Nebel. Ohne Wolken zeigte sich das Land völlig konturlos. Wenn die Sonne hinter Whiteouts verschwand, konnte ich mit meinem Kompaß nur Unregelmäßigkeiten im Schnee vor uns anpeilen. Was ich bei Sonnenschein brauchte, war ein Sonnenkompaß, wie ich ihn in der Armee in Arabien benutzt hatte. Diese sind einfach anzufertigen: am nächsten Tag ritzte ich um meine Windschutzscheibe aus Plastik eine Reihe von Linien ein, dann kratzte ich weitere Linien in die Glasfaserverkleidung unmittelbar vor dem Lenker.

Um die Genauigkeit meines Kompasses zu kontrollieren und unsere durchfrorenen Gliedmaßen zu beleben, hielt ich jede Stunde für fünf Minuten an. Charlie hielt sich mindestens 1,5 Kilometer hinter mir, Ollie wiederum blieb 1,5 Kilometer hinter ihm zurück. Wenn ich also einen Stopp einlegte und eine Kompaßpeilung auf die beiden Punkte hinter mir vornahm, konnte ich sofort kontrollieren, in welchem Winkel wir uns in der zurückliegenden Stunde vorwärts bewegt hatten. Wenn er zwei Grad zu weit westlich lag, glich ich ihn in der Stunde darauf um zwei Grad nach Osten aus.

Vier Tage und Nächte schwankte die Temperatur um minus 45 °C und schuf unwirkliche, wunderbare Lichteffekte, Halos, Sonnensäulen und Parhelia – Nebensonnen. Aber wir waren nicht in dem Zustand, sie würdigen zu können.

Bei einer Rast stampften wir in kleinen Kreisen umher, um die Blutzirkulation in unseren Zehen anzuregen, als wir ein dumpfes Rumpeln unter unseren Füßen vernahmen – eine unheimliche Mahnung, daß wir uns nirgends auf diesen scheinbar harmlosen Schneefeldern unangeseilt oder unachtsam bewegen sollten.

Es war noch so früh in der Jahreszeit, daß eventuelle Spalten unter einer dicken Treibschneedecke verborgen lagen. Selbst eine unmittelbar vor uns liegende offene Spalte hätte ich im Zweifelsfall kaum rechtzeitig bemerkt, und wir hätten alle drei geradewegs hineinrutschen können. Ich war schließlich damit beschäftigt, am Himmel nach fernen Wolken zu suchen oder auf die eingekratzten Linien auf der Verkleidung zu achten. Charlies Sicht reichte kaum aus, meinen Spuren zu folgen, geschweige denn, Löcher auszumachen, und Ollie war sowieso fast die ganze Zeit im Halbschlaf, um die qualvollen Beschwerden an Füßen und Händen zu vergessen.

▲ Spektakuläre Lichteffekte wie diese Sonnensäule entstehen, wenn Eiskristalle in der Luft das Sonnenlicht reflektieren und brechen.

Die tägliche Routine

Jeder Tag glich dem Vortag: Aufstehen um 5.30 Uhr, schnelles Arbeiten zum Aufwärmen, jeder einen Becher Kaffee aus der Thermosflasche, aber nichts zu essen. Im Freien packten wir die Dinge zusammen. Niemand sagte ein Wort. Kurz bevor wir startbereit waren, setzten wir uns gegenseitig die Gesichtshauben auf und kontrollierten, ob es auch keine Ritzen gab, die unser Erzfeind, der Wind, finden und durchdringen könnte. Sobald Schutzbrille, Gesichtshaube und Kapuze aus Wolfspelz oder Entendaunen aufgesetzt waren, war das Blickfeld auf das unmittelbar vor einem Liegende eingeengt, und die einzige Öffnung war ein pfenniggroßes Atemloch über dem Mund.

Um das Sicherheitsgeschirr zwischen die Beine und um die Hüften zu legen, mußte man die Überhandschuhe ausziehen. Es durfte also nur ein paar Sekunden dauern. Wer es nicht gleich beim ersten Mal hinbekam – und man mußte tasten, weil man unter den voluminösen Jacken nichts sehen konnte –, mußte die Handschuhe nochmals ausziehen und dann Minuten damit vergeuden, die Arme schwungvoll auf und ab zu bewegen, um den Blutkreislauf in den erstarrenden Fingern wieder in Gang zu setzen. Wenn man das Geschirr angelegt hatte, befestigte man es an den sechs Meter langen aufgerollten Seilen hinter den Sitzen des Skidoos. Dann kam das Starten des Motors bei einer Temperatur, die keinem Motor behagt. Eine falsche Bewegung oder ein Handgriff in der falschen Reihenfolge führte zu langen Verzögerungen. Wenn man den Gang zu schnell einzulegen versuchte, zerfetzten die Antriebsriemen zu spröden Gummistückchen. Drehte man den Zündschlüssel einen Hauch zu fest, brach er im Zündschloß ab. Wenn man den Choke falsch einstellte oder zu lange geöffnet hielt, verrußten die Zündkerzen. Wenn wir die Zündkerzen bei minus 50 °C und Wind austauschen mußten, erstarrten unsere Finger, und die erste Stunde unterwegs war die reinste Hölle.

Meine erste Kompaßkontrolle mußte sorgfältig erfolgen. Bei Sonne, selbst wenn sie nur als verschwommene Lichtscheibe an einem matten weißen Himmel stand, vertiefte ich mich in ihre Position und die Winkel der vorhandenen Schatten, so schwach sie auch waren, um den gewünschten Tageskurs zu halten.

Dann brachen wir mit einem Abstand von jeweils 1,5 Kilometern auf. Manchmal verging ein ganzer Tag, ohne daß wir ein Wort miteinander wechselten. Zehn lange Stunden fuhren wir nach Süden. Noch am 5. November war die Schneeoberfläche passabel, und es gab kaum etwas, das uns von den ständigen Schmerzen in Füßen, Händen und Gesichtern ablenkte. Auf der Fahrt stießen wir immer wieder die Füße kräftig in die Luft, damit das Blut in den weit entfernten Zehen weiter zirkulierte.

Wenn dann endlich die zehn Stunden vorüber waren, waren wir mehr als bettreif. Aber es gab noch viel zu tun. Ollie kümmerte sich um die Skidoos und deckte sie mit einer orangefarbenen Plane ab. Und wenn wir seit seiner letzten Eiskernbohrung

Botschaften aus dem Eis

Die mächtigen Eisschilde von Arktis und Antarktis sind im Lauf von Jahrhunderttausenden entstanden, in denen sich Jahr für Jahr jenseits der polaren Schneegrenzen ein paar Zentimeter bis Dezimeter Neuschnee anhäuften. Der Schnee verwandelte sich allmählich in Firn und Eis und speicherte dabei wie in einer eisigen Chronik Informationen über die Klimageschichte und die Atmosphäre längst vergangener Zeiten.

Proben aus Eisbohrkernen sind die Schlüssel zu dieser Chronik. In den oberen Bereichen der Bohrkerne erkennt man noch einzelne hellere und dunklere Schichten. Sie entsprechen den jährlichen Schneedecken und können wie die Jahresringe in einem Baumstamm gezählt werden. Weiter unten jedoch, wo das Eis dichter und fester ist, verwenden die Wissenschaftler kompliziertere Methoden zur Datierung der Schichtenfolge. Sie untersuchen das Eis und die darin eingeschlossenen Luftblasen z. B. auf den Sauerstoff- und Schwefelgehalt oder analysieren die festen Partikel, die als winzige Meteoriten aus dem Weltraum oder als vulkanische Aschen von größeren Eruptionen stammen.

In den obersten Schnee- und Eisschichten ist die vom Menschen verursachte Luftverschmutzung oft klar dokumentiert, etwa durch den erhöhten Bleigehalt aus verbleitem Benzin oder radioaktive Teilchen, die Kernwaffentests oder die Reaktorkatastrophe von Tschernobyl im Jahr 1986 hinterlassen haben.

◀ Wissenschaftler bergen am Südpol Eisbohrkerne. Mit modernen Bohrgeräten kann man heute Proben aus Tiefen von mehr als 3000 Metern gewinnen.

einen Breitenkreis überquert hatten, mußte er eine neue Probe entnehmen. Die Wissenschaftler interessieren sich dafür, was es mit dem antarktischen Inlandeis auf sich hat. Der Eisschild enthält eine einzigartige Chronik der Klimageschichte, doch um sie zu verstehen, muß man zunächst etwas über die Beschaffenheit des Schnees an der Oberfläche wissen. So hatte man uns gebeten, im Verlauf der Überquerung an jedem Breitengrad einen bis zu zwei Meter langen Bohrkern zu entnehmen.

Ich baute einen 2,50 Meter hohen Schneehügel als Markierung, stellte das Zelt auf und breitete das Bettzeug aus. Dann warf ich den Kocher an und rief nach Charlie, der die Funkgeräte brachte. Er bereitete dann die einzige Mahlzeit des Tages zu und ließ als erstes Schneebrocken schmelzen. Vor dem Betreten des Zeltes mußte man Eis und Schnee möglichst vollständig abstreifen. Wer Schnee ins Zelt einschleppte, machte sich schnell unbeliebt.

Feuchte Kleidungsstücke wurden auf Leinen unter das Zeltdach gehängt und begannen bald zu dampfen. Solange der Kocher brannte, war das Leben himmlisch. Es dauerte anderthalb Stunden, bis das Abendessen im Wasser aufgequollen war. Wenn das Essen fertig war, stellten wir den Topf auf Ollies Schlafsack, weil er seit jeher in der Mitte schlief. Dann gab Charlie das Zeichen zum Zugreifen, und drei Löffel senkten sich gleichzeitig in den Topf. Die Mahlzeiten bestanden aus Reis und Trockengemüse, die mit einer von vier verschiedenen Arten Trocken„fleisch" gemischt wurden. In Wirklichkeit war das Fleisch texturiertes Sojaprotein. Gespült wurden unsere Töpfe nie, denn entweder wurden alle Reste herausgekratzt, oder sie vermischten sich mit dem Menu des nächsten Tages. Nach einer Tasse heißer Schokolade, der abendlichen Funkverbindung, wozu auch ein Wetterbericht für die Weltorganisation für Meteorologie gehörte, und den Urinproben, die im Rahmen unseres Kalorienaufnahmeprogramms fällig waren, war schließlich um 22.30 Uhr Schlafenszeit.

Der langsame Vorstoß nach Süden

Am 6. November kamen wir bei 77° 30' südlicher Breite an und näherten uns dem Nullmeridian. Nun hatten wir 320 Kilometer in unbekanntem Gebiet zurückgelegt und noch fast 1300 Kilometer bis zum Südpol vor uns. Wir waren doppelt so schnell vorangekommen wie vorgesehen, doch unser rascher Vormarsch hatte den Piloten ein großes Problem beschert, denn wir brauchten alle 550 Kilometer neuen Treibstoff. Wir konnten zwar bei extrem schlechtem Wetter fahren, Giles und Gerry jedoch nicht fliegen.

Auf unserem Vorstoß nach Süden änderte sich allmählich die Oberfläche. Sah man zunächst nur die Vorsprünge vereinzelter Hügel wie Ameisenhaufen in Afrika, tauchten nun immer mehr Hügel auf und schlossen sich zu bandartigen Gebilden zusammen, so daß uns beim Überqueren sämtliche Knochen durchgeschüttelt wurden. Doch in zehn Tagen hatten wir 822 Kilometer vom Ryvingen aus zurückgelegt, und wir biwakierten auf dem halben Weg zwischen Küste und Pol.

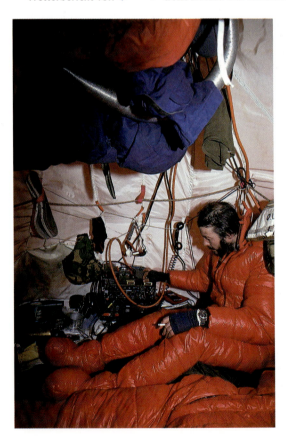

Charlie sitzt gemütlich im Zelt und bereitet sich auf den abendlichen Wetterbericht vor. ▼

Wir konnten nur hoffen, daß die Schneehügel Giles am nächsten Abend in den Bereich des Funkfeuers unseres Standortes führten. Spätestens dann brauchten wir Treibstoff. Allerdings hatten wir beinahe den Punkt erreicht, der der größten Reichweite der Twin Otter vom Ryvingen aus entsprach. Er mußte uns also beim ersten Versuch finden.

Wir wußten, wenn wir uns jenseits dieses Punktes befanden, blieb Giles nichts anderes übrig, als unterwegs zwischenzulanden und an einem Depot, das er im voraus angelegt hatte, aufzutanken. So mußten wir bei 80° südlicher Breite warten, bis wir die Daten seines Flugplans erhielten.

Der 9. November brachte uns das bisher unwegsamste Gelände. Um das Camp bei 80° 4' zu erreichen, mußten wir immer brutalere Sastrugirücken bewältigen. Die Sastrugi waren durchschnittlich 45 bis 60 Zentimeter hoch und fielen senkrecht ab,

▲ Wenn das Wetter es erlaubte, flog Giles regelmäßig das Biwak des Teams an und brachte Treibstoffässer für die nächste Etappe.

so daß wir sie nicht geradlinig überqueren konnten. Das bedeutete Zickzack fahren, Umwege, die kostbaren Treibstoff fraßen, und viele Stopps zum Austauschen gebrochener Federn und verbogener Laufräder. Trotzdem waren wir einen Monat früher als geplant bei 80° angelangt.

An diesem Abend gab uns Ginnie Giles' Treibstoffpläne durch. Er hatte vor, so viel Flugbenzin in das Lager bei 80° 4' zu bringen, daß er bei 85° ein weiteres Treibstoffdepot anlegen konnte. Sobald er dort ausreichende Vorräte gebunkert hatte, wollten wir in Richtung 85° aufbrechen, während Giles, Gerry und Anto mit der Twin Otter in unserem alten Camp blieben. Wenn wir bei 85° ankamen, wollte Gerry den gesamten Treibstoff von 80° nach 85° bringen. Dann beabsichtigten er und die anderen, dort zu bleiben, bis wir den Pol erreichten. Dieses Prinzip, daß man sozusagen mit einem Bein auf dem Boden blieb, war nötig, weil Giles ein Treibstoffdepot niemals hätte orten können, wenn dort nicht jemand mit einem Funkfeuer zurückblieb.

Sastrugifelder – Sastrugi sind festgefrorene Schneewehen – erstreckten sich über mehr als 360 Kilometer und bremsten das Vorwärtskommen. ▶

So lagen wir versteckt in unserem kleinen Zelt, während Giles bei entsprechend gutem Wetter die Treibstoffässer herbeiflog. Meine Hauptsorge waren die Spaltenfelder. Mit jedem Tag Verzögerung wurden die Schneebrücken schwächer und brüchiger, und niemand wußte, was uns bevorstand, weil noch nie jemand dort gewesen war. Ein gutes Verhältnis zwischen uns dreien aufrechtzuerhalten war schwierig. Wir waren zusammengepfercht, feucht, schmutzig, oftmals froren wir, und vor allem waren wir frustriert. Die Tage vergingen sehr langsam. Das unablässige Geräusch des Windes bohrte sich in unser Hirn. Ein Scherz auf Kosten eines ohnehin schon Deprimierten, oft nur als Geplänkel gemeint, konnte das Blut sehr schnell in Wallung bringen. In einem solchen Fall mußte der Übeltäter die Gefahrensignale rechtzeitig erkennen und klein beigeben, wenn die Atmosphäre in Ordnung bleiben sollte.

Nach 17 Tagen beendete Giles seinen zehnten Flug zu unserem Camp. Um den Treibstoffvorrat auf die Mindestmenge aufzufüllen, die für die nächste Etappe nötig war, hatte er bei ungewissem Wetter gut 22 000 Kilometer in 92 Stunden fliegen müssen und dabei 27 000 Liter kostbares Flugbenzin verbraucht.

Am Tag, als wir das Depot am 80. Breitenkreis verließen, erteilten die Amerikaner Giles die Genehmigung, aus ihren Vorräten am Südpol aufzutanken – nach siebenjährigem Kontakt zwischen dem Auswärtigen Amt und dem amerikanischen Außenministerium mit schier endlosen Anträgen, Vorschlägen und Enttäuschungen.

Die Pol-Offensive

Inzwischen war Polarsommer, und bei Temperaturen von nur etwa minus 28 °C war das Leben wirklich angenehm. Nur die Sastrugi besserten sich nicht. Tag für Tag wurden sie größer und zahlreicher. Ende November glichen sie einem umgepflügten Feld, auf dem die Furchen quer zu unserer Route verliefen. Auf einer Strecke von 320 Kilometern waren sie bis zu 0,90 Meter hoch, und weil unsere Skidoos nur ein höchstens 0,25 Meter hohes, steilwandiges Hindernis überwinden konnten, mußten wir mit unseren Eispickeln Pfade durch die Rücken hacken. Oft gelang es uns nicht, die Schlitten durch die Spuren zu ziehen, sondern wir mußten sie und die schwere Ladung nacheinander hindurchheben. Auf 46 Kilometern erhoben sich die Sastrugiwände dann bis 1,50 Meter Höhe, und wir kamen nur im Schneckentempo voran.

Am letzten Novembertag erreichten wir eine Reihe hügeliger Täler ohne Sastrugi. Kurz nach mir kam Charlie neben mir an. Er stand auf, beide Beine über den Sitz gespreizt, streckte sich und sagte: „So!", was er eigentlich immer bei einer Rast sagte.

Da er seinen Schlitten auf Schäden kontrollieren wollte, stieg er von seinem Skidoo, der höchstens vier Meter von mir entfernt stand. Plötzlich schien sich eine Falltür unter Charlie zu öffnen, denn er verschwand bis zu den Oberschenkeln. Mit einer Hand hielt er sich beim Fallen verzweifelt am Lenker fest und ließ nicht los. Langsam zog er sich heraus und hievte sich auf seinen Sitz zurück.

„Meine Güte", flüsterte er und schaute in das blaugrüne Loch, in dem er beinahe verschwunden wäre.

Von der sicheren Warte meines Skidoo-Sitzes wirkte dieser Zwischenfall urkomisch, und als ich Charlies stark erweiterte Pupillen sah, konnte ich nicht anders und brach in hysterisches Gelächter aus. Charlie betrachtete mich schweigend, blickte auf die dünne, brüchige Eisdecke rund um das Loch und dann auf meinen Skidoo.

Als sich mein Gelächter legte, sagte er gelassen: „Du findest das witzig? Etwa in einer Minute ist es noch viel witziger, denn direkt unter dir ist eine höchstens fünf Zentimeter dicke Schneebrücke. Und wenn du auch nur die geringste Bewegung machst und am Starterseil ziehst, fällst du tief hinunter ins Nichts. Ob Charlie Burton dann wohl eine Träne vergießt? Nee! Tut er nicht. Er lacht sich krank."

Als mir bewußt wurde, wie recht er hatte, und ich in Gefahr war, die brüchige Kruste aus harschem Schnee zu durchbrechen, die über einem ungemütlich tiefen Abgrund hing, verging mir das Lachen. Zaghaft startete ich. Der Schweiß stand mir auf der Stirn, ich wagte kaum zu atmen, dann fuhr ich an. Nichts passierte. Hörbar stieß ich die Luft aus. Die anderen überqerten die Stelle sicher, und wir fuhren weiter.

Weil die Twin Otter, ihre Besatzung und Anto am 80°-Depot warteten und der Treibstoff rationiert war, war mir klar, daß wir 85° erreichen mußten, ohne Flüge anzufordern. Doch in den ersten Dezembertagen bekamen wir es mit Verhältnissen zu tun, wie ich sie mir schlechter kaum vorstellen konnte. Laufräder, Skihalterungen und Federn brachen und verbogen sich. Ollie gingen bestimmte Ersatzteile aus, und er mußte improvisieren. Stellenweise lagen zwischen den steinharten Schneerücken Furchen, die kaum so lang wie die Skidoos breit waren. Diese hintereinanderliegenden Wälle beanspruchten die Achsen und erforderten viel Hackerei mit der Axt, Hieven und Schieben. Nun kamen wir nur noch in mühsamer Kriecherei voran.

Mit kurzen Unterbrechungen setzten sich diese gefährlichen Sastrugifelder noch über 480 Kilometer fort. Manchmal waren sie nahezu unpassierbar, manchmal nur dicht aufeinanderfolgende, zierliche Eiswellen. Immer häufiger wurden wir von Whiteouts gebremst. Weil es unnötig gefährlich war, selbst die kleineren Sastrugigürtel zu passieren, ohne die Höcker genau erkennen zu können, hielten wir immer an, bis sich die Lichtverhältnisse besserten.

Mein erster Schlitten war aus Stahl, der zweite jedoch aus Eiche und Hickory, eine umgebaute Konstruktion der Inuit. Am 4. Dezember, mitten in einem besonders unwegsamen Sastrugistreifen, riß eine der zehn Zentimeter dicken Eichenkufen der Länge nach. Uns blieb nichts anderes übrig, als den Schlitten samt Ladung aufzugeben. Die lebenswichtigen Treibstoffkanister teilten wir auf, zurücklassen mußten wir die Leitern für die Spalten, das Zeltheizgerät und alle nicht lebensnotwendigen Ausrüstungsgegenstände. Dann holperten wir weiter.

Innerhalb weniger Stunden nach unserer Ankunft im Depot bei 85° startete Giles von dem mit Gerry und Anto bemannten Camp bei 80° und brachte uns die erste Ladung Treibstoff. Gegen Abend des 6. Dezember flog er den restlichen Treibstoff ein, der hoffentlich bis zum Südpol reichen würde.

Nach zwei Tagen mühseligen Vormärschen hatten wir die letzten Sastrugi hinter uns. Bei 85° 30' waren die gefürchteten Höckerhindernisse überwunden, und die

▲ Manchmal waren die Schneewehen buchstäblich unüberwindlich, und wir mußten mit Eispickeln einen Weg freihacken.

◀ Ollie posiert triumphierend am unteren Ende der Welt – sieben Wochen früher als geplant.

Oberfläche wurde besser. Das Wetter verschlechterte sich, und zweimal schlugen wir das Camp bei einem totalen Whiteout auf. Drei Tage lang folgte ich einer Abweichung in östliche Richtung, um die Spaltenzone 176 Kilometer vor dem Pol zu vermeiden, und am 13. Dezember begann der Endspurt mit dem Kurs 201°, bezogen auf den Magnetpol. Die letzten 130 Kilometer waren wir in dichten Nebel gehüllt.

Zwei unserer Schlitten zerfielen, ihre Konstruktion hatte keinerlei Ähnlichkeit mehr mit den einst schnittigen Formen. Die Kufen waren unbeschädigt, und die inzwischen nur noch mit vier der ursprünglich 16 Pfosten befestigten Ladeflächen trugen nach wie vor die ganze Ladung, die mit Gurten provisorisch festgezurrt war.

Am 14. Dezember hielt ich nach neunstündiger Fahrt durch den Nebel an, mein Kilometerzähler zeigte 98 Kilometer an. Das mußte der Südpol sein. Es war nichts zu sehen. Als Ollie ankam, war er aufgeregt. „Wir sind vor etwa 1600 Metern links an den Hütten vorbeigefahren." Charlie und ich fuhren begeistert mit ihm zurück. Er hielt inne und deutete in die Düsternis: Dort erkannte man drei schwarze Gebilde.

Als wir näher hinschauten, sahen wir, daß es nur ein paar 15 Zentimeter hohe Flaggen waren, wahrscheinlich Eismarkierungen. Die erste Enttäuschung verwandelte sich in Vorfreude. Wo es Flaggen gibt, gibt es wahrscheinlich auch Menschen. Wir durchstreiften das Gebiet etwa eine Stunde lang, fanden aber nichts. Dann setzten wir uns mit dem Südpolfunker in Verbindung.

„Ihr seid 5,5 Kilometer von uns entfernt. Wir haben euch auf dem Radar. Kommt her."

Er gab uns eine Peilung, eine Stunde später passierten wir eine Landebahn, und unmittelbar vor uns erhob sich im dichten Nebel eine dunkle Silhouette.

Am 15. Dezember, um 4.35 Uhr, etwa sieben Wochen früher als geplant, kamen wir am unteren Ende der Erde an.

▲ Heftiger Wind und Sandschliff haben in einer „Oase" der Antarktis aus diesem Felsblock phantastische Formen modelliert.

Antarktikas geologisches Tagebuch

Das antarktische Festland liegt unter einem durchschnittlich 2160 Meter und in Adélieland bis 4800 Meter dicken Eispanzer begraben. Allenfalls zwei Prozent seiner Oberfläche sind eisfrei. Nur in diesen „Oasen" treten Gesteine frei zutage, und vor allem dort können Geologen Informationen über die erdgeschichtliche Entwicklung Antarktikas sammeln, eine Entwicklung, die offenbar äußerst turbulent verlief.

Versteinerte Überreste wärmeliebender Pflanzen und Tiere sprechen dafür, daß in Antarktika einst ein mildes Klima herrschte und daß der Kontinent noch bis weit in die Erdneuzeit hinein von üppigen Urwäldern mit artenreicher subtropischer bis tropischer Flora und Fauna bedeckt war. Die Abkühlung des Klimas und der Aufbau der Eismassen begann wahrscheinlich erst vor etwa 25 Millionen Jahren, vermutlich im Zusammenhang mit der Drift der Bruchstücke des vor rund 200 Millionen Jahren zerbrochenen Gondwanalands über den Erdball. Antarktika, eines der größten Bruchstücke dieses Urkontinents, erreichte seine heutige Position im Südpolargebiet vor etwa 60 Millionen Jahren.

Unter der Eisdecke, die in der Erdneuzeit über dem antarktischen Festland angewachsen ist, verbergen sich zwei unterschiedliche geologische Zonen. Der östliche Teil Antarktikas besteht aus einigen der ältesten Gesteine der Welt. Sie sind bis zu vier Milliarden Jahre alt. Ein wesentlich geringeres Alter haben die Gesteine im Westen des Kontinents. Der Mount Erebus und andere aktive Vulkane zeigen, daß sich die Krustenschollen dort wie im benachbarten Südamerika noch kräftig verschieben. Hier gibt es auch ergiebige Lagerstätten von Mineralien, deren Ausbeutung aber der Antarktisvertrag von 1991 untersagt.

▲ Pflanzliche Fossilien belegen, daß in der Antarktis früher ein viel wärmeres Klima herrschte.

Der geologische Untergrund Antarktikas birgt reiche Bodenschätze – darunter auch Kupfererze, die hier als grüne Adern das Gestein durchziehen. ▶

◀ Blick in den Krater des Mount Erebus, eines der etwa zehn aktiven Vulkane innerhalb Antarktikas

Ein versteinerter Ammonit aus den Schichten des Erdmittelalters im Westen der Antarktis ▶

Die extreme Kälte des Südpolargebiets bezwingt sogar vulkanische Hitze: Diese Fumarole (Dampfquelle) an den Hängen eines Vulkans ist in der kalten Luft zu einer Eissäule erstarrt. ▶

Charakteristisch für den Osten des vereisten Kontinents ist der Wechsel von hellgrauen Sandsteinen und eingelagerten Schichten aus dunklen vulkanischen Gesteinen. ▼

AUF DER ANDEREN SEITE DER ERDE

Die amerikanische Basis am Südpol ist durch eine Metallkuppel vor Wind und Wetter geschützt. Die Kuppel ist so groß, daß sie drei zweistöckige Gebäude mit Zentralheizung birgt. 28 Personen überwintern dort, darunter Wissenschaftler und Verwaltungsangestellte.

Es war geplant, daß Ginnie für die zweite Hälfte unserer Fahrt am Pol eine Funkstation einrichtete. Deshalb fragte ich den Kommandanten des Stützpunkts, Tom Plyler, ob wir eine Woche bleiben könnten. Washington hatte ihn bereits von unserer bevorstehenden Ankunft unterrichtet, auch davon, daß man uns 23 Fässer Flugbenzin überlassen solle. Alles andere konnte Tom nach eigenem Gutdünken entscheiden. Er erlaubte mir, zwei Zelte, hundert Meter von der Kuppel entfernt, aufzuschlagen, und ich nahm gern sein Angebot für uns alle an, gegen allgemeine Reinigungsarbeiten mit den Polleuten in deren Kantine zu essen.

Am Ryvingen packten Ginnie und Simon die Ausrüstung ein, die wir auf der Nordhalbkugel brauchten, und übergaben sie Giles, der sie nach Sanae fliegen sollte. Im späteren Frühjahr würde dorthin ein südafrikanisches Schiff kommen und die Mannschaft austauschen. Auch Davin Mason sollte an Bord sein und Anto beim Laden helfen. Die beiden würden mit der Ausrüstung nach London zurückkehren, sie überholen lassen und an unsere arktischen Depots weiterschicken.

▲ Der letzte Außenposten der USA: Die amerikanische Basis am Südpol, eine riesige Metallkuppel, beherbergt eine ständige Besatzung von 28 Personen.

Am 21. Dezember verabschiedete sich Ginnie von dem Pappkartonlager am Ryvingen, das elf Monate lang ihr Zuhause gewesen war. Bald würde es unter dem Schnee verschwinden. Giles quetschte Ginnie, Simon und Bothie mit Gerry in den Flugzeugrumpf und brachte uns die letzte Frachtladung, die wir am Südpol brauchten.

Mit unserer Basisgruppe am Pol wollte ich unbedingt weiter. Die zweite Hälfte unserer Fahrt umfaßte 288 Kilometer bis zum Rand des Hochplateaus, einen 224 Kilometer langen Abstieg durch ein von Bergen gesäumtes Tal – den Scott-Gletscher – und 960 Kilometer über das Ross-Schelfeis bis ans Meer zum McMurdo-Sund.

Es war verlockend, zwei Tage länger zu bleiben und ein richtiges Weihnachtsfest zu feiern, doch mit jedem Tag, den wir uns aufhielten, wuchsen die vor uns liegenden Gefahren. Der Sommer war schon weit fortgeschritten. Viele Schneebrücken würden bald völlig morsch und stellenweise ganz verschwinden. Ich dachte an Captain Scott. Er war am 19. Januar vor 69 Jahren vom Pol abgefahren. Der Sommer war damals bereits zu weit fortgeschritten, um eine sichere Rückfahrt zu gewährleisten.

Jenseits des Südpols

Am 23. Dezember brachen wir auf. An den internationalen Flaggen, die den genauen Punkt des geographischen Südpols markieren, stapften Tom Plyler und ein frierender Trupp Amateurfotografen auf und ab. Ich küßte Ginnie und beging sofort eine navigatorische Todsünde. Ich zog direkt in Richtung Norden, von dort aus jedoch ging es in jede Richtung nach Norden, und ich peilte die Landebahn an, an der wir sieben Tage zuvor vorbeigekommen waren. Als ich das Dilemma bemerkte, setzte ich eine tapfere Miene auf, und sobald wir aus der Sichtweite der Kuppel waren, vollführte ich einen großen Linksbogen zum richtigen Kurs.

Am ersten Weihnachtstag um 17 Uhr sah ich einen schwarzen Punkt vor mir, den Gipfel des Mount Howe, die zerklüftete Bergspitze, die den oberen Rand des Scott-Gletschers markiert – ein Weihnachtsgeschenk, wie man es sich nicht besser wünschen konnte.

▲ Endlose Felder voller Gletscherspalten stellten eine echte Herausforderung für das Team dar. Einige breite waren auf der Karte eingezeichnet, andere aber waren viel schmaler und mindestens so gefährlich.

An diesem Abend wechselte Ollie die Vergaserdüsen der Skidoos für den Abstieg über den Gletscher aus. Unsere Luftbildkarte zeigte deutlich die Gletscherspalten, die das ganze Gletschertal wie Pockennarben durchzogen. Einen Zickzackkurs abzustecken, der auf der Karte um die Spaltenfelder herumführte, hatte wenig Sinn. Mit Sicherheit gab es unzählige unkartierte Spalten, die ebenso tödlich waren.

Eine Reihe großer, in ostwestlicher Richtung verlaufender Wölbungen kündigten die erste Eisverwerfung an. Wir hielten den Atem an, als wir gewaltige, überbrückte Spalten überquerten, doch die Schneedecke über diesen Ungeheuern war noch fest genug und trug unser Gewicht. Die schmaleren Risse jedoch, die eine Breite von 1,20 bis sechs Meter und eine entsprechende Tiefe aufwiesen, waren mit größerer Wahrscheinlichkeit lebensgefährlich. Diese erreichten wir in der Mittagszeit.

Ollie zählte die Überquerung von vierzig Spalten in zwanzig Minuten. Er fuhr als letzter und hatte noch beide Schlitten. Meinen zweiten Schlitten hatten wir schon lange stehengelassen, und Charlies zweiter hatte seinen Geist am Pol aufgegeben.

Immer wenn ich eine relativ schwache Schneebrücke überquerte, brach mein Schlitten ein und machte die Route für die anderen unpassierbar. Charlie wußte das und schwenkte von meinen Spuren ab, sobald sich ein grünes Loch zeigte, ein „Bombenkrater", wie er es nannte. Er verursachte weitere Einbrüche und ließ Ollie noch weniger Auswahl. Oft erhoben sich seltsame Eishügel oder Beulen neben zerklüfteteren Zonen und dienten als düstere Markierungen. Das war nicht immer so, manche der brüchigsten Abhänge sahen am harmlosesten aus.

Abends kroch dunkler Nebel aus dem Osten heran. Der La-Gorce-Gebirgszug, den wir ansteuerten, verschwand. Bald sah ich überhaupt nichts mehr, und weil wir uns inmitten eines Streifens voller Wölbungen und Risse befanden, hielten wir an und biwakierten. Überall durchzogen Spalten das Eis wie Adern. Wir stolperten alle gelegentlich hinein, zumeist nur knietief, weshalb wir sie „Knöchelbrecher" nannten.

Der Nebel umhüllte uns die ganze Nacht. Er hätte sich tage-, sogar wochenlang halten können, am nächsten Morgen aber fegte ein beständiger Wind mit einer Geschwindigkeit von etwa dreißig Knoten vom Plateau herab, und der Whiteout löste sich nach einer Stunde auf. Das war auch gut, denn unsere alptraumhafte Abfahrt führte durch ein Labyrinth eingesunkener Spuren mit verborgenen Fallen.

Am frühen Nachmittag erreichten wir den Fuß der Gardner Ridge und kampierten neben einer eventuellen Landebahn. Die Aussicht nach Osten und Norden war beeindruckend: schwindelerregende Kliffe in eisige Düsternis gehüllt, aber gekrönt von jenem goldenen Licht, das man nur von entlegenen Polargebieten mit reiner Luft kennt. Hohe Dämme aus feinkörnigem vulkanischem Gestein reflektierten die feurige Sonne in ockerfarbenem Glanz. Die oberen Sedimentschichten aus Sandstein und Schiefer enthielten Einlagerungen von Braunkohle sowie viele versteinerte Stengel und Blätter urzeitlicher Pflanzen. Weiter unten, in den im Schatten liegenden Moränen, fanden sich fossile Baumstücke mit bis zu 45 Zentimeter Durchmesser, Zeugnisse wärmerer Zeiten. Spärliche Flechten, die am weitesten südlich lebenden Pflanzen der Welt, schmiegten sich hin und wieder an das Polargestein.

Bald traf Giles vom Südpol ein. Wir übernahmen 24 volle Treibstoffkanister im Austausch gegen leere. Dann flog er den Gletscher hinunter, um Problemzonen zu orten. Giles machte präzise Angaben über die Route, und ich markierte auf meiner Karte jedes Detail der Spaltenzonen, das er mir über Funk mitteilte.

Wo sich der Gletscher verengte und zwischen den Reihen der Gebirgsketten ins

Vom Zentralplateau Antarktikas rückt langsam ein Gletscher vor und schürft auf seinem Weg die Talwände aus. ▶

Tal floß, ergossen sich Nebenflüsse aus Eis aus den Seitentälern in den Hauptgletscher. Wo die Eisströme zusammenflossen, lagen gefährliche Verwerfungszonen. Probleme gab es auch, wo sich das Eis zwischen steilen Felswänden staute und durch Engpässe zwängte. Einer dieser Durchgänge, etwa acht Kilometer lang, war nach Giles' Meinung unpassierbar. Er schlug einen Umweg durch ein Seitental und zurück über einen Buckelpaß vor, von dem er einfach sagte, er sei „möglich".

Nach dem Erkundungsflug verließen die Flugzeugcrew und die Basisgruppe den Südpol und begaben sich auf den langen Flug zur Scott Base im McMurdo Sund, dem letzten von Ginnies Antarktisstützpunkten.

Abschied von Antarktika

Am Morgen des 28. Dezember, bei Wind, der in Böen vierzig Knoten erreichte, streiften wir die Ostseite der Gardner Ridge und folgten dem Klein-Gletscher über knapp zwanzig Kilometer bis zur dunstverhangenen Silhouette der Davis-Hügel. Dort treffen der Scott- und der Klein-Gletscher lautlos, aber mit enormer Gewalt aufeinander und schaffen ein kilometerlanges, glitzerndes Chaos aus Eistrümmern.

▲ Ollie und Charlie oberhalb des Scott-Gletschers vor dem furchteinflößenden Abstieg

Die von Giles vorgeschlagene Route verlief an einem welligen Kamm, entlang der Linie, wo sich die beiden Eisströme vereinigten. Wir folgten ihr, dankbar, daß wir uns weder rechts noch links davon befanden, denn die dunklen Schatten tiefer Höhlen zogen sich wie Tigerstreifen über die Flanken.

Wir schwenkten zur westlichen Flanke des Gletschers und stiegen mehr als 300 Meter hoch auf einen wilden Paß, wo uns der Wind schneidend durch die Kleidung fuhr und Schneespiralen von den Granitzinnen des Mount Ruth und seines größeren Zwillings, des Mount Gardiner, aufwirbelte. Im Westen erkannten wir eine zerklüftete Gruppe hoch aufragender, urzeitlicher Bergspitzen, ein kleiner Hinweis auf die unter dem Eis begrabene, gewaltige Masse. Um sie herum schlängelten sich Eisströme, die ihre Bezeichnungen im „Heldenzeitalter" der Polarforschung erhalten hatten: der Amundsen-, Axel-Heiberg- und Teufelsgletscher.

Am äußersten Ende des Umwegs kamen wir im oberen Teil eines steil abfallenden Tals an, das wieder zum Scott-Gletscher hinabführte. Charlie schilderte die anschließende Talfahrt in seinem Tagebuch:

> Der Abstieg war haarsträubend, zu steil für Schlitten, die die Skidoos überholten, sie bisweilen zur Seite, manchmal sogar rückwärts über breite, durchhängende Schneebrücken zerrten. Einige der Brücken zeigten auf beiden Seiten Bruchlinien und waren offenbar so labil, daß sie bei der erstbesten Gelegenheit wie überreife Äpfel in die Tiefe zu stürzen drohten.

Eine Barriere aus Preßeishügeln und Gletscherspalten blockierte das untere Ende des Tals von einer Kliffseite zur anderen. Wir waren seit etwa 14 Stunden unterwegs.

Wenn wir an einer festen Stelle schlafen wollten, mußten wir auf dem tiefblauen, spiegelglatten Eis oberhalb des Preßeiswalles bleiben. Überall im Eis waren die Überreste vieler Felsrutsche eingebettet, und der Wind raste die ganze Nacht kreischend durch den natürlichen Lufttrichter, wir aber waren müde und schliefen gut.

Am nächsten Morgen hatte sich der Wind gelegt, und es war wärmer, als wir es seit einem Jahr kannten. Der einzige Weg aus dem Tal führte geradewegs auf den Scott-Gletscher. Vom flachen Rand unseres Lagerplatzes mußten wir erneut auf einem steilen Abhang mit unkontrolliert schlingernden Schlitten und voll angezogenen Bremsen in die Tiefe rutschen. Unterhalb des letztes Hangs stießen wir an die Preßeiswand und bewegten uns auf einem engen Gang an ihrem Sockel. An einer Stelle, die morsch war wie eine wurmstichige Planke, war die Wand gespalten, ein Durchgang zweigte ab und führte zu dem Haupteisstrom auf der anderen Seite.

Nacheinander fuhren wir behutsam über die durchhängende Schwelle, und dann ging es erst richtig los. Welch ein Tag! Am Ende des Tages schrieb Ollie: „Gott sei Dank ist das ein für allemal vorbei. Das war die übelste und gefährlichste Erfahrung meines Lebens." Eine Spaltenzone wies im Durchschnitt alle zwei Meter eine Spalte auf, und die Schneebrücken waren so morsch, daß nur jeweils ein Schlitten mit hoher Geschwindigkeit passieren konnte. Einmal stürzten Ollies beiden Schlitten in verschiedene Spalten und brachten seinen Skidoo knapp vor einer dritten Spalte zum Stehen.

Charlie schrieb über seine Erfahrungen:

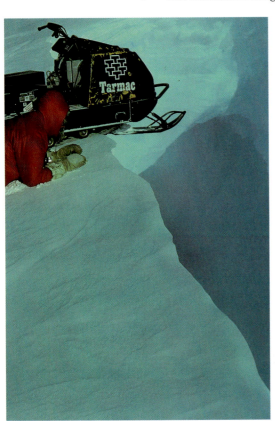

▲ **Dieses haarsträubende Foto vermittelt eine Ahnung davon, in welcher Gefahr das Expeditionsteam ständig schwebte.**

Manche meinen wohl, der Abstieg müsse leicht gewesen sein, weil alles so schnell ging. Dazu kann ich nur sagen, sie sollen es ruhig einmal versuchen. Ran und Ol hatten genau so viel Angst wie ich, auch wenn sie es nicht zugeben. Deshalb fuhr Ran stundenlang, ohne anzuhalten, weiter. Er fuhr einen Zickzackkurs und versuchte, die schlimmsten Stellen zu umfahren. Viel Erfolg hatte er nicht, und auf einem der oberen Vorsprünge fanden wir uns mitten in einer großen Preßeiszone wieder. Mächtige Eisblasen und blaue Kuppeln ragten hoch über uns empor, als wir völlig eingeschlossen durch ein Gewirr rissiger Gänge schlitterten. Mein Schlitten fuhr diagonal über eine 2,50 Meter breite Spalte und brach auf der Brücke ein. Die Gummiraupe meines Skidoos versuchte, auf dem blauen Eis zu greifen, glitt zur Seite, und der Schlitten verschwand allmählich. Doch eine kleine Stelle mit körnigem weißem Eis gab den Raupen gerade so viel Halt, daß sie mit einem Satz vorwärts kamen. Der Schlitten bäumte sich auf und überwand den vorderen Rand der Spalte …

Ich könnte noch hundert oder mehr derartiger Zwischenfälle beim Abstieg erwähnen – aber was soll's? Keiner, der nicht das lebensgefährliche Schwanken nachgebender Schneebrücken unter sich gespürt, der nicht die vielen verräterischen Schattenlinien auf einem großen Feld voller Gletscherspalten gesehen hat und trotzdem stundenlang einfach weitermachen mußte, kann sich vorstellen, welche Angst wir ausgestanden haben.

Die Zeit kroch dahin, nur langsam veränderte sich die Landschaft: vereinzelte Felsblöcke, die das Eis über Kilometer von den Felsstürzen herbeigeschleppt hatte, denen sie entstammten, die Sastrugihänge unterhalb des Mount Stahlmann, und schließlich die Felsvorsprünge, die zum Durham Point führten, hinter dem sich nur noch Eis und der Pazifik erstreckten. Wir waren auf dem Ross-Schelfeis angekommen.

Hundemüde schlugen wir unser Biwak 150 Meter über dem Meeresspiegel auf.

Am letzten Tag des Jahres 1980 zogen wir achtzig Kilometer weit nach Norden und entfernten uns von den Spalten am Fuß der Gletscher. Sobald wir uns vorwärts bewegten, war die Oberfläche hervorragend, wenn auch so matschig, daß wir die Schlitten nur mit Mühe aus dem Stand in Gang bekommen konnten. Die Temperatur betrug 1 °C, Gesichtsmasken und dicke Pullover waren überflüssig.

Auf dem Vorstoß nach Norden schwenkte ich halb links auf einen neuen Kurs, den wir neun Tage einhielten und der uns hoffentlich an dem gewaltigen Komplex, den sogenannten Steershead-Spalten, vorbeiführte. Allmählich verschwanden die Berge zur Linken, bis wie auf dem Plateau nur noch Eis und wir zu sehen waren.

Einmal mußten wir wegen eines Whiteouts acht Stunden anhalten, und Giles flog die 670 Kilometer von der Scott Base herbei, weil unser Treibstoff knapp wurde.

Am fünften Tag schafften wir 145 Kilometer in zehn Stunden. Als wir endlich unser Lager aufschlugen, schliefen Ollie beim Bohren und Charlie beim Eintopfkochen ein.

Am siebten Tag überquerten wir den 180. Längengrad, der an dieser Stelle auch die internationale Datumsgrenze bildet. Wir erhöhten unsere Tagesleistung auf 168 Kilometer und verbrauchten nur 35 Liter auf hundert Kilometer.

Auf der Ross-Insel, auf der anderen Seite des McMurdo-Sunds, liegt der Vulkan Mount Erebus. Die ständig über ihm schwebende Dampfwolke bildet einen ungewöhnlichen Kontrast zu der vereisten Landschaft in seiner Umgebung. ▼

Am neunten Tag legten wir trotz eines halben Whiteouts 185 Kilometer zurück, ebenso am zehnten Tag, als um die Mittagszeit erstmal rechts vor uns am Horizont eine hohe weiße, pilzförmige Wolke sichtbar wurde: die Dampfwolke des Mount Erebus. Unterhalb des beinahe 4000 Meter hohen Vulkans lag unser Ziel, die Scott Base.

Am 10. Januar biwakierten wir auf der Spitze der White-Insel, und um 18 Uhr am nächsten Tag kam Roger Clark, der neuseeländische Kommandant der Scott Base, mit einem Hundeschlitten zu uns. Er geleitete uns über das Meereis durch aufgescheuchte Robben- und Raubmöwenschwärme nach Pram Point, wo sich die Holzhütten seiner Basis an die Küste duckten. Von den darüberliegenden Felsen schauten etwa sechzig Neuseeländer auf uns herab, und ein einsamer, mit einem Kilt bekleideter Dudelsackpfeifer stimmte ein Danklied an. Ginnie kam mit Bothie zu uns herunter.

In 67 Tagen hatten wir Antarktika durchquert, doch für unsere Expedition war noch nicht Halbzeit, weder zeitmäßig noch entfernungsmäßig.

Die Fahrt über den Pazifik

Viele Menschen aus der ganzen Welt schickten uns Grüße und freuten sich, daß wir es geschafft hatten. Ein Großteil unserer Stärke beruhte auf unserem gemeinsamen Können. Leider war inzwischen klar, daß Ollie uns verlassen würde. Er wollte seine Ehe nicht aufs Spiel setzen und glaubte nicht, daß er weiter bei uns bleiben und gleichzeitig Rebecca halten konnte. Charlie und ich mußten unseren Versuch in der Arktis allein unternehmen.

Am 19. Januar, als die *Benjamin Bowring* durch die Eisschollen unterhalb der Scott Base glitt, erklangen über die Schiffslautsprecher ein paar Takte des Liedes „Land of Hope and Glory" (Land der Hoffnung und des Ruhmes). Die beiden Teile der Expedition trafen nach einem Jahr und vielen Kilometern wieder zusammen. Nicht alle Augen blieben trocken, kurz darauf auch nicht viele Kehlen. Les Davis hatte Admiral Otto Steiner als Kapitän abgelöst. Der Fotograf Bryn Campbell von der Zeitung *The Observer* war an Bord, desgleichen ein neues Filmteam.

Bevor wir Antarktika verließen, ankerte die *Benjy B.* vor dem Kap Evans, wo der Hauptstützpunkt von Captain Scott stand. Wir konnten an Land gehen und die Hütte besichtigen, von der aus Scott und seine vier auserwählten Gefährten zu ihrer letzten Reise aufgebrochen waren. Sie war genau so, wie sie vor siebzig Jahren gewesen sein muß. Ponygeschirre hingen an Haken, im „Laboratorium" standen Chemieflaschen aus der Zeit König Edwards, und auf dem Boden des Vorraums sah man verschmiertes Robbenfett. Die zwei Dutzend Transglobeleute schlenderten stiller als gewöhnlich umher.

Am 23. Februar, als die wolkenverhangene Landmasse der Campbell-Insel in Sicht kam, schlingerte die *Benjy B.* gewaltig. Bald gelangten wir in den Schutz des langgestreckten natürlichen Hafens zwischen grünen Hügeln. Nach 14 Monaten ohne ein Grashälmchen war dieses abgelegene, aber fruchtbare Land ein großartiger Anblick.

Auf einer Basis neben dem Fjord, der in den Hafen führte, arbeiteten ein Dutzend neuseeländische Wissenschaftler. Dem Basisleiter zufolge waren wir das erste Schiff unter britischer Flagge, das seit Beginn der Aufzeichnungen im Jahr 1945 dort anlegte. Seine Leute zeigten uns die Insel. Eine Kolonie Seelöwen tummelte sich in einer von Felsen umringten Bucht, und See-Elefanten suhlten sich in überriechenden Mulden.

Manche hoben ihre häßlichen Schädel und stießen ein von Gestank begleitetes Gebrüll aus. Überall gab es Torfmoore und Massen von Seetang, und auf einem hohen, von Kliffen flankierten Hügel lauschten wir dem hohlklingenden Schnabelklappern von Königsalbatrossen, deren Weibchen Eier ausbrüteten, die so groß waren wie Kricketbälle.

Noch an demselben Tag fuhren wir von der Campbell-Insel in Richtung Neuseeland, wo wir haltmachen, das Schiff gründlich reinigen und eine Ausstellung organisieren wollten, bevor wir in Sydney, Los Angeles und Vancouver weitere Handelsausstellungen veranstalteten. Weil wir uns nicht darauf verlassen konnten, daß der Yukon vor Mitte Juni oder die Nordwestpassage vor Ende Juli eisfrei waren, konnten wir es diesmal etwas gemächlicher angehen.

Unsere Ozeanographen hatten noch immer mit ihren Planktonzügen zu tun. Sie waren begeistert, als sie eine Flohkrebsart entdeckten, die man so weit südlich noch nicht gefunden hatte. Und zwei neuseeländische Zoologen, die wir an der Scott Base an Bord genommen hatten, standen meist Tag und Nacht auf der Brücke, von wo sie nach Vögeln und Säugetieren Ausschau hielten.

Im Lauf des Februar besserte sich das Wetter, und als wir Neuseeland erreichten, hatte das Leben wieder einen gleichmäßigeren Verlauf angenommen. Es regnete, als wir im Hafen von Lyttelton eintrafen, wo wir die *Benjy B.* ins Trockendock bringen wollten. Glücklicherweise gab es keine kostspieligen Überraschungen, und wir konnten am 23. März nach Norden in Richtung Auckland fahren.

Die Ausstellung in Auckland wurde von Robert Muldoon, dem damaligen Premierminister von Neuseeland, eröffnet. In seiner Rede verglich er uns mit alten englischen, handeltreibenden Seeleuten, deren Heldentaten bei den Neuseeländern Anklang fanden.

Die Überfahrt nach Australien war ruhig und warm. In Sydney legte die *Benjy B.* gegenüber vom Opernhaus an, und am 14. April besuchte uns Prinz Charles. Wir ließen ihn auf dem Schiffsdeck dreimal hochleben, und Bothie stimmte mit aggressiver Kläfferei in den Jubel ein und hörte erst auf, als Prinz Charles ihn streichelte und mit ihm sprach.

▲ Ein Königsalbatros-Paar an seinem Nest auf der Campbell-Insel, deren Landschaft den Autor an die Hebriden erinnerte

Nach den Schätzungen der Sponsoren unserer Ausstellung in Sydney hatten wir dort etwa 31000 Besucher, und schätzungsweise 110000 Menschen besuchten unsere Ausstellungen in der Elfenbeinküste, Südafrika, Neuseeland, Australien, den Vereinigten Staaten und Kanada. Das bescherte unseren Sponsoren rege Geschäfte.

Während unseres Aufenthaltes in Sydney heirateten Charlie und Twink, und Anton Bowring vermählte sich mit Jill McNicol. Sie alle wollten ihre Flitterwochen auf dem Weg nach Los Angeles verbringen.

Eine hübsche junge Neuseeländerin namens Annie Stanley hatte sich uns angeschlossen, um Jill beim Kochen und Putzen zu helfen. Buzzard hatte sie in der Bank in Wellington kennengelernt, wo sie arbeitete, und sich in sie verliebt. Er versicherte uns, sie sei von seinen goldenen Locken und seiner Lebhaftigkeit hingerissen.

Heimlich vertraute er mir an, er habe ernsthafte Absichten, und schrieb sein Glück seinem Glücksbringer, dem Zwerg Buzzard, zu.

Traurig war für uns alle, daß Ollie zurückblieb. Er wollte nach dem Ende der Ausstellung noch aufräumen und dann nach Europa und zu Rebecca zurückkehren.

▲ Der nächste Anlaufhafen der Transglobe-Expedition lag in Australien. Die *Benjy B.* ankerte gegenüber der Oper von Sydney, während das Team für die zahlreichen Sponsoren eine erfolgreiche Ausstellung aufbaute.

Am 17. April brachen wir von Sydney nach Los Angeles auf. Von dort planten wir, bis hinauf nach Vancouver zu fahren, dort eine weitere Ausstellung zu veranstalten und anschließend an der Küste entlang nach Norden bis zur Mündung des Yukon in Alaska zu fahren. Dort wollten wir von Bord der *Benjy B.* gehen und mit Schlauchbooten den Yukon flußaufwärts bis nach Kanada fahren. Dann sollten die Boote und unsere gesamte Ausrüstung mit Lastwagen auf dem Landweg von Dawson City nach Inuvik, nahe der Mündung des Mackenzie, gebracht werden. Von dort beabsichtigten wir, mit unseren Schlauchbooten durch die Nordwestpassage zur Ellesmere-Insel zu fahren, an deren Nordspitze die abgelegene Wetterstation Alert liegt. Dort wollten wir die dunklen Wintermonate verbringen, bevor wir uns auf den Weg zum Nordpol machten.

Fehlstart

Unsere Ausstellungen in Los Angeles und Vancouver waren überaus erfolgreich und verliefen reibungslos. Am 19. Juni fuhren wir ab, und nun begann ein Wettlauf gegen die Zeit. Wir mußten die Yukonmündung bis zum 27. Juni erreichen, denn ich hatte ausgerechnet, daß wir 16 Tage für die 1760 Kilometer lange Strecke auf dem Fluß brauchen würden. Weitere sechs Tage waren für die Fahrt auf der unbefestigten Straße von Dawson City bis Inuvik eingeplant. In der dritten Juliwoche mußten wir unbedingt in der Nordwestpassage unterwegs sein.

Ginnie fuhr mit Bothie von Vancouver auf dem Alaska Highway nach Dawson City, um eine Funkstation einzurichten. Simon blieb in Vancouver, wo er noch ein paar Kleinigkeiten erledigte, bevor er Ginnie folgte.

Keinem Dutzend Expeditionen war es bisher gelungen, die Nordwestpassage erfolgreich zu überwinden, egal, in welcher Richtung sie es versuchten. Und diese wenigen benutzten durchweg Schiffe, die Schutz vor Wind und Wetter boten. Sie brauchten durchschnittlich drei Jahre für die Überfahrt, denn das Packeis, das die schmale Seerinne an der Küste blockiert, macht das Befahren in den meisten Jahren nur während weniger Wochen möglich. Das Eis würde kaum vor Mitte Juli aufbrechen und das Meer wahrscheinlich schon Anfang September allmählich wieder zufrieren, so daß wir allerhöchstens sechs Wochen für die 3000 Seemeilen lange Fahrt auf dem nebelverhangenen Meer mit den treibenden Eisschollen hatten.

Als wir langsam an den Aleuten vorbei ins Beringmeer fuhren, drückte ich mich unruhig auf dem Schiff herum und fieberte vor Ungeduld und Frust. Ein anscheinend unablässig wehender Gegenwind machte uns zu schaffen, so daß wir tagelang nur im Schneckentempo vorankamen. Am 29. Juni waren wir noch immer 112 Seemeilen von unserem Ziel entfernt und schlingerten im Wind, der mit Windstärke sechs von Norden blies.

Nachforschungen in England hatten ergeben, daß das Schiff bis auf neun Seemeilen an die Yukon-Mündung heranfahren konnte, ohne in den schlickigen Untiefen auf Grund zu laufen. Doch beim Näherkommen stellten sich diese Angaben als unzuverlässig heraus. Als wir am Abend des 30. Juni auf die Küste zufuhren, zeigte das Echolot eine Wassertiefe von maximal drei Metern unter dem Bug an. An unserem Ankerplatz, 14 Seemeilen vor der Küste, betrug die Wassertiefe nur 1,80 Meter.

Ich wollte so schnell wie möglich losfahren. Trotz eines Windes von vierzig Knoten, der die See aufpeitschte, setzten wir – in gummibeschichtete Schlechtwetteranzüge gekleidet – am nächsten Tag unsere Schlauchboote aus. Bryn Campbell vom *Observer*, der mich schon acht Jahre zuvor auf meiner Expedition nach British Columbia begleitet hatte, sollte mit uns den Yukon flußaufwärts fahren. Wir stießen vom Schiff ab und nahmen Kurs auf eine Küste, die wir nicht einmal von den Wellenkämmen aus sehen konnten. Sehr bald war die *Benjy B.* nur noch ein entferntes Pünktchen, doch die niedrigen, konturlosen Wasserflächen des Yukon waren nirgendwo in Sicht.

Nach einstündiger Schaukelei bemerkte ich wirbelnde weiße Brecher vor uns. Über die nächsten paar Minuten schrieb Bryn:

◄ Die Aleuten, eine Vulkaninselgruppe vor der Spitze der Alaskahalbinsel, die die Transglober zu Beginn ihrer arktischen Etappe durchfuhren

Die Wellen begannen über uns hereinzubrechen und trafen uns hart von hinten. Oft verschwanden wir vollständig unter Wasser, und als wir Rans Boot in die drei Meter tiefen Wellentäler eintauchen sahen, wurde uns allen unsere Ohnmacht nur zu lebhaft vor Augen geführt. Ich wandte mich Charlie zu und sah, wie er von einem Wasserschwall hochgehoben und direkt über meinen Kopf geschleudert wurde. Als das Boot kenterte, sprang ich so weit wie möglich vom Propeller weg. Dann krachte der Rumpf neben mir ins Wasser.

▲ Nachdem das Team die sichere *Benjy B.* verlassen hatte, passierte es das kabbelige Wasser des Beringmeers und nahm Kurs auf die Mündung des Yukon.

Ich befand mich ein Stück vor Charlie und Bryn und blickte vom Kamm eines Brechers zurück. Charlies Boot schwamm umgekippt etwa 500 Meter hinter mir. Von den Insassen gab es keine Spur.

Es dauerte einen Moment, bis ich überhaupt umkehren konnte. Doch nach einer weiteren Riesenwelle warf ich die Ruderpinne herum, und das brave kleine Boot drehte sich um 180°, gerade rechtzeitig für den nächsten Frontalangriff.

Mit jeder Welle kam ich allmählich näher an das gekenterte Schlauchboot heran, mein Mund war trocken vor Angst, denn noch immer sah ich keine Körper. Dann zog sich Charlie in seinem orangefarbenen Anzug langsam auf den Boden des Bootes. Bald sah ich, daß er Bryns Kapuze ergriffen hatte und ihm hinaufhalf.

Eine Welle verfrachtete mich in die Nähe der anderen, fast zu nahe, denn mein Propeller sauste durch das Wasser neben dem Gummirumpf des Bootes. Ich mußte das alles besser in den Griff bekommen. Ich band die Plane über der Fracht los und warf volle Kanister über Bord. Als sechs verschwunden und die Last um 135 Kilo leichter geworden war, sprach die Pinne besser an, doch es hatte viel Zeit gekostet, weil ich alles mit einer Hand machen mußte. Die anderen waren blau vor Kälte. Sie versuchten, das Boot mit ihrem Gewicht aufzurichten. Vergebens.

Ich rollte eine Sicherungsleine auf und warf sie hinüber.

„Ich hab sie", rief Charlie, „halt sie locker, wenn ich sie festmache!"

Nachdem die Boote gesichert waren, ließ ich meinen Motor im Leerlauf laufen und sprang hinüber. Zusammen versuchten wir, das Boot umzudrehen, aber es schlingerte nur. Eine Wasserwand raste heran, riß die Leine aus der Befestigung an Charlies Boot. Jetzt war mein Boot führerlos und bewegte sich rasch von uns fort. Wie gelähmt und atemlos von unserer Anstrengung sah ich mit offenem Mund zu.

Charlies Stimme unterbrach meine geistige Leere: „Was für eine beschissene Zeit und Stelle zum Ertrinken." Er war im Begriff, von unserem kleinen, sicheren Fleckchen zu springen.

Ich erwachte aus meinen Träumen und sprang, so weit ich konnte, auf mein Boot zu, das inzwischen etwa zwanzig Meter entfernt war. Mit jeder neuen Welle vergrößerte sich der Abstand. Mein Rettungsanzug machte jede Bewegung schwerfällig, doch mit dem Mut der Verzweiflung und nach einem Kraftakt fand ich mich neben dem Bootsrumpf und weit von der Schraube entfernt wieder. Ich kletterte mühsam an Bord, machte eine zweite Leine fertig und warf sie den anderen zu. Abermals befestigte Charlie die Leine an seinem Boot. Ich blieb in meinem Boot, und fuhr im Rückwärtsgang, bis die Leine straff gespannt war. Charlie und Bryn bückten sich, und mit der nächsten aufsteigenden Welle wurde das Boot herumgeworfen.

Charlies Außenborder wollte einfach nicht anspringen, so nahm ich die anderen ins Schlepptau. Extrem langsam fuhren wir zur *Benjy B.* zurück, wo uns bald die Crew sicher an Bord holte und mit Bechern heißen Tees versorgte.

Bryn war ungewöhnlich schweigsam. Der Zwischenfall hatte einen nachhaltigen Eindruck auf ihn gemacht, obwohl er damals kaum etwas sagte. Seine wichtigste Kamera und sein Lieblingsobjektiv waren verloren. Schwerer wog jedoch, daß seine innere Ausgeglichenheit erschüttert war, und das war kaum verwunderlich. Er wirkte angespannt, als ich ihm ein paar Stunden später einen Vorschlag machte.

„Bryn, würde es dir etwas ausmachen, selbst mit einem dritten Boot den Yukon hinaufzufahren?"

Bryn war von dieser Aussicht anscheinend nicht sonderlich erbaut. Er beabsichtigte, die Flußfahrt, so gut er konnte, fotografisch zu dokumentieren. Und das war seiner Meinung nach nicht möglich, wenn er sich wie wir um ein Boot kümmern und die ganze Zeit eine Hand an der Pinne haben mußte.

Meine Motive waren ganz eigennützig. Ich wollte die kostbare Zeit aufholen, die wir verloren hatten. Gewicht ist auf kleinen Schlauchbooten ein entscheidender Faktor: ein paar Pfund können den Ausschlag geben, ob man durchs Wasser „gleitet" oder sich dahinschleppt. Obwohl Bryn die Idee sichtlich nicht behagte, drängte ich ihn, und freundlicherweise beschwerte er sich nicht.

Sofort lieh ich von Anto ein uraltes Schlauchboot aus, das bereits einige Beschädigungen hinter sich hatte und flickenübersät war. Nun mußten wir noch eine weniger gefährliche Anfahrtsroute zur Yukonmündung finden. In dieser Nacht stellten wir Funkkontakt zu einer Lastkahnfirma in Alaska her, die uns riet, eine weiter nördlich gelegene Yukonmündung auszuprobieren. Es war der sogenannte Apoon Pass.

Wir beschlossen, bis knapp sechzig Seemeilen östlich des Passes zu fahren und vor der Whale-Insel zu ankern. Dann brauchten wir mit den Schlauchbooten nur vier Seemeilen in geschütztem Gewässer bis zum Hafen von St. Michael zurückzulegen, wo wir Rat einholen konnten, wie wir am besten die Küste entlang bis zum Apoon fuhren.

Am 3. Juli erreichten wir in aller Frühe die Whale-Insel und gingen erneut von Bord.

Die Fahrt auf dem Yukon

St. Michael war ein windumtoster Ort mit grasigem, wasserdurchtränktem Boden und ein paar Holzhäusern, die mit Laufplanken untereinander verbunden waren. Früher einmal war es ein blühendes russisches Dörfchen gewesen – überhaupt trugen die meisten Eskimo russisch klingende Namen. Doch dann hatten die Zaren Alaska an die Amerikaner verkauft, und nun glich der Ort einer Geisterstadt.

Der einheimische Treibstoffhändler schlug vor, wir sollten der Küste nach Westen bis zum Apoon Pass folgen und dann flußaufwärts bis zum Dorf Kotlik fahren. Er bot uns an, uns mit seinem Boston Whaler, einem den alten Walfangbooten nachgebauten Boot, zu führen. Dieses Boot war 1,50 Meter länger als die Schlauchboote und etwa genauso breit. Es war ebenfalls offen, hatte aber den großen Vorteil, daß es einen festeren Heckspiegel besaß, an dem man zwei Außenbordmotoren anbringen und so die Schubkraft verdoppeln konnte. Allerdings war es so schwer, daß zwei Mann es weder an Land ziehen, geschweige denn über Untiefen oder Felsen tragen konnten.

Die Russen in Alaska

Am 11. August 1728 entdeckte Vitus Jonassen Bering, ein dänischer Seefahrer, der im Dienst der Marine des russischen Zaren stand, die später nach ihm benannte Meeresstraße zwischen Asien und Amerika. 13 Jahre später lief er mit zwei Schiffen zu einer weiteren Entdeckungsfahrt in jene Region aus und sichtete am 16. Juni 1741 die Südküste Alaskas. Mit diesem Tag begann das russische Zeitalter des heute nördlichsten Bundesstaates der USA.

Nachdem die Nachricht von Berings Entdeckung in Rußland eingetroffen war, strömten scharenweise Kaufleute und Jäger in den äußersten Nordwesten Amerikas. 1784 gründete Grigori Schelechow die erste russische Siedlung an der Three-Saints-Bucht auf der Insel Kodiak. Der lukrative Pelzhandel ließ die kleine Siedlung aufblühen, und 1799 verlieh Zar Paul IV. der Russisch-Amerikanischen Handelsgesellschaft das Monopol zur Ausbeutung und Verwaltung der russischen Kolonie jenseits der Beringstraße.

Die internationale Konkurrenz schlief freilich nicht. Insbesondere Großbritannien befürchtete, daß die Besetzung Alaskas nur der erste Schritt zur Eroberung der kanadischen Arktis sei. Doch den Russen ging es ausschließlich um die Ausbeutung Alaskas, und als die wertvollen Pelztierbestände durch Jäger

▲ In Alaska findet man vielerorts russisch-orthodoxe Kirchen – Überbleibsel der russischen Ära, die 1867 zu Ende ging.

und Fallensteller vernichtet worden waren, verlor der Zar das Interesse an seiner amerikanischen Besitzung und verkaufte sie 1867 an die USA – für ganze 7,2 Millionen Dollar, zweifellos ein schlechtes Geschäft für die Russen.

Die Küstenfahrt entwickelte sich zu einer langsamen, nassen und kalten Angelegenheit, denn westlich des schützenden Vorgebirges von St. Michael gerieten wir in das aufgewühlte Beringmeer. Obwohl es nur etwa siebzig Seemeilen waren, dauerte es vom 3. Juli um Mitternacht bis weit in den nächsten Tag hinein, bis wir Kotlik erreichten. Bei der Ankunft waren wir klatschnaß, steif und kalt. Das ließ für die Zukunft nichts Gutes ahnen. Hier waren Wasser und Luft vergleichsweise warm, in der Nordwestpassage jedoch lagen beide nahe dem Gefrierpunkt. Ich entschloß mich, nach der Fahrt auf dem Yukon vom Schlauchboot auf einen Boston Whaler umzusteigen, wie unser Führer ihn besaß. Es war mehr eine Sache der Intuition als der Überzeugung. Naß würden wir in beiden Bootstypen. Ich wägte die höhere Geschwindigkeit des Whalers gegen die Transportierbarkeit der Schlauchboote ab. Der Whaler gewann um eine Nasenlänge.

Die beiden neuen Schlauchboote mochten für den Yukon ausreichen, aber Antons altes Boot hatte größere Reparaturen nötig. Deshalb ließ ich es in Kotlik bei einem Polizisten mit den Befugnissen eines Sheriffs zurück. Statt dessen besorgte ich ein leichtes Aluminiumboot mit flachem Boden. Ich gab Bryn mein Schlauchboot und packte meine eigenen Sachen in das Aluminiumboot.

Der Polizist verfügte über ein Funktelefon, und ich bat ihn, damit Ginnie anrufen zu dürfen, die sich in der Klondike Lodge knapp östlich von Dawson City aufhielt. Die Lodge war ein kleines Hotel, kombiniert mit einer Reparaturwerkstatt für Lastwagen. Ginnie machte dort gegen Kost und Unterkunft die Betten, wusch ab und bediente in der Teestube. Ich bat sie, einen Boston Whaler mit zwei Außenbordern zu besorgen und innerhalb von zwanzig Tagen nach Inuvik zu befördern. Weil wir uns den Kauf dieser vielen zusätzlichen Ausrüstungsgegenstände nicht leisten konnten, mußte sie Sponsoren auftreiben, die die Kosten für das Boot, die Motoren und den Transport nach Nordkanada übernahmen. Dieser umfangreiche Auftrag schien Ginnie nicht im geringsten aus der Ruhe zu bringen.

Das Glück war uns hold, denn im Yukon war gerade die Lachswanderung in vollem Gang, ein Ereignis, das den Eskimo, die Netze und ein Boot oder Fischreusen besaßen, mehr Geld einbrachte als andere Aktivitäten. Deshalb war die Fischfangstation von Kotlik offen. Die Fischer ließen uns bei sich auf dem Fußboden schlafen und versorgten uns mit Waffeln und Kaffee.

Wir standen früh auf. Der Regen hatte aufgehört, und als wir Kotlik verließen, liefen die Boote gut. Auf beiden Seiten trat der Wald näher ans Ufer, bis wir an einen größeren Seitenarm des Yukon, den Kwikpak, gelangten. Er führte zu zahlreichen

▲ Der Autor wurde stolzer Besitzer eines Boston Whaler, der den Schlauchbooten an Schnelligkeit überlegen war.

bewaldeten Inseln, wo sich der Fluß, der so kurz nach dem jährlichen Tauwetter braun und mächtig strömte, stellenweise auf über 3200 Meter verbreiterte.

Wir genossen den Frieden, die wilde Landschaft und den Anblick von Füchsen, Bären und Flußvögeln. Unser besonderes Augenmerk galt Sandbänken und treibenden Baumstümpfen. Die Kilometer glitten dahin. Ohne zu schlafen, kamen wir in der Dämmernacht voran und legten 240 Kilometer zurück. Doch bei der Ankunft in der Flußsiedlung Marshall hinkten wir unserem Zeitplan noch immer eine Woche nach.

Scheinbar endlose Stunden kämpften wir gegen eine sieben Knoten starke Strömung, bis wir an einem stürmischen Morgen, etwa 24 Kilometer vor Holy Cross, in ein langes, schmales, auf beiden Ufern dichtbewaldetes Tal fuhren. Weder sahen wir Boote auf dem Wasser, noch gab es ein anderes Zeichen von Leben. Mitten in der Lachswanderung war das schon etwas merkwürdig.

Am Eingang zum Tal schmiegte sich ein Fischerdorf der Eskimo an ein Ufer, die Flußboote lagen auf dem kiesigen Rand. Zwei Männer sahen uns vorbeifahren. Ich winkte, aber es kam keine Reaktion.

▲ Einmal im Jahr wimmelt es im Wasser des Yukon von wandernden Lachsen, die den einheimischen Fischern eine überaus reiche Beute bescheren.

Dann begann das Wasser plötzlich zu wirbeln, in jeder Biegung schlugen kleine Brecher an die Felswände. Als ich vorsichtig weiter in das Tal vorstieß, schwappte eine Woge gegen mein Boot, ich verlor das Gleichgewicht und fiel beinahe von meinem Platz an der Pinne. Die Wellen schnellten förmlich aus dem Wasser. So etwas hatte ich, außer in gewaltigen Stromschnellen, noch nie gesehen. Ich steuerte schleunigst das nächstgelegene Ufer an, doch leider war dies der Prallhang, die Flußseite mit der größeren Fließgeschwindigkeit.

Als ich mich dem Ufer näherte, stürzte eine Kiefer um und fiel krachend in den Fluß, dann noch eine, und gleichzeitig brach ein ganzer Uferabschnitt herunter. Oberhalb des abgestürzten Ufers sah ich, daß sich der Wald, vom Unterholz bis zu den höchsten Wipfeln der Riesenkiefern, neigte und in heftige Bewegung geriet. Ein starker Wind wehte, doch auf dem Boot in meinem Kapuzenanzug verspürte ich nichts.

Ich hielt unschlüssig inne. Mein Boot konnte jede Minute unter einer herabstürzenden Kiefer verschwinden. An Land zu gehen kam nicht in Frage, ebensowenig der Versuch, flußabwärts zu fahren. Mein Boot schaukelte wie wild auf und ab.

Langsam bewegte ich mich vom Prallhang fort und wollte den Fluß, der an dieser Stelle rund 600 Meter breit war, diagonal überqueren. Vielleicht war es auf der anderen Seite besser. Doch um dorthin zu gelangen, mußte ich die Flußmitte passieren, wo die Turbulenzen am stärksten waren und die Wellen so dicht aufeinanderfolgten, daß mein Boot gerade erst mit einer Welle nach unten stieß, während die nächste bereits schäumend über mich hinwegraste. Die Wellen waren zwar höchstens 1,50 Meter hoch, doch ihre Beschaffenheit, Stärke und dichte Folge machten jedes Boot zu einer Todesfalle. Nur ein kleiner Fehler an der Pinne, und das schlickige Wasser, das bereits 25 Zentimeter hoch um meine Füße schwappte, würde sich um die kritische Menge erhöhen, und ich würde innerhalb von Sekunden sinken.

Bevor die nächste Welle mein schlingerndes Boot überspülen konnte, gab ich Vollgas und fuhr unmittelbar in den Strudel in der Flußmitte. Ob es einfach nur Glück war oder ob mich die Form der Wellen rettete, weiß ich nicht. Jedenfalls schoß kein Wasser mehr ins Boot. Meistens war es wie Wellenreiten entlang der Vorderseite eines Brechers, dann kam ein steiler Abhang und ein Satz zur Seite, wenn die erste Welle unter mir durchlief und die nächste sich gegen die kleine Blechhülle warf.

Allmählich ließen die Wellen nach. Vor mir konnte ich zwischen den Wellen und dem leewärts gelegenen Ufer eine von Sand gesäumte, ruhige Wasserspur erkennen. Bryn und dann Charlie tauchten wie bockende Wildpferde aus den Wellen auf.

In dieser Nacht rasteten wir in Holy Cross, und der Inhaber des Gästehauses meinte, wir hätten Glück, noch am Leben zu sein. Wir waren bei einer Windgeschwindigkeit von mehr als siebzig Knoten gefahren.

„Früher hätten sich nicht einmal Raddampfer bei solchem Wetter aufs Wasser gewagt", sagte er. „Die Funktelefone am ganzen Fluß sind heißgelaufen. Als ihr an den Hütten in Paimut vorübergefahren seid, hielten euch alle für verloren." Er machte eine Pause und fügte mit leisem Lachen hinzu: „Trotzdem sind wir froh, daß ihr es bis zur Lodge geschafft habt. Das Geschäft lief in der letzten Zeit nicht so gut."

Goldgräber

Tagelang fuhren wir quer durch Alaska flußaufwärts bis zur kanadischen Grenze. Namen wie Debauch Mountain (Berg des Verderbens) und Old Woman Cabin (Altfrauenhütte) beschworen die Atmosphäre längst vergangener Zeiten herauf, oft aber sahen wir nichts als ein paar verlassene Hütten zwischen den Bäumen und eine Wildnis aus bewaldeten Hügeln und überwucherten Bachläufen.

Durch stundenlanges Fahren versuchten wir, die verlorene Zeit aufzuholen, aber immer wieder hielten uns Pannen auf. In Tanana setzte ich mich mit Ginnie in Verbindung und bat sie, den Landrover samt Anhänger bis zum 15. Juli an die einzige Brücke über den Yukon zwischen dem Meer und Dawson City zu bringen. Wenn auch wir bis dahin dort eintrafen, konnten wir es auf dem Landweg noch bis zum 16. Juli nach Dawson City schaffen und hatten eine reelle Chance, rechtzeitig in die Nordwestpassage aufzubrechen. Seit dem 1. Juli hatten wir mit unseren Booten weit über 1600 Kilometer zurückgelegt, und dieses Tempo mußten wir nun beibehalten, wenn wir die Beaufortsee erreichen wollten, solange sie eisfrei war. Selbst eine einwöchige Verzögerung konnte uns ein Jahr kosten.

Für Ginnie war die Fahrt über die Bergpässe lang und anstrengend, doch alles verlief planmäßig, und wir verkauften das Aluminiumboot an der Yukon-Brücke an einen Einheimischen. Nach dem Aufladen der Schlauchboote und unserer Ausrüstung starteten wir nach Dawson City, und am 16. Juli, um Mitternacht, meldeten wir der Königlich-Kanadischen Berittenen Polizei, den Mounties, unsere Ankunft.

Das Team fuhr durch eine abgelegene, wilde Landschaft flußaufwärts. ▼

Früher einmal patrouillierten Mounties mit Hundeschlitten die 690 Kilometer lange Strecke von Dawson City an die Nordküste. 1911 hatte man einen gewissen Corporal Dempster auf die Suche nach einer verirrten Patrouille geschickt. Nach einer extrem harten Fahrt hatte er die Leichen der Erfrorenen gefunden, weshalb der 1979 neben der alten Strecke gebaute Highway seinen Namen trägt. Der Bau der einzigen Straße auf dem nordamerikanischen Kontinent, die über den Polarkreis nach Norden vorstößt und ursprünglich für die Ölarbeiter angelegt wurde, war in diesem Permafrostgebiet eine bemerkenswerte Leistung: im Winter ist sie meistens unter Schnee begraben und im Sommer oftmals wasserdurchtränkt.

Mein Plan, sofort nach Norden aufzubrechen, wurde um vier Tage verzögert, denn Stürme hatten die Straße teilweise zerstört. Während wir darauf warteten, daß sie wieder passierbar wurde, besichtigten Ginnie, Charlie, Bryn und ich die Sehenswürdigkeiten von Klondike, dem Schauplatz des größten Goldrauschs der Welt. Noch immer schürfen hier hoffnungsvolle Goldsucher, doch sie sind längst nicht mehr so erfolgreich wie früher. „Diamond Tooth Gertie's Saloon" mit seinen Black-

Die Tage des Goldrauschs von Klondike mögen längst vergangen sein, doch in „Diamond Tooth Gertie's Saloon" in Dawson City im Yukon Territory wird noch immer Cancan getanzt. ▶

jack-Tischen, Cancan-Tänzerinnen und Angebern in Cowboyklamotten ist nach wie vor ein Renner, und außerhalb von Dawson City ist die Landschaft mit den faszinierenden Überresten aus der Zeit des Goldrauschs übersät.

Endlich kam die Nachricht, daß die Straße wieder befahrbar sei, und wir machten uns auf die Fahrt nach Inuvik im Norden. Die Strecke schlängelte sich durch ein unberührtes Gebiet mit hügeligen Wäldern und sprudelnden Bachläufen. Schließlich kamen wir an dem nach Norden fließenden Mackenzie an, den wir in aller Frühe mit der Fähre überquerten. Dann fuhren wir weiter nach Inuvik, einer Kleinstadt, die sich etwa 160 Kilometer vom Meer entfernt an das östliche Flußufer schmiegt.

Dort trafen wir Simon wieder, der mit dem Boston Whaler eingeflogen worden war.

Er ließ das Boot auf dem Mackenzie zu Wasser. Dann starteten Charlie, Ginnie und ich in Richtung Meer, und Bryn folgte in einem der Schlauchboote. Simon nahm die gesamte Ausrüstung für das Basislager auf der Flußfähre mit. Nur den Landrover und den Anhänger konnten wir nicht mitnehmen.

Als wir am Nachmittag des 24. Juli in den Hafen von Tuktoyaktuk an der Nordwestpassage einliefen, hatten wir unseren Zeitplan eingeholt. Nun verließ uns Bryn. Das Rennen gegen die Zeit war insofern nützlich gewesen, als wir die Boote bis an die Grenze ihrer Leistungsfähigkeit testen konnten. Wir hatten in verhältnismäßig zivilisierter Landschaft Erfahrungen gesammelt, die uns nun an der öden, zumeist unbewohnten Küste zustatten kamen.

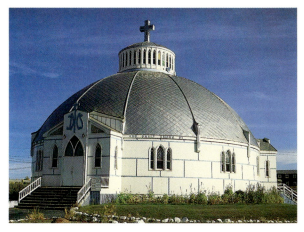

▲ Diese Kirche im Iglustil befindet sich in der Kleinstadt Inuvik am Ufer des Mackenzie.

Von Tuktoyaktuk wollten wir 3000 Seemeilen über eisige Gewässer zurücklegen und eine trostlose Inselgruppe durchqueren, die nur von ein paar Inuit und den Besatzungen der isoliert liegenden Frühwarn-Radarstationen bewohnt wurden. Vier Jahre lang hatte ich mich schriftlich an die kanadischen und amerikanischen Streitkräfte auf diesen Posten gewandt und die Genehmigung beantragt, ihre Stationen als Basis benutzen zu dürfen. Nach langem Hin und Her hatten sie sich bereit erklärt, Treibstoff und Verpflegung für uns zu lagern, vorausgesetzt, wir würden selbst für den Transport zu den Stationen sorgen. Nordair, die Tochtergesellschaft der Air Canada, die für die Versorgung der Stationen zuständig ist, stimmte zu, unsere Ausrüstung kostenlos dorthin zu fliegen, und das hatte sie im Juni erledigt.

Weil wir zwischen den Außenposten der Frühwarnstationen keinerlei Nachschub erhalten würden, mußten wir sorgfältig zusammengestellte Ersatzteile, genau die richtige Menge Treibstoff und ausreichende Verpflegung für jede Etappe mitnehmen.

Bereits 1977 hatte Dr. George Hobson vom Polar Continental Shelf Project (PCSP), einem Forschungsprojekt der kanadischen Regierung, uns erlaubt, seine Hütten in Alert für unsere Trainingsfahrt zu nutzen. Nun stellte er uns Einrichtungen an seinen drei größten Basen im Norden zur Verfügung, in Tuktoyaktuk, Resolute und im alten Camp in Alert. Auch war er bereit, Treibstoffdepots anzulegen, sofern sich diese in Reichweite seiner Twin Otters befanden. Und Ginnie und Simon konnten sich auf den jeweiligen Basen aufhalten und die Funkfrequenzen des PCSP benutzen.

Ich bat einen Lastkahnkapitän mit 16jähriger Erfahrung in dieser Region um Ratschläge für die Navigation. Er sah mich scharf an: „Sie sind ja verrückt! Vielleicht können Sie nach den Wracks der anderen Verrückten navigieren, die das versucht haben. Es gibt genug davon."

Am 26. Juli verabschiedeten wir uns von Ginnie und Simon. Ginnie sagte, sie werde in Richtung Resolute fahren, sobald meine Funksignale schwächer würden. Innerhalb von 35 Tagen würden wir nicht nur die 3000 Seemeilen der Nordostpassage bewältigen müssen, die normalerweise drei Saisons dauert, sondern hatten zusätzliche 500 Seemeilen nach Norden zurückzulegen, um in eine Gegend zu kommen, von der aus unser arktisches Winterquartier mit Skiern erreichbar war, bevor das neue Eis auf dem Meer zufror und uns zwang, den Whaler zurückzulassen.

▲ *Komager*, Lappenstiefel aus Nordnorwegen, mit den typischen, nach oben gebogenen Spitzen

Diese Schneebrille der Inuit mit den engen Schlitzen schützt den Träger vor der intensiven UV-Strahlung. ▶

Heute bevorzugen die meisten Polarforscher Bekleidung aus synthetischen Materialien. ▼

▲ Robbenfell wird vor der Verarbeitung gedehnt – eine der alten Techniken, die bis heute in Grönland gepflegt werden.

▲ Robert Falcon Scotts Expeditionsbekleidung: zuoberst wasserdichter Gabardine, darunter mehrere wärmende Schichten

▲ Haute Couture der Alaska-Inuit: Mäntel und Stiefel, die nicht nur vor Frost und Wind schützen, sondern auch reich verziert sind

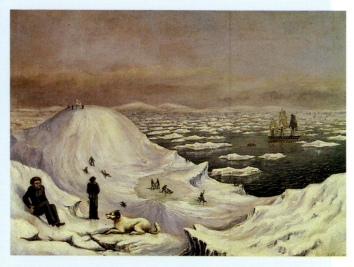

▲ 1840 mußten amerikanische Forscher im Südpolargebiet erleben, daß die Wollkleidung, mit der sie ausgerüstet worden waren, nur unzureichend Schutz vor dem extremen Klima bot.

Richtig gekleidet für die Polargebiete

Warme, wasser- und winddichte Kleidungsstücke sollte man in den Polargebieten tragen. Die Kleidung muß gleichzeitig aber auch leicht sein, um die Bewegungsfähigkeit nicht allzusehr einzuschränken.

Diese Grundregeln wurden bei den ersten Polarexpeditionen oft nicht beachtet; viele Teilnehmer bezahlten dafür mit schlimmen Erfrierungen oder gar mit dem Tod. Der norwegische Polarforscher Roald Amundsen widmete daher gerade der Kleidung seine besondere Aufmerksamkeit und ließ sich bei der Auswahl vor allem von der traditionellen Kleidung der arktischen Völker leiten. Anzüge aus Rentierfell mit Besätzen aus Vielfraßpelz boten hervorragenden Schutz; mit einem Gewicht von etwa drei Kilogramm wog ein solcher Anzug nur halb soviel wie ein Anzug aus Wolle. Statt der herkömmlichen Lederstiefel, die bei strengem Frost rissig wurden und so die Erfrierungsgefahr erhöhten, setzten sich *Finneskoes* durch – Robben- oder Rentierlederstiefel.

Der britische Antarktisforscher Robert Falcon Scott war dagegen ein überzeugter Anhänger des „Zwiebelschalenprinzips": Er zog stets mehrere Schichten locker sitzender Kleidungsstücke an, dicke Unterwäsche, darüber ein Flanellhemd, einen Pullover, eine Hose aus dickem Wollstoff, eine Pyjamajacke, einen Schal und einen Anzug aus wasserdichtem Gabardine. Lange Wollhandschuhe wurden absichtlich angefeuchtet, so vereisten sie und boten einen besseren Schutz gegen den Wind. Schneebrillen waren und sind ein unbedingt notwendiger Schutz gegen die vom Schnee reflektierte intensive UV-Strahlung; vervollständigt wurde das Ganze durch eine dichte, wollige Kamelhaarkapuze. Bei heutigen Besuchern stehen synthetische Materialien hoch im Kurs.

„Esquimaux" oder Inuit, im Jahr 1818 von einem Missionar gezeichnet. Ihre Kleider aus Pelz und Leder sind optimal an das Klima angepaßt. ▶

DIE NORDWESTPASSAGE

In den letzten zwei Jahrhunderten haben viele Menschen versucht, die Nordwestpassage zu bewältigen, und Hunderte kamen dabei ums Leben. Die Geschichten über Elend, Hunger, Kannibalismus und Tod, über Schiffbruch auf verborgenen Sandbänken in heftigem Sturm und vordringendem Eis sind zahllos.

Als wir mit dem Whaler genau nach Osten fuhren, stellte sich die Navigation als problematisch heraus, denn die Küstenlinie war flach wie ein Brett und unsichtbar, sobald uns flache Gewässer weiter auf das Meer hinaus zwangen. Es war, als sei die baumlose Tundra der Halbinsel Tuktoyaktuk gar nicht vorhanden. Doch da die Sonne zu sehen war, hielten wir Kurs, bis die Brecher vor dem Kap Dalhousie wie silbriger Schaum am Horizont glitzerten. Vorsichtig näherten wir uns der Südküste, denn es gab dort viele Untiefen und Brecher.

Nun steuerten wir die Frühwarnstation in der Nähe der Halbinsel Nicholson an. Kurz vor der Abenddämmerung fuhren wir langsam um eine flache, sandige Landzunge in eine geschützte kleine Bucht und setzten einen Funkspruch ab: „Kap Nicholson, hier ist Transglobe, können Sie uns hören?"

Wie aus der Pistole geschossen kam die Antwort: „Ihr müßt die Engländer sein. Wir kommen sofort zu euch runter."

Minuten später fuhr der Stationskommandant in seinem Jeep vor. Ja, unser Treibstoff und unsere Verpflegung seien angekommen und stünden bereit. Nein, er wolle uns nicht aus seinem Reich entschwinden lassen, ohne daß wir wenigstens eine Tasse Kaffee getrunken hätten. Wir waren fast die einzigen Besucher, die er je gehabt hatte, und in den wohnwagenartigen Hütten um die Frühwarnstation lebten verstreut nur neun Einwohner.

Ich stellte die Funkantenne auf und setzte mich mit Ginnie in Verbindung. Als ich auf der Tundra kniete und mit meiner Frau sprach, brüllte der Stationsboß plötzlich: „Ein Bär! Holen Sie Ihre Kamera! Jemand hat an der Müllkippe einen Grizzly gesehen."

Wir kletterten in den Jeep, und bald entdeckten wir den großen braunen Bären, der in der Tundra bemerkenswert gut getarnt war. Ich drängte den Fahrer, näher heranzufahren, denn der Bär befand sich nur zweihundert Meter vor uns. Wir gaben Gas, aber mit den 48 Kilometern pro Stunde, die unser Tacho anzeigte, gelang es uns nicht, das riesige Raubtier einzuholen. Eine ganze Minute lang hielt es unser Tempo, dann bog es von der Fahrspur ab und verschwand in sumpfigem Gelände, wohin ihm der Jeep nicht folgen konnte.

▲ Der Grizzly ist eines der furchterregendsten Lebewesen des hohen Nordens. Er besitzt ungeheure Kraft und wird sehr wild, wenn man ihn reizt.

Die nächste Frühwarnstation lag so weit entfernt, daß wir sie auch mit der größtmöglichen Treibstoffladung nicht erreichen konnten, es sei denn, wir fuhren geradlinig und in gehöriger Entfernung von der Küste. Da wir jedoch nur einen Handkompaß hatten, war es sicherer, wenn wir uns dicht an die Küste der Franklin Bay hielten, obwohl sie tief nach Süden einschnitt und uns von unserem östlichen Kurs abbrachte. Damit wir unser Ziel erreichten, hatte die Twin Otter des PCSP zwei zusätzliche Fässer Treibstoff auf einer kiesbedeckten Landzunge südlich der Baillie-Insel abgeladen.

Vierzig Seemeilen schaukelten und rollten Charlie und ich durch die aufgewühlte See, und auf jedem Wellenkamm sprühte die Gischt über uns hinweg und durchnäßte uns. Das Land östlich von uns lag unter einer undurchdringlichen Nebeldecke, schließlich aber hörten wir, wie sich die Wellen brachen, und vermuteten, daß dort die Landzunge lag. Von Osten zu landen, wo unsere Fässer lagen, war nicht möglich, die Boote wären innerhalb weniger Minuten voll Wasser gelaufen. So schoben wir uns langsam bis zur Spitze der Landzunge vor in der Hoffnung, daß die Bedingungen auf der Leeseite besser waren. Doch auch hier war der Seegang für eine Landung noch zu heftig, und so warf Charlie unseren leichten Anker aus. Ich nahm zwei leere Kanister, einen Faßöffner und eine Treibstoffpumpe und stieg über Bord in die Brandung. Während Charlie das Boot knapp jenseits der Brecher zurückhielt, watete ich an Land. Dann warf er mir weitere zwölf Kanister nach, die mit der Brandung ans Ufer schwammen. Drei Stunden später hatte ich es geschafft, alle 14 mit Treibstoff, der richtigen Menge Öl und ohne allzuviel Flugsand gefüllten Kanister wieder an Bord zurückzubringen.

In der Franklin Bay fielen Wind und Wellen mit voller Wucht über den kleinen Whaler her. Bei einer mechanischen Panne wären wir wahrscheinlich erledigt gewesen, denn auf den nächsten 45 Seemeilen bestand die Küste aus einem durchgehenden Wall von zwölf bis dreißig Meter hohen Klippen.

Der Himmel verdüsterte sich, die Wellen wurden höher und schwappten immer regelmäßiger ins Boot. Wir waren klatschnaß und klapperten mit den Zähnen. Mit jeder Welle, die über uns hinwegfegte, strömte Salzwasser durch die Gesichtsöffnungen unserer gummibeschichteten Überlebensanzüge, rann am Rücken, an der Brust und den Beinen hinab und sammelte sich in langsam ansteigenden Pfützen in unseren wasserdichten Stiefeln. Die Kleidung unter unseren Anzügen war bald völlig durchnäßt. Je höher die Wellen gingen, desto langsamer kamen wir voran.

Dann sahen wir zu unserer Verwunderung Feuer vor uns durch die Düsternis leuchten. Die Klippen standen in Flammen, und ein beißender Geruch nach Chemikalien hing in der Luft. Schwefelablagerungen, die ständig brannten, glühten rot und orangefarben. Dantes Inferno – was fehlte, waren Teufel mit Mistgabeln und die Schreie der brennenden Verdammten.

Mit den schwelenden Klippen über der tosenden Brandung und dem zunehmenden Wind wurde mir klar, daß wir einen geschützten Ort finden mußten, der uns Zuflucht vor diesem Sturm bot. Ich kletterte auf den Bug und hielt nach einer Lücke in den brodelnden, weiß schäumenden Brechern Ausschau. Eine Stelle war zu erkennen, wo es nicht ganz so wild wirbelte, und ich zeigte Charlie die ungefähre Richtung an.

Einen Augenblick lang herrschte das reine Chaos, als wir wie ein Korken mit den Brechern auf und ab hüpften. Dann hatten wir die Stelle hinter uns und gelangten in einen Kanal, der kaum breiter war als das Boot. Fast sofort fraßen sich die Schrauben in den Schlick. Charlie stellte die Motoren ab, und ich stakte das Boot mit einem Ruder voran. Nun war es verhältnismäßig still um uns, eine wohltuende Stille. Nur das Brüllen der Wellen, die gegen die engen Wände der Lagune prallten, war noch zu vernehmen. Sofort schlugen wir unser Lager auf dem Kies auf. Trotz des Nieselregens machten wir ein Feuer aus Treibholz und stiegen dankbar aus den nassen Anzügen.

Auf dem Weg in die Meerengen

In der Morgendämmerung umhüllte trüber Nebel unser Zelt. Wir zogen unsere nassen Anzüge wieder an und stapften eine Stunde lang auf dem Kies auf und ab, um warm zu werden. Die Fahrt auf die andere Seite der Franklin Bay schätzte ich auf dreißig Seemeilen. Der Wind hatte sich über Nacht gelegt, es wehte eine leichte Brise, nur der vom Sturm aufgeworfene Wellengang war geblieben. Wir brachen in östliche Richtung auf. Nach einer Stunde war jedoch in keiner Richtung Land in Sicht. Zwei Stunden später tauchten am nebligen Horizont verschwommene dunkle Flecken auf. An den Ostflanken der Franklin Bay hingen Eistrümmer. Dieses Eis war in den Untiefen auf Grund gelaufen und würde in den nächsten vier Wochen langsam schmelzen, bis die Seerinnen in der Passage bei Wintereinbruch wieder zufroren.

Wenn wir dort waren, wo wir meiner Meinung nach sein mußten, bewegten wir uns langsam zwischen den Inseln Booth und Fiji in die Cow Cove hinein. Die blasse Sonne

Alarm aus der Arktis

Militärische Einrichtungen gibt es fast überall auf der Welt, sogar in den Eiswüsten des hohen Nordens. Die Arktis war jahrzehntelang einer der Hauptbrennpunkte des kalten Krieges, mit zahlreichen Stützpunkten der sowjetischen Atom-U-Boot-Flotte am östlichen und dem tiefgestaffelten Luftverteidigungssystem Kanadas und der USA am westlichen Ufer des Eismeers.

Seit Anfang der 50er Jahre wurden in der nordamerikanischen und grönländischen Arktis mehr als dreißig Frühwarnstationen zum Schutz vor sowjetischen Überraschungsangriffen errichtet. Bis heute sind diese Stationen mit Militärpersonal besetzt, das den Luftraum mit Radarsystemen nach Raketen und Flugzeugen absucht.

Heute werden verstärkt technisch hochentwickelte Satelliten- und Radarsysteme mit größerer Reichweite zur Überwachung eingesetzt. Das in Alaska, Grönland und Skandinavien stationierte komplexere Frühwarnsystem für Fernlenkwaffen kann heute auch Raketen mit nuklearen Sprengköpfen orten. Die in der Arktis installierten Alarmanlagen sind also auch nach dem Ende des kalten Krieges nicht überflüssig geworden. Zugleich erfüllen die an den entlegensten Orten errichteten Frühwarnstationen auch eine wichtige zivile Aufgabe: Sie beobachten das Wetter und liefern meteorologische Daten an die Weltwetterzentralen.

▲ Kein UFO, sondern ein Relikt aus der Zeit des kalten Krieges: eine Frühwarnstation auf dem grönländischen Inlandeis. Sie sollte die USA ursprünglich vor sowjetischen Raketenangriffen schützen.

sandte einen Lichtstrahl durch den Nebel und ließ die Radarkuppel und die Masten der Frühwarnstation Kap Parry aufleuchten. Wir waren auf dem richtigen Kurs.

Der Stationskommandant bestand darauf, daß wir für eine Mahlzeit und eine Übernachtung blieben. Ich nahm das Angebot dankend an, weil ich wußte, daß dies für die nächsten 400 Seemeilen unser letzter „sicherer" Rastplatz sein würde. Das ging aus einem Rat von John Bockstoce hervor, der reiche Kenntnisse über Fahrten an der Küste der Nordwestpassage besaß. „Haltet nicht zwischen Kap Parry und Lady Franklin Point. Dort gibt es keinen Schutz für ein Boot, das zu schwer ist, um ans Ufer gezogen zu werden." Doch die Cow Cove sah passabel aus. Die Hügel würden das Boot vor dem herrschenden Ostwind schützen. Der Whaler wäre gut aufgehoben, wenn wir ihn mit dem Heck nach außen vor Anker legten und mit einer vom Bug ausgehenden Vorleine an einem Felsen auf dem Strand festmachten.

In der warmen Basis schliefen wir gut, ohne zu merken, daß der Wind über Nacht umsprang und nun von Westen pfiff. Als wir in die kleine Bucht schlenderten, sahen wir eine heftige Brandung auf den zuvor geschützt liegenden Strand donnern. Der Anker hatte sich losgerissen, so daß der Whaler querab zum Strand schaukelte. Der Rumpf scheuerte über den Kies, und Wasser schwappte über das Gepäck im Bootsinnern und in die Luftlöcher des Treibstofftanks.

▲ Im Sommer schmilzt das Küsteneis in der kanadischen Arktis zum größten Teil und läßt am Uferbereich gestrandete Eisschollen zurück.

Zwei Tage lang trockneten wir unsere Sachen, wobei wir die elf Bewohner des Camps kennenlernten. Jede Basis bestand aus einer großen, igluförmigen Radarkuppel und vier nach Norden, zur UdSSR ausgerichteten Radarantennen. Die Einrichtung des aus 31 Stationen bestehenden Netzes – 21 in Kanada, sechs in Alaska und vier in Grönland – hatte den Zweck, rechtzeitig vor einem Überraschungsangriff durch Bomber oder Flugkörper über den Nordpol hinweg zu warnen. Sie sollten eigentlich nur zehn Jahre lang bestehen bleiben, waren aber nach 25 Jahren noch im Einsatz, obwohl Satelliten dieselbe Arbeit leisten konnten. Die Stationen, die wir besuchten, wurden von Kanadiern betrieben, die täglich Wettermeldungen und Radarwerte an das Nordamerikanische Luftverteidigungskommando in Colorado Springs weitergaben.

Am 30. Juli fuhren wir bei einem westlichen Wind von zwanzig Knoten nach Osten auf die Meerengen der Dolphin-und-Union-Straße zu. 36 Stunden pflügten wir ohne Pause nach Osten und sahen nur Eisschollen, die am Strand auf Grund gelaufen waren. Durch die ständige Nässe war es uns bald kalt. Auch wurden wir entsetzlich müde, weshalb wir sangen oder uns etwas zuriefen, um die Müdigkeit abzuwehren. Wir hatten fest vor, an dieser öden Nordküste, die keinerlei Schutz vor Wind und Wetter bot, keinen Zwischenstopp einzulegen. Die Abende waren mild und voll wilder Schönheit, die rote Abenddämmerung verwandelte sich übergangslos in eine purpurfarbene Morgendämmerung. Nacht wurde es nicht. Doch der Winter kündigte sich an. Schon strich die Mitternachtssonne sanft über die Meeresoberfläche.

Auf 340 Seemeilen standen wir zwischen Steuer und Treibstoffkanistern eingepfercht. Wir schlängelten uns zwischen unzähligen Inselchen hindurch, überquerten den engen Kanal zur Victoria-Insel und ließen erstmals das kanadische Festland hinter uns. Am 1. August kamen wir am Standort der Frühwarnstation in Lady Franklin Point an und machten den Whaler in einer geschützten Bucht fest.

Weiter östlich peitschten tagelang heftige Stürme das Wasser auf, als unsere Fahrt an Kaps aus bizarren roten Lavakuppeln und geriffelten schwarzen Gesteinssäulen vorbeiführte. Kräftiger Regen prasselte aus einem düsteren Himmel. Ich dachte voller Staunen an unsere Vorgänger, die sich vor hundert Jahren ohne Kartenmaterial durch diese Meerenge gewagt hatten. Über hundert von Sir John Franklins Leuten waren hier umgekommen. Die Bezeichnungen der Landmarken lassen auf die Erfahrungen der Pioniere schließen: Cape Storm (Sturmkap), Starvation Harbour (Hungerhafen).

Am 6. August erreichten wir die Cambridge Bay, doch wir hatten noch nicht die Hälfte des Weges nach Alert geschafft. Dabei hatte uns John Bockstoce empfohlen, die Passage bis Ende August hinter uns zu bringen.

In Cambridge Bay, der ersten Inuit-Siedlung nach Tuktoyaktuk, erfuhren wir, daß unser Weg durch die Victoria-Straße höchstwahrscheinlich von Eis versperrt war, das vielleicht dort bleiben würde, bis das Meer in etwa vier Wochen wieder ganz zufror.

Die eingeschneite Kirche von St. George in der Inuit-Siedlung von Cambridge Bay ▼

Über Funk setzte ich mich mit Ginnie in Verbindung. Alles war eingepackt, und eine Twin Otter des PCSP sollte sie und Simon nach Resolute Bay, ihrer nächsten Basis viele hundert Seemeilen nördlich von uns, fliegen. Unterwegs wollten sie zum Auftanken in Cambridge Bay zwischenlanden. Ich fragte, ob sie mit mir einen Erkundungsflug in die östliche Cambridge Bay machen könnten, um herauszufinden, wieviel Eis sich gebildet hatte. Ich hatte Glück. Der Pilot der Twin Otter war Karl Z'berg, der im Jahr darauf für uns im Nordpolarmeer fliegen würde. Er wollte uns gern helfen.

Nachdem Karl am nächsten Nachmittag in Cambridge Bay gelandet war, erörterten wir die Lage. Wenn das Meer östlich von Cambridge Bay vereist war, mußten wir um die südliche und östliche Grenze der Eisblockade herumfahren. Eine so lange Strecke an einer gefährlichen Küste ohne Siedlungen und Frühwarnstationen erforderte ein zusätzliches Treibstoffdepot. Wir starteten fast sofort. 150 Seemeilen östlich von Cambridge Bay flogen wir über dicht gestaffelte Sandbänke und kleine Inseln. Eine sah lang, schmal und flach aus. „Die Perry-Insel." Karl zeigte auf die Karte. „Man soll hier ganz gut landen können. Wenn ihr nach Süden ausweichen müßt, liegt sie auf eurem Weg." Er sah mich fragend an, und ich nickte. Ein Treibstoffdepot an dieser Stelle wäre in diesem Fall ideal.

▲ Der Autor und Charlie besprechen mit Karl Z'berg, ihrem neuen Piloten, den weiteren Verlauf der Route.

Während wir kreisten, wurde mir klar, daß sich diese Stelle nicht für eine Bootsfahrt eignete. Hunderte von Inseln, Felsplatten und Sandbänke ragten aus dem Meer. Doch falls das Meer weiter nördlich vereist war, bot sie die einzige Alternative, es sei denn, wir nahmen ein Jahr Verzögerung in Kauf.

Karl flog dicht an die Schlamminsel heran und ließ die schweren Gummiräder kurz aufsetzen. Dann startete er durch, flog im Kreis und begutachtete die Radabdrücke. Wie naß war es? Beim siebten Aufsetzversuch landeten wir glatt und rollten drei Treibstoffässer an den Rand der Insel.

Karl überflog noch die kürzere nördliche Route: das Meer war zu zwei Dritteln von weißem Eis bedeckt. Die Jenny-Lind-Insel, unser Depot auf dieser Route, war bereits abgeschnitten. Wir brauchten nicht weiter nachzuforschen. Entweder schlugen wir die längere südliche Route ein, oder wir ließen es ganz.

Die Nordwestpassage hat uns im Griff

In Cambridge Bay trafen sich Ginnie, Simon und Bothie mit Karl und flogen nach Norden, um die Funkgeräte in Resolute Bay aufzubauen. Inzwischen beluden Charlie und ich den Boston Whaler mit unserer Ausrüstung und machten uns auf den Weg über die südliche Route, die ich kurz zuvor überflogen hatte. Jenseits der Bucht verdichtete sich der Nebel und machte jede Sichtnavigation unmöglich. Nicht gerade hilfreich war außerdem, daß die Sandbänke auf meiner Karte von dem Aufdruck MAGNETKOMPASS IN DIESER GEGEND NICHT VERWENDBAR verdeckt waren. Nur ein weißes Aufblitzen im Nebel, wo sich die Wellen brachen, und leichte Farbveränderungen im Meer wiesen auf Felsen unter der Wasseroberfläche hin.

Der Wind frischte auf und erreichte dreißig Knoten, doch nach wie vor lagerten dichte Nebelbänke über den Inseln und dem Festland. Man konnte nichts erkennen. Vorsichtig steuerten wir eine ruhige Bucht an und warteten eine Stunde. Im Osten tauchte flüchtig eine Landspitze aus dem Nebel auf, und wir brachen erneut auf. Auf einer Strecke von neun Seemeilen war die Küste flach und ohne besondere Merkmale. Ich legte Charlie ans Herz, sich dicht an die Küste zu halten, sonst konnte ich unsere Position nicht bestimmen. Wir kamen an Durchfahrten mit unzähligen Sandbänken, wo das Meer zwischen kahlen, wasserüberspülten Felssäulen brodelte. Stunde um Stunde hielt ich angestrengt Ausschau nach Landmarken am Ufer, doch es gab Hunderte von Inseln aller Größen und Formen, und die Küste war von einem Gewirr von Buchten, Fjorden und Inselchen zerklüftet. Mit sehr viel Glück überwanden wir die 130 Seemeilen dieser alptraumhaften Passage. Abends kam von Westen Sturm auf und ließ gewaltige Wellen über die Sandbänke und auf die Inseln rollen.

Obwohl wir nur zu gern das Depot mit den drei Fässern erreichen wollten, gebot uns die Vernunft, einen Unterschlupf zu suchen. Mein Ziel war eine längst verlassene Hütte der Hudson's Bay Company auf der Perry-Insel, etwa zwanzig Kilometer vor dem Depot. Wir fanden die Hütte, die hinter der Biegung eines Inselfjords verborgen lag, und verankerten das Boot vor dem hufeisenförmigen Strand.

24 Stunden lang hielt uns der Sturm auf der Insel fest. Draußen fiel wieder Schneeregen, in der Holzhütte aber war es gemütlich, mit Schlafsäcken auf dem Boden und Eimern unter den undichten Stellen im Dach. Unsere klatschnassen Bootsanzüge trockneten zwar kaum, dafür aber wir. Ich marschierte über bemooste Felsen bis zur Südseite der Insel und scheuchte eine Schnee-Eule mit einem Lemming im Schnabel und einen Gerfalken auf. Plötzlich traf ich auf ein Inuit-Dorf mit sechs Einraumhütten. Der Kies war übersät mit Robbenfellen, Bärenfellen, Karibugeweihen, zerbrochenen Schlitten und verrotteten Fischnetzen, aber niemand reagierte auf mein Rufen.

Obwohl der Sturm am 10. August noch immer nicht nachzulassen schien, lavierten wir uns zwischen Inseln hindurch und mieden so ihre ungeschützten Küsten. Manchmal klappten wir die Außenborder hoch und wateten mit dem Boot über felsigen Untergrund. Mittags erreichten wir unser Depot, doch der Weg war von Schlammbänken versperrt, und wir mußten das Boot zweihundert Meter weit zurücklassen und mit den Kanistern durch seichtes Wasser stiefeln. Nach zwei anstrengenden Stunden hatten wir es geschafft, doch nun saß das Boot mit seiner schweren Treibstoffladung im Schlamm fest.

In diesem Moment tuckerte ein Inuit in Ölzeug mit einem schmalen Flußboot heran. Englisch sprach er nicht, doch er deutete auf die Perry-Insel. Vielleicht kam er von den Hütten, die ich gesehen hatte. Wir machten eine Leine an seinem Heck fest, standen beide knietief im Schlamm und schoben und ruckten, bis wir den Whaler endlich befreien konnten. Gestenreich verabschiedeten wir uns von dem Inuit und fuhren davon.

▲ Bei der Erkundung der Perry-Insel traf der Autor auf einen Gerfalken, den größten aller Falken, der hauptsächlich andere Vögel jagt.

◀ Eine Inuit-Frau filetiert und trocknet arktische Lachsforellen und konserviert sie für den Winter.

Das Meer hatte sich beruhigt, und wir schipperten zehn Stunden lang nach Osten, oft ohne Landsicht, abgesehen von ein paar isoliert liegenden Inseln im Osten und Süden. In der Abenddämmerung raste der Wind erneut von Norden heran, und wir stürzten von aufschäumenden Brechern in die Tiefe. Zweimal wurde das Boot in die Nacht geschleudert, als große schwarze Wasserwände breitseits über uns hereinbrachen.

„Das letzte Stück sollten wir vielleicht nochmal fahren!" schrie Charlie. „Denn fliegen dürfen wir nicht. Wir machen eine Fahrt auf dem Land- und dem Seeweg."

Kurz vor Mitternacht, mitten in dem Alptraum auf dem schlingernden, rollenden Boot, tauchte kurz ein bleicher Mond aus den dahinjagenden Wolkenbänken auf, so daß wir einen Einschnitt in der Silhouette der Klippen vor uns erkannten. Er stellte sich als gut geschützter Meeresarm heraus. Charlie steuerte uns hinein, und ich platschte mit der Festmacherleine auf den Strand. Wir stellten unser Zelt auf, schälten uns aus den Bootsanzügen und zündeten ein Holzfeuer an. Charlie suchte nach Whisky. Drei Stunden später war die Flasche fast leer, und fahle orangefarbene Streifen kündigten den Anbruch eines neuen Tages an.

Beim Aufwachen stöhnten wir beide. Ich schickte ein paar Schreie zum Himmel und trampelte auf der Stelle, um mich zu überzeugen, daß ich nicht nur am Leben war, sondern auch halbwegs gefaßt dem schrecklichen Augenblick entgegensehen konnte, in dem ich mich wieder in den engen, feuchten Bootsanzug zwängen mußte.

Stundenlang schlängelten wir uns zwischen zahllosen Kiesinseln auf einem verwirrenden Slalomkurs bis Gjoa Haven, dem Punkt, an dem wir die Fahrt durch die Nordwestpassage zur Hälfte hinter uns hatten. Dort machten wir, beinahe trunken vor Müdigkeit, den Whaler zwischen zwei Inuit-Booten fest. In dieser engen Bucht hatte Amundsens *Gjoa* auf ihrer dreijährigen abenteuerlichen Fahrt durch die Nordwestpassage, der ersten in der Geschichte, überwintert.

Die Inuit warnten uns, der Wellington-Kanal im Norden sei höchstwahrscheinlich vom Meereis blockiert. Wir sollten besser die letzte Siedlung vor Resolute Bay oben am Spence-Bay-Fjord anlaufen und Führer nehmen.

Der Wettlauf nach Resolute

Diesmal fuhren wir ausnahmsweise bei gutem Wetter los und kamen schnell bis zu dem großen, felsumringten Arm der Spence Bay voran, wo wir am 13. August spät in einem abgelegenen Dörfchen der Inuit eintrafen. Wir bezogen für die Nacht eine „Gästehütte". Unsere Stimmung war bestens. Klar, die Zeit wurde knapp, und bald würden wir auf Eis stoßen, doch wir waren schon viel weiter vorangekommen, als man es selbst in einem Jahr mit durchschnittlichen Eisverhältnissen erwarten konnte.

Zwei andere Boote liefen vor uns von Spence Bay aus. Wir folgten im Konvoi. Sie waren ebenfalls 18 Fuß lang und hatten Außenbordmotoren. Zu ihrer Besatzung gehörten der Mountie von Spence Bay und ein einheimischer Inuit-Jäger. Zwei Stunden nördlich von Spence Bay drehten die anderen Boote bei und fuhren zum Strand. Wir warteten vor dem Ufer und fragten, was los sei. „Es kommt Sturm auf!" rief der Mountie. „Unsere Freunde wollen nicht weiterfahren und raten euch, hier ebenfalls haltzumachen."

Der Himmel war klar, und es wehte nur eine leichte westliche Brise. Ich sagte dem Mountie, wir wollten lieber weiterfahren und erst biwakieren, wenn der Sturm beginne. Er zuckte die Achseln und winkte, als wir ablegten. Es ging nicht darum, uns über das Wissen der Einheimischen lustig zu machen, sondern es war einzig und allein eine Rechenaufgabe hinsichtlich Zeit und Entfernung. Drei Stunden später hatte der Wind tatsächlich zugenommen. Sturmwolken fegten über den Himmel, und am westlichen Horizont war das schwarze Meer von zerklüftetem Eis eingefaßt.

„Schaf!" rief ich Charlie zu und zeigte auf ein gelblichweißes Tier, das am Strand entlanglief. Beim Näherkommen verwandelte es sich in einen Eisbären auf Patrouille in seinem Küstenrevier.

▲ Ein einsamer Eisbär patrouilliert lässig durch sein eisiges Revier.

Hundert Seemeilen weit fuhren wir nach Norden durch immer stärker werdendes Eis, dichte Nebelbänke und Winde bis zu sechzig Knoten. Weil die Küste, der wir folgten, keine Einbuchtungen aufwies und die Wellen mit steigender Wucht an die Küste donnerten, gab es keine Stelle, wo wir haltmachen konnten. Das nächste Treibstoffdepot lag auf einer flachen, sandigen Landzunge in der Pasley Bay. Mit etwas Glück konnten wir in der Bucht Zuflucht vor dem Sturm finden, bis er abflaute.

Nach sechs Stunden im eiskalten Wasser waren wir naß bis auf die Haut, unsere Augen waren entzündet, und die Finger schmerzten. Sobald wir den Eingang der Bucht erreichten, veränderte sich das Wetter – es wurde schlechter. Die ganze Bucht wogte unter der Wucht des Sturms. In dichter Folge krachten windgepeitschte Brecher an alle Küstenstriche. Ich warf einen Blick auf die Karte und stellte fest, daß ein Fluß direkt gegenüber in die Bucht mündete. Wenn wir die zwei Seemeilen vom Eingang der Bucht bis zu dem Fluß überquerten, fanden wir möglicherweise einen Zufluchtsort.

Irgendwie schaffte der Whaler die schier endlose Überfahrt. Vor der Perry-Insel hatten wir höhere Wellen erlebt, doch waren sie weder so mächtig noch so steil oder so dicht gestaffelt wie diese. An der Vorderseite einer 1,80 Meter hohen Wellenwand stürzte der Bug senkrecht in die Tiefe und fuhr direkt in die nächste Welle hinein, nicht etwa über sie hinweg. Die Wellenkämme schlugen voll über den Bug hinweg in das Cockpit, und bald schwammen alle möglichen Gegenstände auf dem Boden des Bootes. Die Sicht war fast immer gleich Null, denn sobald wir die Augen öffneten, schossen neue Wassermassen über unsere Köpfe hinweg und in unsere Anzüge.

Eine kurze Lücke in der Brandung ließ die Flußmündung erkennen. Wir fuhren vorsichtig stromaufwärts und freuten uns über die relative Ruhe. Nach etwa 1,5 Kilometern machten wir am Strand fest und kämpften uns ans Ufer, um das nasse Zelt aufzubauen. Weil der Wind immer wieder die Heringe des Zeltes herausriß,

Belugawale in einer Bucht in der Arktis. Jeden Sommer sammeln sich große Schwärme in den Untiefen und scheuern an dem kiesigen Untergrund ihre abgestorbene Haut ab. Diese Eigenart tritt nur bei Belugawalen auf. ▼

verwendeten wir die verbliebenen vollen Kanister als Gewicht. Dann kochten wir Kaffee, aßen Schokolade, zogen unsere glitschigen Anzüge aus und schliefen.

Der nächste Tag war windstill und die Bucht glatt wie ein Mühlteich. Wir fanden unsere Treibstoffässer in dem Depot auf einer nahe gelegenen Landzunge und bewegten uns zwischen Eisbrocken und der Küste nach Norden. Eine Zeitlang beobachteten wir eine Gruppe Belugas oder Weißwale, die durch nahe Untiefen zogen. Sie blitzten schwarz und weiß auf, als sie auf dem Kiesuntergrund die alte Haut von ihren Bäuchen abschmirgelten. Hin und wieder trieben vereinzelte Eisberge vorüber.

Am Ende des Tages erreichten wir die hohen, mit dem Kot von einer Million Seevögeln bekleckerten Klippen der Limestone-Insel. Vor uns lag die Barrow-Straße und auf der anderen Seite Resolute. Dort, in der einzigen Siedlung auf der Cornwallis-Insel, war Ginnie. Doch die Meerenge war vierzig Seemeilen breit. Von einem Ende des Horizonts zum anderen erstreckte sich Packeis, und der Nordwind drohte es zu verlagern.

Wir verzogen uns in einen langgestreckten Meeresarm, die Aston Bay. Die Bucht sah aus, als böte sie Deckung, kritisch würde es nur, wenn anhaltender Westwind das Packeis in den Peel-Sund triebe und uns dort einschlösse. Der Fjord war annähernd eisfrei und etliche Kilometer tief. Wir fuhren behutsam über eine längliche, flache Sandbank zu der eigentlichen Bucht in einem weiten Kiestal. Um uns ragten Schieferhänge auf, und Schmelzwasser tröpfelte von den Sandablagerungen in den Fjord.

Ich benutzte das Zelt und ein Ruder als Antennenmasten und setzte mich mit Ginnie in Verbindung. Die Bucht bei Resolute sei voller Eis, sagte sie und fügte hinzu, ein Japaner und seine Frau warteten mit ihrem mit Segeln und Außenbordmotor ausgestatteten Boot bereits seit zwei Sommern darauf, die Barrow-Straße zu überqueren. Es sei ihr drittes Jahr, meinte sie, ich solle also nicht ungeduldig sein. Nun war ich erst einmal ein paar Stunden beschwichtigt, doch als wir drei Tage später noch immer in der kleinen Bucht lagen, wurde ich allmählich wieder unruhig. Noch rund elf Tage, und das restliche offene Meer würde nach und nach zufrieren.

Zum Glück war Dick de Blicquy, ein alter Freund aus den Tagen des Arktistrainings, zufällig nach Resolute gekommen, um dort einen Monat als Pilot zu arbeiten. Er war bereit, uns über die Meerenge zu lotsen, sobald das Wetter beständig war.

Am vierten Morgen unseres Aufenthalts im Fjord ließ der Wind nach, der Nebel hob sich, und wir fuhren vorsichtig über die von Eisschollen bedeckte lange Sandbank, umrundeten schnell die Somerset-Insel und holten Treibstoff aus dem Depot am Kap Anne. Nach drei Seemeilen hatten wir das Packeis erreicht.

Vier Stunden lang richteten wir uns nach den Funkanweisungen Dicks, der in der Twin Otter des PCSP über uns kreiste. Manchmal mußten wir Eisschollen mit den Rudern oder Füßen wegstoßen, manchmal erwies sich eine Fahrrinne, die vom Flugzeug passabel aussah, vom Boot aus als Sackgasse. Letztlich aber schafften wir es, und zwei Stunden bevor Nebelbänke die Kliffe der Cornwallis-Insel verhüllten und sich über das Packeis legten, erreichten wir die Einfahrt zur Resolute Bay.

Umweg zur Devon-Insel

Wenige Stunden nach unserer Ankunft änderte sich die Windrichtung, Packeis trieb in den Hafen und hätte den Whaler beinahe zerquetscht. So wurde unsere Abfahrt nach Alert um vier entscheidende Tage voller Nebel und Graupelschauer verzögert.

Während unseres Aufenthalts ging ich zur meteorologischen Forschungsstation hinüber und befragte einen der dortigen Techniker. Konnten wir die Meerenge östlich der Bathurst-Insel durchqueren? Nein. Sie war von massivem Eis blockiert. Und wenn wir in den Lancaster-Sund und anschließend die Ostküste der Ellesmere-Insel hinauffahren würden? Auch nicht. Wahrscheinlich vereist und stürmisch. Und einen gewaltigen Umweg um die Devon-Insel und durch das Höllentor zur Norwegischen Bucht? Möglich, aber wegen der gefährlichen Meeresverhältnisse vor der Ostküste der Devon-Insel nicht ratsam. Überhaupt riet der Wetterfrosch von allem ab, außer von der Möglichkeit, in Resolute zu überwintern.

Was ich nun wirklich nicht ausstehen kann, ist Untätigkeit, und deshalb entschied ich mich für die am einfachsten aussehende Möglichkeit, ein 600-Meilen-Rennen um die Devon-Insel, sobald die Eisverhältnisse es erlaubten, mit dem Whaler den Hafen zu verlassen.

Als das Eis am frühen Morgen des 25. August kurzzeitig aus dem Hafen hinaustrieb und sich ein paar Kilometer vor der Küste hielt, gingen wir in unseren Bootsanzügen zum Hafen und machten uns auf den Weg nach Osten.

Den ganzen Tag hing der Nebel an den öden Küstenkliffen, an denen wir in östlicher Richtung entlangfuhren. An den schroffen Kliffen des Hotham Escarpment ließen wir die Cornwallis-Insel hinter uns und überquerten die stürmischen Gewässer des Wellington-Kanals.

Erleichtert beim Anblick von Land und der schützenden Kliffe der Devon-Insel, steuerten wir in einen Meeresarm mit dem Namen Erebus Bay. *Erebus* und *Terror* waren die beiden Schiffe Sir John Franklins, des 59jährigen Leiters einer Expedition von 1845, der mit 129 Mann zur Erforschung der Nordwestpassage aufgebrochen war. Beide Schiffe und alle Leute blieben verschollen. Wir ankerten an der Ostseite der Beechey-Insel und wateten an Land, wo das Bugspriet eines alten Schiffs aus dem kiesbedeckten Strand ragte. Ein Stückchen oberhalb der Hochwassergrenze sah man die zerfallenen Grundmauern einer kleinen Hütte und überall zerbrochene Überreste von Holzfässern und rostigen Eisenreifen. Jenseits des Bugspriets standen Grabsteine.

▲ Die kümmerlichen Überreste des Northumberland House auf der Beechey-Insel. Es wurde 1854 als Versorgungslager von den Mitgliedern einer der zahlreichen Expeditionen gebaut, die nach Sir John Franklin suchten.

Drei von Franklins Leuten waren dort gestorben, die übrigen hatten ihre Fahrt fortgesetzt und waren weiter südlich ums Leben gekommen.

Als der Abend kam, fuhren wir durch ein rabenschwarzes Meer. Robben, Wale und viele Vögel waren zu sehen, und immer häufiger Eisberge von beträchtlicher Größe. Mit Einbruch der Nacht fegte in der Croker Bay Sturm nach Norden über den Lancaster-Sund und erwischte uns, zehn Seemeilen bevor wir Unterschlupf fanden. Die Propeller trafen mit gräßlichen, dumpfen Geräuschen auf unsichtbares Eis. Im Gedränge der Eisberge eingeschlossen zu sein wäre alles andere als vergnüglich.

„Monstrum an Backbord!" brüllte mir Charlie ins Ohr. In der Düsternis sah ich die schäumende Silhouette einer Riesenwelle. Eine Gischtwand türmte sich über uns auf. Die Welt um uns tanzte in unerhörtem Aufruhr, und ich hielt angespannt Ausschau nach der schmalen Bucht von Dundas Harbour, dem Standort eines früheren Lagers der Hudson's Bay Company. Ich fand die Einfahrt, doch in den Wellen rieben sich Eisberge aneinander, und nur mit viel Glück konnten wir uns hindurchmanövrieren, bis wir den sicheren Hafen erreichten und den wunderbaren Anblick von drei kleinen Hütten auf einer flachen Kiesbank genossen. Eine der Hütten war nahezu regensicher, und bald hatte Charlie ein fauchendes Feuer unter unserem Kochtopf entfacht. Über die klatschnassen Anzüge, die wir zum Trocknen aufgehängt hatten, flackerte Kerzenschein.

Östlich von Dundas ergoß sich von der Inlandeismasse Eis in das Meer: Millionen von Schollen schwammen vor der Küste, und an den im Wasser treibenden Riesen um uns herum brachen sich die Wellen. Waagerechte Gischtströme schossen heulend an uns vorüber. Der Sturm wütete den ganzen Tag an der Südküste der Devon-Insel, und Ginnie meldete aus Resolute Schneetreiben und Eis. Es blieben uns nur vier Tage bis zum Monatsende, weshalb ich beschloß, nicht auf eine Wetterbesserung zu warten.

Eine Stunde nach dem Ablegen umrundeten wir Kap Warrender. Brodelnd brandeten die Wellen an die Küste. Am ungefährlichsten schien ein Kurs, der in einer Entfernung von 400 Metern parallel zur Küste verlief. Mehrmals wurde das Boot erschüttert, wenn Rumpf oder Propeller auf Eis trafen. Dann brach ein Scherbolzen. Wir schlichen mit halber Kraft weiter und trieben allmählich immer näher auf die Kliffe zu. Auf eine Strecke von knapp vier Seemeilen fanden wir keine Stelle zum Landen, doch wir mußten die Scherbolzen schnell austauschen. Jeden Moment konnte der andere Propeller auf Eis stoßen, und dann wären wir innerhalb von Minuten Glasfaserkleinholz. Zwischen den Kliffwänden tauchte ein winziger Fjord mit einem Kiesstrand auf. Ich seufzte erleichtert. Auf dem Weg dorthin fuhren wir an ein paar hundert Belugawalen vorbei, dann tasteten wir uns durch ein Gedränge von Eisblöcken und gestrandeten Eisbergen und kämpften uns zu dem kleinen Strand durch.

▲ Kleine Eisbrocken, die ein bißchen wie Froschlaich aussehen, treiben im arktischen Sturm.

Charlie packte mich an der Schulter und zeigte geradeaus. Einer der gestrandeten Eisberge war ein ausgewachsener Eisbär. Vielleicht wußte der Bär, daß sich die Belugas, seine natürlichen Beutetiere, gern in den Untiefen vor dem Strand aufhielten. Einen möglicherweise hungrigen Eisbären bei der Jagd zu stören war keine gute Idee, doch wir hatten keine Wahl. Meiner Seekarte zufolge war der Küstenbereich in östlicher Richtung durchgehend von Steilklippen gesäumt.

Charlie fuhr das Boot vorsichtig in die Bucht, und ich stieg über Bord. Ich nahm die Festmacherleine und setzte den Fuß auf die schlüpfrigen Felsen, während Charlie seine Flinte aus dem Futteral holte. Der Bär kannte sich wohl mit glänzendweißen, sechs Meter langen Whalern nicht aus, da er sich langsam zurückzog und zwischen den Felsblöcken am Strand verschwand.

Dreißig Minuten lang bemühte ich mich, das Boot ruhig zu halten, während Charlie den Scherbolzen und beide Propeller austauschte, denn sie waren übel zugerichtet, und einem fehlte sogar ein Flügel. Aufmerksam hielt ich Ausschau nach dem Bären. Als wir den Strand verließen, schwamm er an uns vorbei, nur Nase und Augen ragten aus dem Wasser. Aufgeschreckt tauchte er in die Tiefe. Eine Sekunde lang hob sich sein großes weißes Hinterteil empor, dann war er verschwunden.

120 Meilen weit schaukelten und hüpften wir, hypnotisiert von der Höhe und Gewalt der Wellen. Eisberge von mehr als Bungalowgröße rollten wie Bälle in dem

60-Knoten-Sturm an uns vorüber, und oft hielt ich den Atem an, wenn wir uns zwischen den schnell treibenden Eismonstern hindurchquetschten. Gefrierender Schneeregen, Nebel und Winde in Sturmstärke zwangen uns zur Übernachtung am Kap Sherard. Am 27. August um die Mittagszeit verließen wir die Küste der Devon-Insel und überquerten den Jones-Sund. Unser Ziel war der tief ins Land eingeschnittene, im Schatten liegende Grise-Fjord, die einzige Inuit-Siedlung auf der Ellesmere-Insel. Bei zwei Inuit-Häusern stellte ich eine Antenne auf und schlängelte mich zwischen hölzernen Spannrahmen hindurch, auf denen Sattelrobbenfelle trockneten. Ginnies Stimme war weit weg und schwach, doch ich hörte ihr an, wie froh sie war, als sie unsere Position bestätigte.

Die drei letzten Tage im August vergingen in einem verschwommenen Durcheinander von schwarzen Kliffen, eisiger Gischt und vor allem immer dichter werdendem Eis. An der Einfahrt zum Höllentor, einer Ausweichroute vom Jones-Sund, und unter einem Kliff mit der Bezeichnung Kap Turnback – was Kap Umkehr bedeutet – fand ich die Wetterbedingungen schlecht und die Strömungen trügerisch. Wir wandten uns nach Westen und auf der Höhe der Devil-Insel nach Norden in die Cardigan-Straße. Sobald wir die Straße hinter uns hatten, war unser langer Umweg beendet. In der Norwegischen Bucht befanden wir uns auf unserer ursprünglichen Route von Resolute Bay aus nach Norden. Das Risiko hatte sich gelohnt, und für die letzten 400 Seemeilen hatten wir noch 48 Stunden Zeit.

Massige Eisberge machten die lange Fahrt durch stürmische Meere gefährlich und anstrengend. ▼

Der Umweg um den Eisgürtel

An diesem Abend fror das Meer erstmals zu, es erstarrte geräuschlos und schnell. Südlich des Großen Bärenkaps trafen wir erneut auf Packeis. Es gab keine andere Wahl als den Rückzug. Wir gingen an einem namenlosen Strand an Land, und ich funkte Ginnie an. Sie meldete einen sechzig Seemeilen breiten Packeisgürtel in der Norwegischen Bucht, der sich nach Westen bis zur Axel-Heiberg-Insel erstreckte. Russ Bomberry, einer der besten Piloten in der Arktis und Häuptling der Mohawk-Indianer, hielt sich gerade mit seiner Twin Otter in Resolute Bay auf und war bereit, am nächsten Tag einen zweistündigen „Eisflug" für uns durchzuführen.

In dieser Nacht schlief ich kaum. Es waren nur 320 Seemeilen bis zum Tanquary Fjord. Möglicherweise aber waren wir einen kurzen Tag zu spät dran, wenn dieser letzte Eisgürtel uns so lange aufhielt, daß wir im Eis des nächsten Winters eingeschlossen würden.

In der Morgendämmerung beluden wir den Whaler und machten ihn abfahrtbereit. Um die Mittagszeit kreiste Russ über uns, und wir brachen in Richtung Eisgürtel auf. Das neue Eis war bereits dicker geworden und füllte alle Wasserrinnen im Packeis. Das frische Grundeis und die Eisrinde sprossen wie gärende Hefe. Stellenweise konnte der Whaler nicht mehr hindurchgleiten, sondern verfing sich im Eis wie eine Hummel im Spinnennetz.

Russ verlor keine Zeit: er kannte den einzigen Ausweg aus dieser Lage. Um uns nach Norden zum Großen Bärenkap zu bringen, lotste er uns nach Westen, Osten und eine Zeitlang sogar nach Süden. Aus der Luft muß unser Kurs wie ein Teller Spaghetti ausgesehen haben. Drei Stunden später winkte Russ mit den Flügeln und verließ uns. Wir hatten das dichte Packeis hinter uns. Den Rest konnten wir allein bewältigen.

In den nächsten zwei Tagen schliefen wir nur fünf Stunden. Die übrige Zeit fuhren wir durch immer schmalere Wasserrinnen nach Norden: Hundert Seemeilen durch die gewundenen Schluchten des Eureka-Sunds bis nach Eureka, einem entlegenen Camp, das die kanadische Regierung als Wetterstation errichten ließ. Ein kräftiger Wind hielt das frische Eis in der Nacht zum 30. August in den Fjorden in Schach, und am nächsten Tag nahmen wir die letzte Etappe in Angriff, 150 Seemeilen auf dem Greely-Fjord nach Norden bis zum Tanquary-Fjord, einer Sackgasse, die sich tief in die gletscherdurchzogenen Berge erstreckte.

Vor dem Horizont staffelten sich schneebedeckte Gipfel, als wir uns tiefer in eine Dämmerwelt der Einsamkeit und des Schweigens hineinschlängelten. Von schattenerfüllten Lavasträndern starrten uns Wölfe an, nichts bewegte sich außer uns, und die Spiegelbilder der dunklen Talwände zerflossen in unserem Kielwasser.

Zwölf Minuten vor Mitternacht gelangten wir an das Ende des Fjords. Die Seereise war beendet. Innerhalb einer Woche waren die Sunde hinter uns zugefroren.

▲ Ein Paar Grauwölfe beobachtet die Eindringlinge. Der Wolf rechts weist eine häufig vorkommende Abweichung der Pelzfärbung auf.

Über die Eiskappe

Große Eiskappen umgeben das Ende des Tanquary-Fjords auf der Ellesmere-Insel, doch man kann das 240 Kilometer nordöstlich gelegene Alert durch eine Reihe von Flußtälern erreichen. Bei unserer Ankunft in Tanquary waren diese Täler schneefrei, die Flüsse jedoch bereits zugefroren. Wir waren stark in Versuchung, sofort aufzubrechen, bevor die Temperaturen sanken. Doch das ging nicht, denn die kiesbedeckte Landebahn und die drei kleinen Hütten von Tanquary Camp waren für die Dauer unseres bevorstehenden Versuchs zur Überquerung des Nordpolarmeeres als einer der drei Stützpunkte für die Twin Otter vorgesehen. Es war Ginnies Idee gewesen,

◀ Besonders idyllisch fand der Autor die abgelegenen, schneefreien Täler auf der Ellesmere-Insel.

Tanquary neben Alert als zusätzlichen Stützpunkt einzuplanen. Sie sagte, im April und Mai herrschten in Alert so dichte Seenebel, daß wir Wochen sparen könnten, wenn wir Vorräte in Tanquary, außerhalb der Reichweite des Nebels, lagerten.

In einer Woche sollten Giles und Gerry aus Resolute mit der ersten Ausrüstung für die Basis eintreffen. Diese galt es sorgfältig zu sortieren, denn ein Teil mußte in Tanquary bleiben und anderes nach Alert transportiert werden. Das war meine Aufgabe vor unserer Abfahrt. Für eine Verschiebung sprach noch ein weiterer Grund: Charlie und ich waren durch die mehrwöchige Untätigkeit auf dem engen Boot geschwächt und nicht in der körperlichen Verfassung für einen Fußmarsch auf dem Landweg.

Ginnie war mit Bothie am Vortag mit der Twin Otter von Resolute herbeigeflogen. Simon war zurückgeblieben, um einiges für die Flugzeugcrew zu erledigen.

Es dürfte nicht viele Orte auf der Welt geben, die so abgelegen und idyllisch sind wie Tanquary Camp. Ich ging mit Ginnie am zugefrorenen Lauf des Bachs entlang, der vom

Redrock-Gletscher herabstürzte. Bothie war auf der Jagd nach Schneehasen. Er kläffte freudig, nahm keine Notiz von Ginnies Befehl zurückzukommen und verschwand, ohne sich der Gefahr bewußt zu sein, auf dem moosbewachsenen Gelände.

Zwei Wölfe, so weiß wie Bothie, die sich wohl von seinem Gebell angelockt fühlten, sprangen den Hügel herab mit großen Sätzen auf ihn zu. Ginnie gab einen Schuß in die Luft ab. Die Wölfe beachteten sie nicht und kamen Bothie immer näher. Ginnie schrie. Ich ebenfalls. Bothie kümmerte sich nicht darum, verlor aber die Spur des Hasen und kam zurückgelaufen. Die Wölfe blieben stehen, starrten uns an und kehrten um.

Am 6. September trafen Giles und Gerry mit Fracht aus Resolute ein. Am 11. September schließlich brachen Charlie und ich auf, um die Ellesmere-Insel vom Tanquary Camp bis Alert zu Fuß zu überqueren. Es waren 240 Kilometer, und wir trugen beide jeweils 36 Kilo Gepäck. Ich hatte außerdem eine Pistole bei mir und Charlie ein Magnum-Gewehr, Kaliber .357. Weil uns die Wikinger-Eiskappe den Weg nach Norden versperrte, arbeiteten wir uns nach Südosten vor, durch das Tal des Macdonald, ein kleines, eisbedecktes Flüßchen, das sich durch Kiesbetten schlängelte.

Am ersten Tag war der Marsch bei klarem Himmel einfach. Auf beiden Seiten erhoben sich Berge, das Tal jedoch war breit, und viele Schneehasen waren dort auf Nahrungssuche. Manche fraßen weiter, bis wir uns auf zehn Meter näherten. Dann hüpften sie auf den Hinterbeinen fort und hielten die Vorderpfoten anmutig hoch wie alte Damen, die ihre Teetassen balancieren. Moschusochsen tauchten auf, zottelhaarige Kreaturen von der Größe einer Kuh mit stämmigen Läufen und gekrümmten Hörnern, die in kleinen Zweier- oder Dreiergruppen das Torfmoos abweideten. Als wir näher kamen, scharrten sie mit den Hufen und senkten herausfordernd die Schädel.

Ein Moschusochse, ein Ziegenverwandter, senkt feindselig den Schädel mit den spitzen Hörnern, mit denen er sich gegen Angriffe wehrt. ▶

In den ersten vier Stunden legten wir 14 Kilometer zurück. Wo das Schmelzwasser vom Redrock-Gletscher in das Macdonald-Tal mündet, machten wir neben einem zugefrorenen Tümpel halt. Unser Zelt war leicht, klein und einfach aufzubauen. Charlie schlug das Eis mit dem Messer auf und schöpfte Wasser mit seinem Becher.

Am nächsten Tag verengte sich das Tal. Die Wände der Schlucht ließen keinen Sonnenstrahl einfallen. In einem Seitental, das über fast zehn Kilometer zu einem namenlosen Gletscher anstieg, bogen wir nach Nordwesten. Der Gletscher floß als chaotischer Eisfall von der Wikinger-Eiskappe in unser Tal herab und machte es zu einer Sackgasse. Die sommerlichen Wasserfluten hatten einen Tunnel in der Barriere ausgehöhlt. Als wir dort ankamen, stellte ich fest, daß er groß genug war, um ihn tief gebückt zu passieren. Die Decke sah allerdings gefährlich aus.

In diesem Augenblick hörte ich Charlie rufen. Es klang dringend, doch wegen der vielen verstreuten Eisbrocken und Felsen sah ich ihn nicht. Also kletterte ich zurück ins Tal. Zusammengekrümmt hockte Charlie mitten auf dem zugefrorenen Fluß. Er blutete aus einer Kopfwunde, und ein Auge war voller Blut. Er war auf dem Eis ausgerutscht und mit dem Kopf auf einen Felsen geschlagen. Schnell holte ich die Erste-Hilfe-Ausrüstung aus seinem Rucksack, klebte einen Mullverband auf den Schnitt und sorgte dafür, daß er den Kopf zwischen den Beinen hielt, bis der Schwindel nachließ.

▲ Charlie litt unter nässenden Blasen an den Füßen und zog sich nach einem Ausrutscher auf dem Eis auch noch eine schlimme Kopfwunde zu.

Charlie hatte einen Schock erlitten und bewegte sich nun etwas langsamer. Ich nahm das Zelt aus seinem Gepäck und gab ihm dafür meinen Schlafsack. Nach acht Stunden hatten wir 18 Kilometer geschafft, doch es kam Nebel auf, und es schneite beständig, deshalb hielt ich an und stellte das Zelt auf. Auf Charlies Fußsohlen und Zehen waren Blasen aufgeplatzt. Unsere Stiefel, Socken und Hosenbeine waren durchnäßt, weil wir immer wieder durch die Eisdecke in den Fluß eingebrochen waren. Doch wir kamen leicht voran, und die Temperatur lag nur knapp unter dem Gefrierpunkt.

Der dritte Morgen dämmerte grau und düster herauf. Zum erstenmal war unser Zelt voller Eiskristalle, obwohl wir uns nur in 300 Meter Höhe befanden. Der Talgrund war verschneit. Charlies linkes Auge war zugeschwollen, und die Haut um das Auge war gelblich und aufgedunsen. Er sagte mir, alles schmerze, der Rücken, die Knie und die Blasen. Die Blasen sahen übel aus. Seine rechte Ferse war wund gescheuert und näßte. Die ersten zehn Minuten unseres Marsches an diesem Tag müssen für Charlie die Hölle gewesen sein, aber er ließ sich nicht unterkriegen, und wir legten rund 23 Kilometer in zehn Stunden zurück. Kiesbänke, die längst vergangene Gletscher auf ihrem Rückzug abgelagert hatten, boten uns Schutz vor dem bitterkalten Wind, und Charlie kochte ein köstliches Stew aus Trockenzutaten. Dazu aßen wir zwei Sorten Armeekekse, einfache und süße. Wenn man genügend Hunger hatte, konnte man durchaus einen leichten Geschmacksunterschied zwischen den beiden Sorten erkennen.

Der Very bildet auf seinem Lauf über das Überschwemmungsgebiet eine Reihe von Tümpeln und Seen, die zu seiner Mündung im Lake Hazen führen. Die Seen und die einsamen Moränen in ihrer Umgebung sind von einem Gemisch aus feinem Sand, Eis und Schnee bedeckt. Von den Eiskappen im Norden wehte ein kräftiger Wind und wirbelte den Staub aus dem sandigen Becken auf. Mit dem schwachen Lichtschein, der bleich und düster durch den Sturm drang, und unseren Stiefeln, die tief in den grauweißen Staub einsanken, hätten wir uns auf dem Mond wähnen können.

Allmählich weitete sich das Tal, bis der Lake Hazen auftauchte. Der 65 Kilometer lange und bis zu neun Kilometer breite See grenzte im Süden an die hügelige, von Flüssen und Tümpeln durchzogene Tundra, im Norden an die hoch aufragenden Zinnen des Inlandeises. Ich wählte den Weg entlang der Nordflanke des Sees, denn auf halbem Weg lag eine Hütte, die Wissenschaftler vor zwanzig Jahren errichtet hatten. Eine ziemlich flache Kiesbank neben dem See war angeblich für eine Twin Otter geeignet, und ich hatte das Gefühl, wir sollten bald von Rucksäcken auf Pulka-Schlitten, von Wanderstiefeln auf Eskimostiefel und Schneeschuhe übergehen. Zwei Wochen früher hätten wir die Reise auf altem Harschschnee und offener Tundra zurücklegen können, nun aber lag tiefer Neuschnee in den vom Wind ausgehöhlten Vertiefungen.

▲ Eine atemberaubende Aussicht auf die mit Neuschnee überstäubten Berge der Ellesmere-Insel, die der Autor zusammen mit Charlie überquerte

Den ganzen Tag lang stapften wir am See entlang; das Eis unter unseren Füßen knirschte und krachte, bis wir abends unser Zelt aufschlugen. In der Nacht begleitete ein knisterndes Geräusch unseren unruhigen Schlaf; es war neues Eis, das sich über den Untiefen am Ufer bildete und sich plattenweise übereinanderschob.

Charlies Knie waren aufgequollen und seine Füße dick wie Ballons. Er befürchtete, daß sie am nächsten Tag womöglich nicht mehr in die Stiefel passen würden. Der Morgen war für ihn mit besonderen Schmerzen verbunden: wenn er seine wunden Fersen und blutigen Zehen in die steifgefrorenen Stiefel zwängte, mußte er die

Zähne zusammenbeißen. Am 15. September erreichten wir gegen Abend die alte Hütte. Charlie sah aus wie halb tot. Da sich der Zustand seiner Füße verschlimmerte, nahm er Penizillin, damit die Blasen nicht zu eitern begannen.

Am nächsten Tag kam Giles zu der kleinen Bahn neben der Hütte geflogen, brachte uns Pulka-Schlitten, Mukluks (Segeltuchstiefel) und Schneeschuhe. Er warf einen Blick auf Charlies Knie und meinte, wir müßten mindestens eine Woche Ruhepause einlegen. In der Hütte fanden wir vergilbte Bücher, die Charlie lesen konnte, während er seine geschundenen Füße hochlegte.

Die letzte Etappe bis Alert

Nach drei Tagen waren Charlies Schwellungen abgeklungen. Doch die wunden Stellen würden sich ohnehin nach zwei Kilometern wieder aufscheuern, selbst wenn wir warteten, bis sich neue Haut auf den Blasen gebildet hatte. Also konnten wir ebensogut sofort weitermarschieren. Tag für Tag sank die Temperatur, und die Stunden der Dunkelheit verlängerten sich.

„Wenn du dich morgen gut fühlst, sollten wir früh aufbrechen", meinte ich.

Charlie äußerte sich nicht dazu. Die Segeltuchstiefel und Schneeschuhe drückten seine wunden Füße nicht so sehr. Das Gewicht, das wir zu schleppen hatten, lastete nun nicht mehr auf unserem Rücken, sondern auf den Pulka-Schlitten hinter uns. Auch das half ihm. Zunächst kamen wir gut voran. Doch jenseits des Abbe River fielen die Kliffe bis zum See ab. Nun gab es keinen schmalen Kiesstrand mehr, auf dem wir entlanglaufen konnten. Die Hänge waren steil und vereist, aber Metallkrallen an den Schneeschuhen verschafften uns guten Halt. Kilometerweit zogen wir durch dichten Nebel an Kliffrändern entlang, Schneefelder und Felsrinnen hinab. Am Spätnachmittag wichen die Hügel vom See zurück, so daß wir unseren Marsch auf halbwegs flachem Gelände fortsetzen konnten.

In dieser Nacht fiel die Temperatur auf minus 18 °C, und der See fror zu. Nun konnten wir bequem auf der Seeoberfläche weiterziehen. Am 21. September um die Mittagszeit ließen wir den See hinter uns zurück und kamen in ein weites Tal ohne besondere Merkmale. Zahlreiche Moschusochsen, aufgeschreckt von unserem plötzlichen Erscheinen in der gelblichen Düsternis, donnerten davon, ihre breiten Hufe versanken in Schneewehen.

Weil wir fast die ganze Zeit über rauhe Hügel bergauf stiegen, unsere Schneeschuhe oft tief einsanken oder in Löchern hängenblieben, legten wir auf der schneebedeckten Tundra höchstens anderthalb Kilometer pro Stunde zurück. Am Morgen tranken wir

Der Autor marschiert über den zugefrorenen Lake Hazen und zieht einen Pulka-Schlitten, wie ihn die Lappen in Skandinavien verwenden. ▼

das letzte Seewasser aus unseren Flaschen. Durst quälte uns. Ich aß versuchsweise ein paar Handvoll Schnee, was aber kaum half, meinen wachsenden Durst zu stillen. Gegen Abend fanden wir ein kleines Rinnsal, tranken gierig, füllten unsere Flaschen mit dem trüben Naß und steckten sie uns unters Hemd, damit das Wasser nicht gefror.

Nach zwölfstündigem Marsch rieselten leise dicke Schneeflocken durch den Nebel, und endlich stellten wir das Zelt auf. Der Schnee war feucht und unsere Kleidung triefnaß. Ich setzte mich mit Ginnie in Verbindung, die vom Tanquary Fjord nach Alert geflogen war, und gab ihr unsere ungefähre Position durch. Dann funktionierte der Kocher nicht, weil die Pumpe keinen Druck hatte. Wir stellten fest, daß das Leder am Kolben vereist war, fetteten es mit Margarine ein und bekamen den Kocher schließlich in Gang, so daß wir uns aufwärmen und trocknen konnten.

Am nächsten Tag war die Sicht wieder schlecht. Wir marschierten weiter, bis wir die Fährten von Moschusochsen überquerten, die in eine enge Schneise auf einer Seite des Talsystems hinaufführten. Mit dem Rücken zum Hang rissen wir unsere Pulkas zweimeterweise nach oben und gelangten schließlich auf einen Bergrücken. Es zeigte sich, daß dieser Rücken mit einem längeren Gebirgsgrat verbunden war, der zu einem Hochplateau mit Schneefeldern und einem nach Nordosten reichenden See führte.

Als wir dort ankamen, brachen die Pulkas teilweise durch die Eisdecke des Sees, und an den Rümpfen blieb Schlamm hängen. Sobald dieser Schlamm an die Luft kam, gefror er, wodurch sich das Gewicht der Pulkas verdoppelte. Mit Mühe hackten wir den Eismatsch ab. Die nächsten fünf Stunden stiegen wir pausenlos durch tiefen Schnee. Meine Schneeschuhe sanken manchmal fünfzig Zentimeter tief ein, bis die Oberfläche fest genug war, um mein Gewicht und die Last des Schlittens zu tragen. Wir schleppten uns bis zum Spätnachmittag weiter. Dann erreichten wir den Fuß der Boulderhügel auf 700 Meter Höhe und biwakierten.

Eiszapfen glitzern in der hellen Sonne. ▼

Drei lange Tage arbeiteten wir uns bei minus 20 °C mühsam durch tiefe Schneefelder. Wegen der ständigen Bewegung trugen wir nur zwei Lagen Kleidung, und uns wurde erst kalt, wenn wir länger als zwei Minuten anhielten, um zu trinken oder Schnee zu essen. Die Stille war überwältigend. Keine Moschusochsen waren mehr zu sehen. Nichts.

Am 23. September kampierten wir am Fuß des großen Eugenie-Gletschers, um dessen ausgeprägte Gletscherzunge Eiszapfen aus einer kurzen Schmelzperiode eines früheren Sommers wie Zähne glitzerten. Nebel zog über das Plateau, nun aber lag der Rand der Grant-Eiskappe unmittelbar zu unserer Linken, und angetrieben von der zunehmenden Kälte, humpelten wir schließlich zur Nordspitze des Plateaus. Dort galt es, viele steile Schneeböschungen zu erklimmen oder hinunterzurutschen. In ehrfürchtiger Scheu arbeiteten wir uns unter den hoch aufragenden Eisfällen des Mount Wood hindurch, wo Zwillingsgletscher 600 Meter tief in einen einsamen See stürzten.

Ich suchte nach einem winzigen Abfluß aus dem See. Der Frost streckte seine eisigen Finger über dem See aus, und wir stolperten glücklicherweise in einen etwa zehn Meter breiten Korridor zwischen zwei Felsvorsprüngen. Dieser enge Durchgang schlängelte sich über Stufen nach Westnordwest. Zweifelsohne befanden wir uns im oberen Canyon des Grant, einer gewundenen Schlucht, die auf einer Strecke von 48 Kilometer zum Meer abfällt. In der Schlucht brauchten wir keine Navigation mehr, denn abzweigende Täler gab es nicht. Kampieren konnten wir nur auf dem Eis. Auch das Wild folgte dem Flußlauf, und die Schneewehen um uns zeigten die Abdrücke unzähliger kleiner Fährten von Füchsen, Hasen, Lemmingen, Karibus und Wölfen.

Die Metallkrallen an unseren Schneeschuhen waren längst auf Felsen und Schiefer abgestumpft und griffen nicht mehr. Alle paar Minuten hallten unsere Flüche von den engstehenden Canyonwänden wider, wenn einer von uns ausglitt und auf die Felsen stürzte. Oft brachen unsere Schneeschuhe durch das Eis, und wir landeten im Flußbett. Auch unsere Pulkas brachen ein, die Rümpfe wurden naß, und wie auf dem Plateausee bildeten sich Eisschichten, die wir abkratzen mußten.

Der Canyon war voller Biegungen und von hohen schwarzen Felsen blockiert. Eine Nacht verbrachten wir in einem drei Meter breiten Engpaß zwischen hohen schwarzen Wänden. Unser Zelt stand auf einer Eisfläche über einem kreisrunden Tümpel. Wir verspeisten unser Soja-Stew und wetteten, wie weit es noch bis zum Meer war. Schon hier lag viel weniger Schnee. Stellenweise bugsierten wir die Schlitten über Hunderte von Metern über blanken Fels.

Am 26. September gegen Mittag kamen wir an eine Stelle, wo der Fluß als gefrorener Wasserfall zehn Meter in die Tiefe stürzte. Von dieser Spalte aus schauten wir auf das Nordpolarmeer hinaus. Bis zum Horizont fiel der Blick über bizarr zerklüftetes Packeis.

Der Weg am Rand des vereisten Meeres entlang führte uns in der Abenddämmerung zu den vier kleinen Hütten, die uns so vertraut waren, den nördlichsten Behausungen der Erde. In 750 Tagen hatten wir auf der Polarachse der Welt eine Reise über 314 Breitengrade gemacht. Nur 46 standen uns noch bevor. Der Blick nach Norden auf die chaotischen, teilweise zehn Meter hoch aufgetürmten Eistrümmer ließ bei mir keinen Zweifel aufkommen: Die härteste Nuß mußten wir noch knacken.

▲ Auf der Zielgeraden nach Alert ziehen Charlie und der Autor durch einen engen Canyon.

Diese letzte schriftliche Botschaft berichtet von Franklins Tod und der Absicht der Überlebenden, sich auf dem Landweg in Sicherheit zu bringen. ▼

▲ Der Arktisrat beschloß 1848, nach Franklin zu suchen, der bereits seit drei Jahren verschollen war.

◀ Erstmals verwendete eine Expedition Lebensmittelkonserven – und vergiftete sich vermutlich durch das Blei aus den Lötstellen der Dosen!

Sir John Franklin, ein erfahrener Seemann und Forschungsreisender, war 59 Jahre alt, als er zu seiner letzten Expedition aufbrach. ▶

Franklins Tod wird hier romantisch verklärt. In Wirklichkeit starb der britische Polarforscher nicht im Rettungsboot, sondern auf seinem Schiff. ▼

Drama im Eismeer

Den Namen Sir John Franklin verbindet man mit einer der größten Tragödien in der Geschichte der Polarforschung. Am 26. Mai 1845 begann die letzte Fahrt des Forschers in England; zwei Monate später wurden seine Schiffe von einem englischen Walfänger im Baffinmeer zum letzten Mal gesehen. Seitdem blieben er und seine 129 Mann starke Besatzung verschollen.

1848 folgten Suchmannschaften Franklins Spuren. Das einzige, was man fand, waren drei Gräber auf einer entlegenen Insel. Weitere entmutigende Nachrichten trafen 1854 ein: Inuit-Jäger berichteten John Rae von der Hudson's Bay Company, daß im Frühjahr 1850 etwa vierzig weiße Männer in der kanadischen Arktis umgekommen seien.

Erst die 1859 von Lady Franklin entsandte Suchexpedition erbrachte ein paar konkretere Beweise – ein vom Kommandanten der *Erebus* und *Terror* verfaßtes Schriftstück. Darin wird geschildert, wie die Schiffe 1845 vom Eis eingeschlossen wurden und daß die Männer beschlossen, bis zum Aufbruch des Eispanzers im Frühjahr an Bord zu bleiben. Allerdings brach der Eispanzer nicht auf. Franklin starb am 11. Juni 1847, die 105 überlebenden Besatzungsmitglieder verließen die Schiffe im April 1848 in der Hoffnung, sich über Eis und Land bis zum nächsten Handelsposten durchzuschlagen. Doch keiner der Männer kam mit dem Leben davon.

Erst in neuerer Zeit hat man die im Jahre 1850 entdeckten Leichname untersucht. Die Analyse ergab einen erhöhten Bleigehalt der Skelette; möglicherweise sind die Männer an Bleivergiftung gestorben. Eine weitere Todesursache könnte Skorbut gewesen sein. Wie die Inuit berichteten, hatten die Männer schwarz verfärbte Zähne und Zahnfleisch, ein klassisches Symptom dieser Vitamin-C-Mangel-Krankheit.

▲ Ein von Lady Franklin entsandter Suchtrupp entdeckte auf der King-William-Insel einen Schneehügel mit ein paar Überresten der Expedition.

Der im Dauerfrostboden konservierte Leichnam des Besatzungsmitglieds John Torrington wies einen gefährlich hohen Bleigehalt auf. ▼

◄ Auf der Beechey-Insel im Norden Kanadas liegen die Gräber der zuerst gestorbenen Expeditionsteilnehmer.

BEINAHE GESCHEITERT

Vor unserer Ankunft in Alert hatte Ginnie fünf Tage lang geschuftet, um die Hütten bewohnbar zu machen. Seit unserem Aufenthalt im Januar 1977 hatte dort niemand mehr überwintert.

Die Haupthütte war eine Garage. Dort sollten Skidoos, Vorräte und Generatoren untergebracht werden. Eine kleine Küchenhütte stand zwanzig Meter entfernt der Garage gegenüber, und drei einräumige Hütten auf einem nahe gelegenen Hang dienten als Schlafräume, eine für Ginnie und mich, eine für Charlie, und wenn der Frühling kam, eine für die Flugzeugcrew und Simon. Ein winziger Schuppen auf dem Hang zwischen den Hütten, mit Eimer und Kunststoffsitz, war die Toilette.

Kurz nach unserer Ankunft besuchte uns Major Reg Warkentin mit seiner Schneeraupe. Er war für das drei Kilometer südlich gelegene Hauptcamp zuständig, das Zuhause der „Chosen Frozen", der „auserwählten Erfrorenen". Diese kanadischen Soldaten und Meteorologen waren die am weitesten nördlich lebenden Bewohner der Erde.

Es gelang Giles und Gerry, alle unsere Versorgungsgüter in der ersten Oktoberwoche nach Alert zu transportieren. Bevor Giles abflog, bat ich ihn, 160 Kilometer westlich unseres Camps an der Küste ein Treibstoff- und Lebensmitteldepot anzulegen.

Beim ersten Sonnenlicht, das zu diesem Zeitpunkt nur drei Stunden anhielt, flogen wir nach Westen. Ich schaute in die Tiefe und sah das in gewaltigen Trümmerwellen aufragende Meereis, unter dem die Küste verschwand. Tiefe Fjorde schnitten in die schroffen Berge ein. Giles inspizierte Kap Columbia, wo ich auf dem Weg zum Nordpol nach Norden auf das Meereis abbiegen wollte. Da kein geeigneter Landeplatz auszumachen war, schwenkte Giles nach Osten zurück. 6,5 Kilometer südlich der nächsten Landmarke, Kap Aldrich, kreiste er über einem namenlosen Gletscher. Nahe der Gletscherzunge landeten wir auf einem Hang mit hartem, geriffeltem Schnee und luden rasch Lebensmittel, Kanister und orangefarbene Markierungsflaggen aus. Wenn Charlie und ich hierherkämen, würde keine Sonne scheinen.

Dies war Giles' letzter Flug für Transglobe. Im Frühjahr sollte Karl Z'berg einspringen. Giles brach mit Simon und Gerry an Bord zum Rückflug nach England auf. Er flog im Tiefflug über uns drei hinweg, die wir ihm von der nebligen Landebahn zuwinkten.

Wir waren nicht lange allein, denn für zwei Tage kam David Mason mit der Hercules geflogen, die von den North West Territorial Airlines gesponsert wurde. Wir luden mehr als 200 Fässer Treibstoff aus, vier Skidoos, die wir zuletzt am Ryvingen gesehen hatten, und eine ganze Menge der ehemals antarktischen Ausrüstung. Anschließend flog David eine Ladung Versorgungsgüter nach Thule. Sie waren für Ginnies entlegenste Funkstation bestimmt, die Station Nord in Ostgrönland. Dorthin wollte

◀ Der Autor und Giles genießen auf dem Flug zum nächsten Lagerplatz, wo sie Treibstoff und Verpflegung deponieren, die atemberaubende Aussicht auf die Gletscher der Ellesmere-Insel.

sie mit der Twin Otter fliegen, wenn wir den Nordpol erreichten. Nach getaner Arbeit kehrte David nach London zurück.

Reg Warkentin lud uns zum Winterfest seines Camps ein, der „Sonnenabschiedsfeier". Später revanchierten wir uns bei 14 der Kanadier mit Tee in unserer Küchenhütte. Ginnie versuchte, den Küchenboden zu schrubben, doch bevor sie das Schmutzwasser aufwischen konnte, war es bereits auf dem Linoleum festgefroren. Ebenso sinnlos war es, den Tisch vor einer Mahlzeit abzuwischen, denn sofort bildete sich eine Eisschicht, auf der Teller und Becher wie auf einer Rutschbahn umherschlitterten.

Wegen des Risikos von Erfrierungen, Unterkühlung oder einfach weil man sich bei schlechtem Wetter verirren konnte, sollten sich die Soldaten in den Monaten der Dunkelheit möglichst nicht außerhalb des Lagers aufhalten. Trotzdem gelang es ihnen, ein bißchen arktische Atmosphäre zu schnuppern. Unter den Camphütten wohnten ein Dutzend Eisfüchse, die einer der Soldaten zu füttern pflegte. Ein Fuchs schnappte nach ihm, und der Soldat mußte die nächsten 14 Tage in einem Kurs zur Verhütung von Tollwut verbringen. Der Fuchs wurde gefangen und zur Untersuchung nach Ottawa geschickt. Ginnie war besorgt, daß auch Bothie gebissen würde, denn Tollwut ist in diesem Gebiet endemisch.

In der letzten Novemberwoche verzeichnete die Wetterstation von Alert mit minus 15,8 °C die für diese Jahreszeit höchste Temperatur seit Beginn der Wetteraufzeichnungen. Für uns waren das schlechte Nachrichten. Was wir brauchten, war ein kalter Winter, damit das Eis dick und fest wurde.

Der Winter im Norden

Täglich verbrachte ich Stunden in der Garage, um jedes Teil für die bevorstehende Fahrt vorzubereiten. Ich wog, schmierte, änderte, packte und kontrollierte Pistolen und Gewehre, nachdem ich sie ein paar Tage geladen im Freien gelassen hatte. Probeweise belud ich die 2,60 Meter langen Stahlschlitten sowie die von Hand zu ziehenden Glasfaser-Pulkas. Aluminiumbrücken zum Überqueren vereister Wasserrinnen im Meer wurden zersägt und umgebaut. Ich testete den Handkompaß auf Abweichungen, je nachdem ob er auf dem Skidoo abgelesen wurde oder nicht, mit laufendem und abgestelltem Motor, ob man ihn in der linken Hand hielt und eine Quarzuhr trug oder in der rechten Hand über den Schneeschuhen mit Metallspikes.

Während wir unsere Vorbereitungen trafen, kündigten vier andere Gruppen ihre Absicht an, im Frühjahr den Nordpol zu erreichen. Ein französisches Team hatte vor, mit Skidoos vom Osten Grönlands zum Pol und von dort nach Svalbard zu

Der Autor traf umfangreiche Vorbereitungen für den letzten Vorstoß, er testete und änderte seine Ausrüstung. Bothie zeigte reges Interesse an den Vorgängen. ▼

fahren. Eine Gruppe Spanier plante eine Schlittenfahrt von Svalbard zum Pol, und drei Russen wollten von Sibirien über den Pol nach Kanada ziehen. Erst Weihnachten hörten wir von einem kanadischen Inuit und drei Norwegern unter der Leitung von Ragnar Thorseth, dem bekanntesten norwegischen Forschungsreisenden unserer Zeit. Weihnachten brachte die kanadische Hercules Post nach Alert, darunter auch einen Zeitungsausschnitt: „Wir wollen den Wettlauf gewinnen und als erste ankommen", sagt Thorseth. „Es macht nur Spaß mit ein bißchen Konkurrenz."

Prinz Charles sprach über Funk mit uns und erwähnte, er habe Gerüchte über ein Wettrennen mit den Norwegern gehört. „Kein Wettrennen", sagte er mir.

◀ Als Schirmherr der Transglobe-Expedition verfolgte Seine Königliche Hoheit Prinz Charles das Vorwärtskommen des Teams genau. Hier steht er in Funkverbindung mit dem Autor, nachdem er Gerüchte über ein Wettrennen gegen die Norweger auf dem Weg zum Pol gehört hatte.

„Nein, Sir", versicherte ich, „ein Wettrennen machen wir nicht."

Doch ich dachte an seinen Hang zu Wettrennen, so kurz sie bei Polospielen oder Jagdrennen sein mochten, und wußte, er hätte nichts dagegen einzuwenden, wenn wir uns stillschweigend ein bißchen gesunden Wettbewerb genehmigten. Ich beschloß, daß wir die Norweger keinesfalls als erste den Pol erreichen lassen würden, ganz gleich, was die Russen, Franzosen und Spanier vorhatten. In gewisser Weise wäre es eine kleine Rache für Scotts Niederlage durch Amundsen vor einem Dreivierteljahrhundert.

Ich besuchte die kleine Wetterstation am Rand des Hauptcamps. Der Meteorologe äußerte sich über unsere Chancen nicht gerade begeistert. „Das Eis ist in diesem Jahr zu Weihnachten erstmals dünner als in den Vorjahren." Ich zuckte innerlich zusammen und bedankte mich. Genaueres wollte ich gar nicht hören.

Mitte Januar setzte endlich die richtige Kälte ein, bei der Nasen und Ohren rissig werden wie brennendes Pergament, das Blut in Fingern und Zehen in Sekunden erstarrt und sich das Meereis langsam in einen unsicheren Damm zum Pol verwandelt.

Im Camp wurden in dieser Woche minus 51,1 °C registriert. In unserer Küche aßen wir in Daunendecken eingehüllt und mit Wollmützen auf dem Kopf, denn die Hütte war eigentlich nur ein Wohnwagen mit Metallwänden, und die Pappbahnen, die ich an die Wände geklebt hatte, isolierten kaum. Doch unsere Stimmung war gut, denn endlich bildete sich Meereis.

Als Ausgleich für meinen Tick, bei offenem Fenster zu schlafen, legte Ginnie eine Wärmflasche unter ihre Daunendecke. Eines Nachts stellte sie fest, daß die Wärmflasche an ihren Füßen steinhart gefroren war. Auch brauchte sie für die Zubereitung der Mahlzeiten länger als sonst. Obwohl die Speisekammer gut isoliert war, mußte Ginnie die dort aufbewahrte – gefrorene – Suppe mit dem Hammer aus den Schüsseln klopfen und Obstkonserven in kochendes Wasser stellen, damit sie bis zur Essenszeit aufgetaut waren. Gepellte rohe Eier waren wie Golfbälle, nur sprangen sie nicht so gut. Doch diese kleinen Nebenwirkungen der Kälte machten uns nichts aus: Das alles diente einer guten Sache.

Am 29. Januar sah ich erstmals ganz deutlich die Aurora borealis, das Nordlicht. Es zeigte sich nicht nur als elektrisches Flackern in einer Sommernacht, wie es häufig im Schottischen Hochland zu beobachten ist, sondern strahlend grüne und weiße Lichtvorhänge flatterten auf. Sie entfalteten atemberaubende Muster, gingen von einem ins andere über und verblaßten erst nach einer Stunde fast hypnotischer Faszination allmählich.

Nun mußte ich mir über den genauen Zeitpunkt unseres Abmarsches klarwerden, damit wir das Nordpolarmeer überqueren und das ferne Spitzbergen erreichen konnten. Wichtig war, zu einem früheren Zeitpunkt weiter voranzukommen als 1977. Genauer gesagt, mußten wir den Pol spätestens Mitte April erreichen. In Polnähe wären wir außerhalb des Zugriffs der Beaufort-Gyral-Strömung, die Eis bis Alert und in das Packeis des transpolaren Driftstroms treibt, der über den Pol bis nach Grönland und Svalbard reicht. Dann konnten wir auf einer 2000 Seemeilen langen Driftfahrt damit rechnen, dort zu landen, wohin uns das bis dahin aufgebrochene Packeis tragen würde. Ich hoffte, daß die *Benjy B.* in den südlichen Packeisrand eindringen und uns bei Spitzbergen auflesen könnte, ohne selbst zerdrückt zu werden.

War eine solche Fahrt in einer arktischen Sommersaison überhaupt möglich? Noch nie zuvor hatte sie jemand unternommen. Wally Herbert, der einzige Mensch, der jemals das Nordpolarmeer überquerte, hatte zwei Saisons dafür gebraucht.

Damals, 1977, war der 14. März unser endgültiges Startdatum gewesen. Nun beschloß ich, am 14. Februar aufzubrechen. Was mich am meisten beunruhigte, war, daß wir in der Dunkelheit Erfrierungen davontragen könnten.

Als Charlie und ich Alert verließen, war das Wetter klar. Wir fuhren in offenen Skidoos, die jeweils einen Schlitten mit rund 300 Kilo Campingausrüstung, Treibstoff, Ersatzteilen und Gerätschaften im Schlepptau hatten. Das Thermometer zeigte minus 45 °C an, doch der Wind kühlte die Temperatur auf minus 90 °C ab. Folglich hatten wir uns in unsere komplette antarktische Schlittenfahrtmontur eingepackt. Kurz nach Mittag herrschte vier Stunden lang genug Dämmerlicht, daß jemand mit etwas Erfahrung und gesundem Menschenverstand unterwegs sein konnte. Reg Warkentin und sechs andere kamen zum Abschied, und die Lichtstrahlen ihrer Taschenlampen schossen unter Wolken aus gefrierendem Atem hin und her.

Ich verabschiedete mich von Ginnie. Wir hatten die Nacht zuvor in unserer Hütte

Als der Autor und Charlie Alert verließen, zeigte das Thermometer minus 45 °C, eine Temperatur, die sich bei Berücksichtigung des „Wind-chill-Faktors" wie minus 90 °C anfühlte. ▼

verbracht und uns nach und nach der Realität verschlossen. Im Lauf der Jahre hatten wir gemerkt, daß es besser so war. Der quälende Abschied von ihr war schmerzlicher als in Antarktika, denn wir wußten beide, daß die Überquerung im Süden im Vergleich zu der bevorstehenden Fahrt ein Spaziergang gewesen sein dürfte. Ich startete den Skidoo mit einem Ruck und fuhr aus dem Lichtschein zwischen den Hütten. Als ich zurückblickte, sah ich, wie Ginnie bei den Hunden kauerte und in die dunkle Passage starrte, durch die wir abgefahren waren. Das Bild blieb wie eine Fotografie in meinem Gedächtnis haften.

Die Fahrt im Dämmerlicht

Weil wir die kurzen Stunden des Dämmerlichts ausnutzten und uns an unsere Fahrt vor fünf Jahren erinnerten, kamen wir ein großes Stück voran. Am zweiten Morgen entdeckten wir die runden Fußspuren eines Bären. Es ist bekannt, daß sie an diesem Küstenstrich vorkommen, wo sie in offenem Wasser fischen können. Wir kontrollierten unsere Waffen und hielten sie in Reichweite. Stellenweise drückten sich die Eismassen heftiger gegen die Küste als 1977 und zogen sich weiter den Strand hinauf. An anderen Stellen, wo sich damals Wälle aus Eistrümmern aufgetürmt hatten, war alles frei.

▲ Eine Fährte mit gewaltigen Pfotenabdrücken erinnert den Autor daran, daß er sich im Land der Eisbären befindet.

Bis zum Kap Delano hielt ich mich an die geplante Route, doch bloßliegende Kiesstellen westlich der Dana Bay, die für die Schlittenkufen mörderisch waren, zwangen mich, nach Norden über die Gebirgspässe der Feilden-Halbinsel auszuweichen. Als die Dämmerstunden zu Ende gingen, fand ich mich auf einem Steilhang wieder. Charlie versuchte, meinen Spuren zu folgen, doch das ist oft schwieriger als eine unbefahrene Strecke zu nehmen, die den schlitternden Raupen des Skidoos besseren Halt bietet. Charlies Schlitten kippte zweimal um. Beide Male konnte er ihn aus eigener Kraft aufrichten, doch jedesmal war er ein Stück über das Schneefeld, unter dem die Kliffe einer engen Schlucht lagen, nach unten gerutscht. Mit großer Vorsicht umfuhren wir dieses Kliff und gelangten auf einen weiteren Steilhang, von dem wir die Schlitten Stückchen für Stückchen nach unten brachten. Als wir am Rand der James-Ross-Bay unser Zelt aufschlugen, war es bereits dunkel. Tiere gab es in unserer Umgebung nicht. Bis zum Frühling dauerte es schließlich noch ziemlich lange.

Am 15. Februar lavierten wir uns durch eine Art Hohlweg zwischen den Bergen und stiegen zum Sail Harbour ab, der ringsum von Schneefeldern umgeben ist. Hier lag weicher, tiefer Neuschnee, weshalb sich unser Tempo verlangsamte.

Die Hügel fielen auf allen Seiten ab und gaben den Blick auf einen gewaltigen Meeresarm frei, Clements Markham Inlet, der an der Mündung 16 Kilometer breit ist und tief in die Berge des Inlands vordringt. Der Himmel war so dunkel, daß man die größten Sterne sehen konnte, doch die Luft war klar, und der Blick reichte bis zum gewaltigen Massiv des Mount Foster, der wie ein Wachposten an der Westseite dieses wilden, majestätischen Fjords aufragt. Wir biwakierten in eisiger Kälte 18 Kilometer westlich des Fjords. In der Dunkelheit unterlief einem nur zu leicht ein kleiner Fehler, etwa Finger und Zehen dem heraufkriechenden, beißenden Frost etwas zu lange auszusetzen.

Am 16. Februar abends machte ich das Lebensmittel- und Treibstoffdepot aus, das Giles südlich unserer Route über das Eisschelf des Kap Aldrich angelegt hatte. Wir verbrachten dort eine Stunde mit dem Auffüllen von Vorräten und Umpacken, dann schlugen wir ein Stück weiter nördlich unser Lager auf.

Am nächsten Tag brachen wir zeitig auf. Über der Küste dampfte bräunlicher, dichter, gefrorener Nebel, ein sicherer Hinweis auf offenes Wasser in nächster Nähe; vermutlich hatte sich über Nacht durch die Gezeiten eine Eisspalte an der Küste geöffnet. Offenes Wasser mitten im Winter, lange vor Sonnenaufgang und an einer Stelle mit besonders hohem Druck auf die Küste war bedenklich. Wir umfuhren die dampfenden Spalten und hielten uns möglichst in Landnähe, wenn uns Eistrümmerfelder auf das Meereis zwangen. Zwischen den vom Meer her immer näher rückenden Wällen aus Preßeis und den steilen Gletschern, die sich vom Mount Cooper Key herabwälzten, lag ein enger, stellenweise nur knapp zehn Meter breiter Durchgang. In diesen krochen wir hinein, denn einen anderen Weg nach Westen gab es nicht. Am Fuß eines steilen Schneehanges kurz vor dem Kap Columbia kamen wir wieder hinaus. Wir bestiegen das Kap, und ich sah mir eine Weile die unmittelbare Umgebung an, denn nun mußte ich eine Route nach Norden über das Meereis suchen.

Im Süden zeichnete sich die schwarze Masse des Kap Columbia ab. Westlich des Kaps erstreckten sich die welligen weißen Schichten des Ward-Hunt-Eisschelfs 16 Kilometer nach Norden ins Meer. 1961 hatte sich das Gebiet durch massives Kalben des Schelfeises um rund 500 Quadratkilometer verkleinert. Die Eisinseln trieben nach Osten und Westen, und Luftaufnahmen ließen darauf schließen, daß Kap Columbia an einer Stelle lag, wo sich westliche und östliche Strömungen teilen. Damit wäre Kap Columbia der beste Ausgangspunkt für eine Fahrt nach Norden, denn die Inlandroute wäre nicht von den jeweiligen Strömungen beeinflußt.

Am Fuß unseres Hügels lagen große Preßeisberge, die sich stellenweise zwölf Meter hoch auftürmten. Sie bildeten einen Wall zwischen dem Schneefeld und dem vereisten Meer, an manchen Stellen befanden sich jedoch enge Lücken. Wir stiegen vom Hügel ab, schlitterten eine Rampe hinunter, nachdem wir uns ein wenig mit der Axt zu schaffen gemacht hatten, um einen sechs Meter breiten Hohlraum zu überbrücken. Am 17. Februar, zwei Wochen vor Sonnenaufgang und etliche Tage früher als alle unsere Vorgänger, kampierten wir erstmals auf dem Meereis, rund 300 Meter von der Küste entfernt am Rand eines scheinbar endlosen Feldes mit undurchdringlichen Eistrümmern.

Nach unserem fehlgeschlagenen Versuch von 1977, den Pol zu erreichen, hatte ich einen pessimistischen Plan ausgearbeitet, der für die erste Etappe des Vormarschs auf dem Nordpolarmeer nur etwa 800 Meter am Tag vorsah. Am ersten Tag unserer

Arbeit im Dämmerlicht blieben wir, wenn auch nur knapp, unter unserem Soll, denn wir räumten auf einer Strecke von 700 Metern Eistrümmer aus dem Weg. Die „Autobahn", die wir mit Axt und Schaufel bauten, war so breit wie ein Skidoo und verlief im Zickzack zwischen Eiswällen und vereinzelten Blöcken.

Am Ende der Dämmerstunden am 19. Februar hatten wir weitere 200 Meter freigehackt, und ich beschloß, die Skidoos über die rund tausend geräumten Meter von unserem ersten Camp an der Küste herbeizuholen.

Trotz der geleisteten Vorarbeit gab es noch viel Schieben und Ziehen, Schlingern und Schwitzen. Sobald wir innehielten, verwandelte sich der Schweiß in unserer Unterwäsche in Eisteilchen.

Wie ich wog auch Charlie 84 Kilo. Wenn wir also unser Gewicht vernünftig einsetzten, konnten wir mit vereinten Kräften die in beladenem Zustand 360 Kilo schweren Skidoos und die 270 Kilo schweren Schlitten zentimeterweise über jede neue Blockade hieven. Von Fortschritt konnte allerdings kaum die Rede sein. Kurz vor dem Ende der geräumten Strecke brach die Antriebsachse meines Skidoos. Das war's. Ich beschloß, auf Menschenkraft zurückzugreifen und die Skidoos stehenzulassen.

In Alert hatte ich zwei 2,40 Meter lange Glasfaserschlitten zum Ziehen und die dazugehörige leichte Ausrüstung getestet. An diesem Abend bat ich Ginnie, uns die neue Ausrüstung am nächsten Tag mit der Twin Otter bringen zu lassen. Im Zelt stellte ich Listen kleiner Dinge zusammen, die wir ebenfalls brauchten. Obwohl wir wie in einem dunklen Tiefkühlschrank lagen, gab ein Plastikbeutel an einer Kordel unter dem Zeltdach ausreichend Licht ab. Der Beutel war mit Leuchtperlen gefüllt, die ein grünliches, beruhigendes, wenn auch irgendwie satanisches Licht ausstrahlten.

Am Morgen transportierte ich die Schlitten langsam zur Küste zurück. Ich hatte Glück und fand einen 400 Meter langen, flachen Eisstreifen ohne Hindernisse, eine einmalig gute Stelle, wo ein Flugzeug mit Schneekufen auch im Halbdunkel ohne weiteres landen konnte. Zwölf Stunden später landeten Karl und Simon in der zwielichtigen Dämmerung. Wir schüttelten uns die Hände. Die Pulkas und Ausrüstungsgegenstände waren im Handumdrehen ausgeladen und unsere Stahlschlitten mit Kisten und Treibstoff beladen.

„Laßt die Skidoos und das große Zelt zurück", meinte Karl. „Ich hole sie ab, wenn es hell ist." Ich bat Simon, die beiden leichten Skidoos in Alert startklar zu machen. Es waren Maschinen mit nur 250 cm³ Hubraum, die eine Person problemlos handhaben konnte. Wenn die Trümmerzone endete oder ein bißchen besser wurde, hoffte ich, sie ausprobieren zu können. Dann wollte ich feststellen, ob sie wirklich besser waren als unsere schweren 640-cm³-Maschinen, wie man mir oft genug gesagt hatte.

Und so begann am 22. Februar unser langer Marsch.

Schlittenziehen

Vier lange Tage zogen, schwitzten und froren wir auf dem endlosen Trümmerfeld. Am Ende der vier Tage hatten wir 18 endlose Kilometer zurückgelegt. Das hört sich nicht besonders beeindruckend an, es sei denn, man hat schon einmal Preßeiszonen mit Trümmerbergen erlebt und sie in der Dunkelheit bei minus 40 °C durchquert.

Nach den ersten acht Stunden waren Unterwäsche, Socken, Gesichtsmasken und Jacken schweißnaß oder zu Eis erstarrt, je nachdem ob wir gerade zogen oder

Als die Eisrücken immer schwerer zu überwinden waren, ließ der Autor den Skidoo stehen und zog den Pulka selbst über das Eis. ▼

rasteten. Jede Ladung hatte rund neunzig Kilo. Das neue Zelt wog nur 4,5 Kilo, doch es war schwer warm zu halten. Es war klein und igluförmig, und zum Trocknen der Kleidung war kaum Platz. Man konnte sie nur auf einem aufgespannten Netz ausbreiten, und dann tropfte es auf uns, unsere Taschen und in den abendlichen Eintopf. Die Kleider richtig zu trocknen war nie möglich, doch mit ein bißchen Mühe konnte man sie zumindest vom nassen in einen feuchten Zustand versetzen.

Am 2. März wachten wir wie gewöhnlich auf, unser Atem dampfte, und wir fühlten uns verkrampft. Die Außentemperatur betrug minus 43,8 °C, im Zeltinnern erhöhte sich die Temperatur durch die Körperwärme auf minus 37,8 °C, doch ich stellte kaum einen Unterschied fest. Morgens tranken wir eilig einen Becher Kaffee, den wir am Vorabend aufgebrüht und in einer gepolsterten Thermosflasche warm gehalten hatten. Das war unser Frühstück, das uns den Mut gab, den Reißverschluß am Schlafsack zu öffnen und in die steif gefrorenen Kleidungsstücke und Stiefel zu steigen.

Wie unsere Vorgänger nahmen wir den Kampf gegen die Elemente auf. Diesmal marschierten wir wie Scott und seine Leute hintereinanderher. Einen Unterschied zwischen unserer und Scotts Bekleidung gab es kaum, bis auf unsere Fußbekleidung, die weitaus besser war, solange man die Stiefel beim Biwakieren sorgfältig trocknen ließ. Charlie und ich trugen je ein Paar Baumwollsocken unter Wollstrümpfen, ein baumwollenes T-Shirt unter einer Windjacke mit Reißverschluß, eine winddichte Hose über einer langen Unterhose aus Baumwolle und eine Gesichtsmaske.

Auch in unseren Kochgewohnheiten entsprachen wir Scott weitgehend, außer daß wir nur abends aßen und unsere Trockenverpflegung mit zwei Vitaminpillen täglich ergänzten – ein wichtiger Unterschied.

Die Wetterverhältnisse waren in unserem Fall drei Wochen lang wesentlich härter, weil wir bei niedrigeren Temperaturen und im Halbdunkel fuhren. Wie Scott wurden wir von dem Wissen angespornt, daß ein norwegisches Team dasselbe Ziel hatte, obwohl wir keinerlei Einzelheiten über ihren Fortschritt erfuhren. Das Gelände, über das wir uns vorkämpften, war natürlich von hohen Eiswällen und Fallgruben aus weichem Schnee durchzogen, mit denen Scott in Antarktika nicht zu kämpfen hatte. Doch wir hatten nur 160 Kilometer auf diesem schrecklichen Gebiet vor uns, dann sollte es besser werden, und wir konnten uns hoffentlich die Skidoos von Karl herbeifliegen lassen.

Dünnes Eis und aufeinanderprallende Eisschollen bargen die größten Gefahren für uns. Für Scott waren es die verborgenen Spalten, die auch wir in Antarktika gehaßt hatten. Er fürchtete Schneestürme, die für die Jahreszeit ungewöhnlich waren, wir machten uns Sorgen wegen außergewöhnlicher Wärme und unberechenbarem Packeis. Er verließ sich darauf, seine vorher angelegten Depots auffinden zu können, wir waren auf unseren Leitstrahlsender angewiesen, der über eine Entfernung von 65 Kilometern einen Impuls an unser Flugzeug abgab. Wenn der Sender nicht funktionierte, war es möglich, daß wir auf einer von treibenden Eistrümmern bedeckten Fläche von 13 Millionen Quadratkilometern für immer verschollen blieben. Scott bewegte sich auf Eisflächen, die von Land umgeben waren, und seine Route war vorhersagbar. Unser Vorwärtskommen wurde sechs Monate lang vorwiegend von den unberechenbaren, treibenden Eisschollen bestimmt, die uns mitnahmen. Wie Scott verfügten wir zur Navigation über einen Kompaß und die Sonne.

▲ Allabendlich bereitete Charlie, über dem kleinen Kocher kauernd, die einzige Mahlzeit des Tages zu.

Am 3. März nahm unsere Welt einen rosigen Schimmer an, als der blutrote Sonnenball kurz über das vereiste Meer glitt. Die Sonne war natürlich unser größter Feind. Bald würden ihre Strahlen mit ihrer tödlichen Arbeit an der Eisdecke auf dem Meer beginnen und die dünneren Stellen schmelzen lassen. Trotzdem war die Sonne nach viermonatiger Abwesenheit für einen Augenblick ein willkommener Freund.

Nun hatte ich das Gefühl, es gebe eine Chance, auf unserem Vormarsch die leichten Skidoos einzusetzen. Ginnie sagte uns, falls die Wetter- und Eisverhältnisse es erlaubten, sollten uns die beiden Spielzeugmaschinen am nächsten Tag aus Alert gebracht werden. Simon ging zur Garage und traf die Vorbereitungen. Er beschloß, sie über Nacht in der Garage zu lassen, damit sie sich am nächsten Morgen besser starten ließen.

Kurz vor vier Uhr morgens schrillte ein Feldtelefon, das zwischen Ginnies Behausung und dem 3,5 Kilometer weiter südlich liegenden kanadischen Camp provisorisch installiert worden war.

„Irgendwo bei euren Hütten sehe ich Flammen", meldete der diensthabende Wachmann.

Durch ihr vereistes Fenster sah Ginnie einen orangefarbenen Schein aus der Garage leuchten. Sie stürzte hinüber und riß die Schiebetür auf. Die Garage stand in hellen Flammen. Die beiden Skidoos waren bereits verbrannt, ebenso wissenschaftliche Ausrüstungen, Maschinen, Ersatzteile, Verpflegung und alle die Dinge, die ich den Winter über umgebaut hatte. Im rückwärtigen Bereich der Hütte waren acht Fässer mit jeweils 200 Liter Benzin aufgestapelt und tief im Eis eingefroren. Ginnie versuchte den Brand mit vier Feuerlöschern zu bekämpfen, doch genausogut hätte sie in die Hölle spucken können. Sie rannte zu den anderen Hütten hinunter und weckte Simon, Karl und einen Mann aus dem Filmteam, doch ihre Bemühungen waren vergebens. Ohnmächtig sahen sie zu, wie die acht Benzinfässer explodierten und bald darauf Salven von Leuchtraketen und Kugeln ein übriges taten.

Die Ursache des Brandes werden wir wahrscheinlich nie ergründen, doch er hatte eine unvorhergesehene Nebenwirkung. Bis dahin war die Expedition noch nicht einmal in den britischen Medien auf ein Fünkchen Interesse gestoßen, plötzlich aber wurden wir in Zeitungen und auf Fernsehschirmen weltweit erwähnt: „Brand in Polarbasis. Nordpolexpedition in Flammen."

Wir draußen auf dem Meereis hatten Lebensmittel für eine Woche, und so versuchten wir, die Katastrophe in Alert zu verdrängen.

▲ Robert E. Pearys Schiff, die *Roosevelt*, um 1909, eingeschlossen im Eis vor der Ellesmere-Insel. Peary (rechts) behauptete, als erster Mensch den Nordpol erreicht zu haben.

Der lebensfeindliche Norden

Robert Edwin Pearys Behauptung, er sei am 6. April 1909 zusammen mit seinem schwarzen Diener Matthew und einer Gruppe Inuit als erster am Nordpol gewesen, wird von manchen Historikern vehement widersprochen. Ohne Zweifel ist jedoch, daß Polarexpeditionen oft das Letzte von den Teilnehmern fordern – physisch, vor allem aber auch psychisch. So schrieb Peary in seinem Tagebuch über die Strapazen der arktischen Polarnacht: „Vier Monate lang, 120 endlose Tage, ist Nacht, nichts als sturmdurchtobte, bitterkalte Nacht." Auch die grenzenlose, für den Menschen schier unerträgliche Einsamkeit erwähnte er: „Auf dem täglichen Marsch waren mein Geist und mein Körper viel zu sehr mit dem Problem beschäftigt, möglichst viele Meilen zurückzulegen, als daß ich die Schönheit der eisigen Wildnis hätte genießen können, die wir durchquerten..., wir, die einzigen Lebewesen in einer unberührten, farblosen, unwirtlichen Eiswüste... Nichts als das lebensfeindliche Eis und noch lebensfeindlicheres eisiges Wasser lagen zwischen unserem abgelegenen Ort auf der Weltkarte und den nördlichsten Landspitzen auf unserer Mutter Erde. Manchmal erklomm ich den Gipfel einer Eiszinne nördlich unseres Lagers und schaute angestrengt in die weiße Weite, die sich vor mir ausdehnte. Ich versuchte mir vorzustellen, ich sei bereits am Pol..."

Mit jedem Tag machte sich die Wirkung der unerbittlichen Kälte bemerkbar, und unser Tempo ließ nach. Am schlimmsten fand ich es, die Spur zu bahnen oder wenn die Schneeschuhe bei jedem Schritt in dem tiefen, weichen Schnee auf den Schollen versanken oder in versteckte Löcher zwischen den Eisblöcken, den reinsten Fußangeln, einbrachen. Die Beine schmerzten, und die Schultern waren von den Zugriemen aufgeschürft. Meine Nasenflügel waren seit zwei Wochen wund und rot, nun hatte auch noch der Nasenrücken Erfrierungen abbekommen. Die Haut schälte sich und blutete, wenn das rauhe und vereiste Material der Gesichtsmaske daran scheuerte.

Abends tauten wir die panzerharten Gesichtsmasken über dem Kocher auf, wobei sie den Geruch der im Wasser aufquellenden Trockenmahlzeit aufsaugten. So plagten wir uns jeden Tag weiter voran und atmeten dabei das Aroma des Essens vom Vorabend ein. Das war frustrierend, weil wir tagsüber nichts aßen, denn durch die kleine Mundöffnung in den Masken ließ sich kein Essen zwängen.

Auch nachts hatte das Gesicht am meisten auszuhalten. Wenn man es sich in seinem Schlafsack gemütlich zu machen versuchte und die Kordel über dem Kopf zuschnürte, bildete sich durch die Atemluft eine dicke Reifschicht um den Kopf, Reifteilchen fielen am Hals hinunter oder blieben auf dem Gesicht oder in den Ohren liegen. Ließ man aber am oberen Ende des Schlafsacks eine Öffnung für Mund und Nase frei, dann begann die Nase fürchterlich zu schmerzen, sobald die Wärme des Kochers nachließ und die Temperatur auf etwa minus 40 °C sank.

▲ Die Garage in Alert brennt lichterloh. Das Feuer vernichtet unter anderem die Skidoos und die Treibstoffvorräte.

Am 7. März, meinem 38. Geburtstag, hatten wir drei Wochen lang bei Temperaturen gelebt, die viel tiefer waren als im Gefrierschrank, und der Wind blies in der Regel mit etwa 15 Knoten. Uns beiden war nun klar, warum sich Menschen in diesen Breiten nicht vor März auf das Meereis wagen. Es hatte uns eine Menge Kraft gekostet – vielleicht zu viel. Charlie schrieb über diese Tage:

> Statt der etwa drei Liter Flüssigkeit am Tag, die wir brauchten, tranken wir nur etwa einen Liter und waren deshalb dehydriert. Wenn man dehydriert ist, wird man schwächer. Ich kann mich an Zeiten erinnern, in denen Ran und ich vor Müdigkeit nicht einmal eine Axt hochheben konnten. Wir schleppten uns zurück, hoben kaum noch die Füße aus dem Schnee, krochen ins Zelt und schliefen wie tot.

Wäre es vernünftiger, verantwortungsbewußter gewesen, wenn wir aufgegeben hätten? Wer kann das schon sagen?

Die Katastrophe bricht über uns herein

Am 8. März informierte Ginnie uns, daß die Franzosen in Grönland eingetroffen seien und ihren Versuch zur Überquerung der Arktis starteten. Die Norweger waren drei Tage zuvor mit Skidoos von Resolute Bay aus aufgebrochen. Ginnie meinte, sie würden mehr oder weniger von derselben Stelle an der Küste abfahren wie wir.

Später am Tag machte Karl uns während einer kurzen Pause zwischen Schneestürmen in einer flachen, aber engen „Gasse" ausfindig. Es gelang ihm zu landen, und er lud zwei Skidoos ab, etwas schwerere Modelle als die beiden, die verbrannt waren.

Mit Menschenkraft hatten wir durchschnittlich elf Kilometer am Tag geschafft und über 160 Kilometer in übelsten Preßeiszonen zurückgelegt. Mit den Skidoos ging unsere Leistung auf 1,5 Kilometer am neunten und 3,5 Kilometer am zehnten Tag zurück. Es war das alte Problem: Im Gegensatz zu den von Menschen gezogenen Schlitten sind Skidoos nicht in der Lage, kleine Eistrümmerberge, geschweige denn Wälle aus Eisblöcken zu überwinden. So vergingen die Tage mit endlosem Ziehen und Schieben, Festfahren und Umkippen und den unvermeidlichen Pannenpausen.

Als Karl uns die neuen Skidoos brachte, hatte er unsere Zugschlitten mitgenommen, nun blieb uns nichts anderes übrig, als mit diesen untauglichen Maschinen weiterzufahren oder zu warten, bis er uns die ursprünglichen Alpenmodelle brachte. Die Warterei dauerte vier Tage, denn über dem Packeis hing ein hartnäckiges Whiteout, und der Wind frischte auf. In dieser Zeit gelangten wir auf eine etwas größere Eisscholle mit einer eventuellen Landebahn in der Mitte, doch bei dieser Aktion brach die Antriebswelle meines Fahrzeugs. So biwakierten wir und warteten, und währenddessen trieben wir langsam zur Küste zurück, von der wir uns unbedingt entfernen wollten. Das Packeis war in Bewegung geraten.

Am 14. März flogen Karl und Simon mit den alten Skidoos nach Norden zu unserer angeschlagenen Eisscholle. Zehn Minuten nach ihrem Abflug senkte sich eine Nebelbank auf die Eisscholle, Wind kam auf und heulte über dem zersprungenen Packeis. Doch wir wollten unbedingt weiterfahren, nachdem wir nun unsere Skidoos zurückhatten. Sie waren zwar schwer und ramponiert, doch wir kannten alle ihre Mucken, hatten wir doch den südlichen Kontinent mit ihnen überquert.

Wir fuhren in eine Schneewand, die von Nordwesten herbeigeweht wurde. Vor mir sah ich kaum etwas, weil mir fliegende Eisteilchen in die Augen stachen. Zweimal schlitterte ich in klebrigen Eisbrei und hielt den Atem an, als die Raupen des Skidoos rutschten und sich festzukrallen versuchten. Beide Stellen waren unter Schneewehen verborgen. Es hätte mir eine Warnung sein sollen, aber es war so angenehm, wieder auf dem Weg zu sein, daß ich bis in die zunehmende Dämmerung weiterfuhr.

▲ Eisschollen und frisches, dünnes Meereis treiben mit der Strömung.

Die offenen Kanäle vermehrten und verbreiterten sich. Bald öffnete sich ein Netz von Wasserrinnen, die in dem spärlichen Licht und unter dem Neuschnee fast nicht zu erkennen waren. Hin und wieder drehte ich mich nach Charlie um. Das tat ich einmal zu häufig und wäre um ein Haar in eine breite Rinne gefahren. Kaum hatte ich sie hinter mir, als ein abzweigender Kanal meinen neuen Kurs versperrte. Wieder schwenkte ich zur Seite – diesmal zu spät. Skidoo und Schlitten schlitterten in die Rinne, und ich wurde bis an die andere Seite geschleudert. Ich brach durch die Schneekruste, meine Stiefel liefen voll Wasser, doch ich hing mit der Brust am Rand des Eises und kletterte hinaus.

Der Skidoo war außerhalb meiner Reichweite und sank in die Tiefe. Innerhalb von Minuten war er verschwunden, die 450 Kilo Gewicht rissen ihn auf den tiefen, dunklen Meeresboden. Langsam kippte auch der Stahlschlitten. Ich kam gerade noch an sein Vorderteil heran und griff nach einem Zurrgurt. Dann schlang ich den Gurt um meinen Lederfäustling, damit er nicht wegrutschen konnte.

Charlie war zwanzig Meter von mir entfernt, er hatte keine Ahnung, was los war. Auch war er nicht imstande, bei dem Lärm seines Skidoos mein Rufen zu hören. Ich konnte nicht aufstehen, um ihn auf mich aufmerksam zu machen, das gelang mir erst im Liegen mit meiner freien Hand. Charlie sah es und kam sofort herbei. „Versuche, das Zelt zu retten!" rief ich.

◀ Die Bedingungen auf dieser Etappe waren extrem gefährlich. Oft lag Neuschnee auf einer Eisschicht, die zu dünn war, um die Skidoos zu tragen.

Das Zelt war in einer Kiste auf dem hinteren Teil, und weil der Schlitten an diesem Tag bereits in Meerwassergräben gelandet war, waren die Gurte mit einer harten, glänzenden Eisschicht bedeckt. Mit seinen dicken Handschuhen konnte Charlie sie nicht losbinden. Also zog er die Handschuhe aus, was wir außerhalb des Zeltes nur äußerst selten wagten, und begann an den vereisten Gurten zu zerren. Gleichzeitig sank der Schlitten langsam aber sicher, und ich merkte, daß mein Arm bis aufs äußerste gedehnt war. Ich konnte den Schlitten nicht viel länger halten. Mit meiner freien Hand öffnete ich die zweite Kiste und zog das Funkgerät und den Leitstrahlsender heraus. Charlie kam nicht an das Zelt heran, aber er löste die Gurte an einer anderen Kiste und rettete meinen Theodoliten. Auch ein Bündel mit zehn Zeltstangen, das separat am Schlitten festgezurrt war, nahm er herunter. Doch schon war seine eine Hand gefühllos geworden, und auch mein Arm hielt den Zug nicht mehr aus. Mein ausgestreckter Körper wurde langsam über die Kante des Eises gezogen.

„Ich lasse los", warnte ich ihn, und innerhalb einer Minute war der Schlitten lautlos versunken. Und mit ihm das Zelt.

▲ Nachdem die Gurte der Zeltkiste mehrmals wasserdurchtränkt waren, ließen sie sich nicht mehr lösen.

Daß man erfrorene Gliedmaßen schnell aufwärmen muß, wußten wir seit langem. Wärme bedeutete ein Zelt. Ich verband die Zeltstäbe miteinander und steckte die Enden in den Schnee, so daß das Gerüst für einen kleinen Iglu entstand. Darüber warf ich die Plane, mit der Charlie sonst beim Biwakieren unsere Skidoos zugedeckt hatte. Mit Charlies Schaufel schippte ich Schnee auf die Ränder der Plane. Sämtliche Kochgeräte und die Hälfte unserer Verpflegung befanden sich auf meinem Schlitten irgendwo tief unter uns, doch zum Glück hatte Charlie einen Löffel, einen Becher, einen Ersatztopf und einen Ersatzpetroleumkocher.

Während ich unseren Unterschlupf fertigstellte, gab sich Charlie große Mühe, seine Hand am Leben zu erhalten. Er schwang sie hin und her, damit Blut durch den Arm in seine weißen, gefühllosen Finger strömte. Sobald der Ersatzkocher angezündet war, packten wir unsere gesamte Ausrüstung in den Unterschlupf, und Charlie verspürte in einem wunderbaren, aber schmerzhaften Prozeß, wie Gefühl in seine Finger zurückkehrte.

In dieser Nacht betrug die Temperatur minus 40 °C. Beide paßten wir auf keinen Fall in Charlies Daunenschlafsack. Doch Charlie gab mir die wasserdichte Außenhülle und einen Innenschlafsack aus Stoff, die die Kälte wenigstens zum Teil abhielten. In dieser Nacht war Zähneklappern angesagt, und als sie halb vorbei war, machte ich uns eine Tasse Kaffee.

Ich hatte einen dummen Fehler gemacht, und das wußten wir beide. In meinem Übereifer, nach Norden voranzukommen, hatte ich wertvolle Ausrüstung verloren und um Haaresbreite ein paar von Charlies Fingern auf dem Gewissen. Seitdem wir die Küste verlassen hatten, hatte ich täglich Aufzeichnungen über die Eisverhältnisse, die Häufigkeit offener Wasserrinnen, die Maße größerer Preßeiswälle und das eventuelle Alter von Schollensystemen gemacht. Alle meine Aufzeichnungen waren versunken, ebenso meine persönlichen Sachen, die Ersatzkleidung und der Öltuchbehälter mit den beiden einzigen Gegenständen, die mich auf jedem Meter unseres Weges begleitet hatten: dem Zwerg Buzzard und der Maus Pike.

Um Mitternacht funkte ich Ginnie an. Sie versprach, uns so bald wie möglich den für das Camp bestimmten Skidoo, den Schlitten, den Ollie benutzt hatte, samt seiner Standardladung und ein Zelt des Filmteams zu schicken.

Sobald das Wetter aufklarte, fand Karl 800 Meter von meinem Unfallort entfernt einen Landeplatz. Auf dem Rückflug zur Ellesmere-Insel warnte er uns, das Packeis sei nun erschreckend weit aufgebrochen. Er meldete große, offene Wasserflächen.

Das Eislabyrinth

Der Wind flaute bald auf 18 Knoten ab, und wir waren von einer neuen Nebelbank umwabert, die mir die Navigation durcheinanderbrachte und unseren Vormarsch verlangsamte. Ich zählte sieben breite Rinnen mit grauem, gallertartigem Eis, das sich unter unseren Skidoos bog und unter den schwereren Schlittenkufen aufbrach. Solche Flächen überquerten wir an verschiedenen Stellen und mit Höchstgeschwindigkeit.

Die ein bis zwei Preßeisrücken je Kilometer hatten eine durchschnittliche Höhe von drei Metern, manche erreichten sechs Meter. Dazwischen erstreckten sich Trümmereisfelder, oft von einem Gewirr von Gängen durchzogen, die wir durchquerten, ohne wie im südlicher gelegenen Packeis ständig erst Eis weghacken zu müssen.

Als wir am 16. März aufwachten, zerrte ein Wind von vierzig Knoten an unserem Zelt und blies uns die Reifschicht von der Innenseite des Überdachs auf das Gesicht und in die Schlafsacköffnung, wo sie prompt schmolz. Bei schlechter Sicht arbeiteten wir uns nach Norden vor. Die Temperatur war auf minus 6,1 °C angestiegen, ein unheilvolles Zeichen und für diese Jahreszeit höchst ungewöhnlich. Am Abend erinnerten die Verhältnisse an einen Seerosenteich, auf dem wir von einem schwimmenden Blatt zum anderen hüpften. Der kräftige Wind sorgte glücklicherweise dafür, daß die meisten Eisstücke irgendwo aneinanderstießen. Wenn nicht, änderten wir unsere Route. Es ließ sich nicht vermeiden, daß wir auf unserem Zickzackkurs nach Norden oftmals in westöstliche Richtung ausweichen und haufenweise Eisblöcke weghacken mußten, um passieren zu können.

Kurz vor der Abenddämmerung gelang es uns trotz aller Bemühungen nicht, eine drei Meter breite Wasserrinne zu überbrücken, und als wir die Eisscholle auf dem Weg, den wir gekommen waren, verlassen wollten, sahen wir, daß unsere Spuren in einen neuen Kanal führten, der sich vor unseren Augen verbreitete. So schlugen wir unser Zelt in der Mitte unseres schwimmenden Inselchens auf. Ich kletterte auf einen zehn Meter hohen Hügel und blickte um mich. Rings um uns schlängelten sich Wasserrinnen. Als wir das Zelt aufstellten, frischte der Wind auf und erreichte 55 Knoten, und das Krachen des berstenden Eises wetteiferte mit den tosenden

Wenn zwei Eisschollen aufeinandertreffen, entstehen durch den immensen Druck oft Eisrücken mit bizarren Formen. ▼

Elementen. Uns war bewußt, daß kleine, isolierte Eisschollen besonders bruchgefährdet sind, nicht nur, wenn sie zwischen größeren, benachbarten Eisschollen von ein paar Millionen Tonnen Gewicht eingeklemmt werden, sondern weil die Wellentätigkeit heftigen Druck auf die Sprünge im Eis ausübt. Diese geräuschvolle Nacht ließ mich kaum zum Schlafen kommen.

Am 17. März blieben wir den ganzen Tag abgeschnitten, und knapp zwanzig Meter vom Zelt entfernt öffnete sich eine neue Spalte. Obwohl das ganz leise vonstatten ging, spürten wir beide die plötzliche Temperaturveränderung, als aus dem offenen Wasser neben unserem Zelt wärmere Luft aufstieg. Die größte Wasserrinne nördlich von uns hatte sich inzwischen zu einem 14 Meter breiten, windgepeitschten Fluß entwickelt. Wie die Trommeln einer heranziehenden feindlichen Horde wurde das ferne Grollen und Krachen der vorstoßenden Eisschollen stündlich lauter und kam näher.

Auch die leiseren Geräusche hatten eine beunruhigende Wirkung auf den im Zelt festsitzenden Lauscher. Nach Stunden der Stille ließ uns der plötzliche helle Triller oder das Pfeifen eines geigenähnlichen Tons alarmiert auffahren, und am liebsten wären wir fortgelaufen, hätten uns nicht die mit Reißverschluß verschlossenen und

Mit der Axt mußten der Autor und Charlie glatte, feste Gänge zwischen den Schollen freihacken. ▶

zugeschnürten Schlafsäcke zur Bewegungsunfähigkeit verdammt. Das Eis dicht an unseren Ohren wirkte wie ein riesiger Resonanzboden, und wenn man dort lag und sich Gedanken machte, nahm man jede feine Nuance des geringsten Lauts genau wahr.

Am nächsten Tag erkundete ich unsere Eisscholle und fand an ihrem südlichsten Ende eine schmale Verbindung. Es knirschte und ächzte an dieser Stelle, und auf unserer Seite des Berührungspunktes bröckelte eine Menge Eis ab. Eine Stunde später hatten wir gepackt, und nach einigem Hacken gelang es uns, die Schlitten über die bewegliche Verbindung zwischen den Eisschollen zu manövrieren. Ein paar Kilometer weiter nördlich gerieten wir in eine bräunliche Nebelsuppe, ein sicherer Hinweis auf offenes Wasser, und kurz darauf hielten wir vor einem Meer aus schmutzigem Matsch an, das vor uns wogte. Im Nebel konnten wir nicht sehen, wo dieser Sumpf endete.

Karl flog bei etwa 85° nördlicher Breite und 70° westlicher Länge über unser Gelände hinweg und schrieb:

> Das Eis ist sehr brüchig und in ständiger Bewegung. Ich bin sicher, daß die Gruppe noch mindestens eine Woche festsitzt, bis das Eis zur Ruhe kommt und wieder zufriert. Sie sitzen in einer Falle. Im Osten, Norden und Westen liegen hohe Eiswälle, rings von offenem Wasser umgeben. Ich kann nur einen Ausweg erkennen. Sie müssen etwa 800 Meter weit ihre eigenen Spuren zurückverfolgen und dann knapp 2500 Meter nach Westen gehen, wo ich einige Eisbrücken ausmachen kann. Dann können sie versuchen, sich nach Norden zu wenden. Wenn sie meine vorgeschriebene Route verfehlen, gibt es keinen Ausweg.

Karls Route war kompliziert, doch wir schlugen sie ein, obgleich es bedeutete, daß wir zwei sechs Meter tiefe Gräben überbrücken mußten. Doch wir hielten uns daran, und nach vierzehnstündiger Fahrt waren wir fast zehn Kilometer nach Norden vorangekommen, bevor uns eine neue Wasserrinne stoppte.

Die nächsten Tage vergingen wie in einem Dämmerzustand. Auszüge aus meinem Tagebuch mögen eine Vorstellung davon vermitteln, wie unser Leben verlief:

> Heute sind wir 15 Kilometer weit bis 84° 42' vorangekommen. Nur noch 508 Kilometer bis zum Pol. Etwa 1600 weitere Kilometer bis zur anderen Seite, aber darüber lohnt es sich noch nicht nachzudenken...
>
> Heute abend bahnten wir uns den Weg über eine mehrere Jahre alte Eisscholle mit großen Rissen, die gerade so schmal waren, daß man sie zuschaufeln konnte. Ein Blick nach unten zeigt in drei oder mehr Meter Tiefe die Wasseroberfläche. Ein 3,2 Kilometer langes Eisfeld voller grünlicher Preßeisblöcke hat uns gestoppt. Eine Stunde einen Weg gehackt, dann zurückgekommen und das Zelt aufgestellt...
>
> Mein Kinn war gefühllos, als ich hineinging und den Kocher anzündete. Muß meine vereiste Gesichtsmaske zu grob abgerissen haben. Als ich sie auftaute und die Eisbröckchen von dem Mundteil abzupfte, fand ich ein Büschel Barthaare mit Haut in dem blutigen Eis eingefroren. Wo ich die Haut abgerissen habe, ist nun eine offene, wunde Stelle von der Größe einer großen Münze...
>
> Charlie ist heute mit dem Bein durch das Eis ins Wasser eingebrochen, als wir versuchten, einen Schlitten zu befreien, der in einem sich bewegenden Graben verkeilt war. Den ganzen Tag minus 35 °C, und stetiger Wind aus Nordwest weht uns direkt in die Augen. Die ganze Welt ist neblig. Wir sind bereits seit einem Monat hier draußen, und ich kann unterwegs keine Schutzbrille tragen, sie beschlägt, und jede Navigation wird unmöglich. Ich kann einfach nicht den lebenswichtigen Weg des geringsten Widerstandes durch die Nebelsuppe finden, der der Schlüssel zum Erfolg oder Mißerfolg ist...
>
> Habe versucht, mein Kinn zu verpflastern. Die Wunde geht nun bis zum Knochen. Ich kann sie im Kompaßspiegel sehen. Ein ekelhafter Anblick. Charlie sagt das auch...

▲ Für Polarforscher bedeuten Temperaturen unter Null großes körperliches Unbehagen, wie der Autor in seinem Tagebuch anschaulich schildert.

Gefahrvoller Fortschritt

Am 21. März berichtete Ginnie, das norwegische Team habe Treibstoff gebraucht und eine gecharterte Twin Otter mit tundratauglichen Reifen herbeibeordert. Der Pilot glaubte, die Oberfläche bestehe aus ziemlich festem Schnee, und landete, konnte aber nicht wieder starten. Nach zweitägiger Verzögerung traf eine zweite Twin Otter mit

Ersatzteilen ein, um die erste zu retten. Als das Rettungsflugzeug das Camp der Norweger nicht ausfindig machen konnte, rief man Karl zu Hilfe. Er fand sie und wies die andere Twin Otter nach unten ein. Später ging den Norwegern das Kerosin aus, und Karl mußte ihnen etwas von unserem bringen. Das alles warf sie zeitlich stark zurück.

Das französische Team, erzählte Ginnie, habe sich bei den Vorbereitungen zum Start in Ostgrönland überworfen und sei nach Frankreich zurückgeflogen.

Weil ich befürchtete, daß das tagelange Driften uns zu weit nach Osten in das aufgebrochene Eis oberhalb des Abflußkanals westlich von Grönland verschlagen hatte, steuerte ich nach Nordwest. Es war ungewöhnlich kalt, und der Reißverschluß meiner Daunenjacke gab den Geist auf. Ich nahm ein Stück Seil als Gürtel, doch den ganzen Tag über litt ich unter einem beträchtlichen Wärmeverlust, der mir nicht guttat.

Dann erlebten wir unseren ersten guten Tag: 24 Kilometer in acht Stunden, wenn auch nicht alle in Richtung Norden. Schließlich blieben wir vor einer gewaltigen Barriere aus Eisblöcken stecken, die 7,50 Meter hoch und über 200 Meter lang war. Im Westen und Osten reichte sie also über die Grenzen meines Gesichtsfeldes hinaus.

Wir ließen die Schlitten stehen und fuhren durch ein Labyrinth wie gemeißelt aussehender Eisblöcke nach Osten. Nach 1600 Metern bot sich uns ein wunderbarer Anblick: 1,20 Meter dickes Schollenes war auf einer Fläche von einem halben Hektar, ohne zu brechen, bis zu neun Meter hochgeschoben worden und bildete einen Damm über die Eisbarriere. Zwei Stunden lang hackten wir mit unseren Äxten, um eine Rampe zum Abstieg auf der anderen Wallseite vorzubereiten. Meine Axt glitt aus und fuhr durch einen Segeltuchstiefel, doch ich fühlte keine Schmerzen und nahm an, der Innenstiefel habe meine Zehen geschützt. Dann gingen wir schweißnaß vor Erschöpfung zu unseren Schlitten zurück, stellten das Zelt auf und ließen unsere Fleischmahlzeit aufquellen. Charlie blickte auf meinen Fuß. Es sah aus, als sei die Axt direkt durch einen Zehennagel tief ins Fleisch gefahren. Zu einer starken Blutung war es jedoch nicht gekommen, und Charlie verband die Wunde mit Mull und Pflaster.

Ein weiterer guter Tag schloß sich an. Die unbehagliche Fahrerei gegen den Wind, der bei minus 40 °C mit 18 Knoten wehte, war der Mühe wert, denn wir waren auf die Kälte angewiesen, damit Eis entstand und eine weitere Spaltenbildung vermieden wurde. Mittags hielten wir an einer 4,50 Meter hohen Barriere an und stiefelten mit Äxten und Schaufeln auf sie los. Charlie packte mich am Arm. „Hör mal", sagte er. Von dem Eiswall ertönte knirschendes, quietschendes Ächzen, und wir sahen fasziniert zu, wie blaubäuchige Eisbrocken von der Größe kleiner Bungalows aus der Mitte des Walls hervorbrachen und von der Vorderkante herunterpolterten. Gleichzeitig taten sich Spalten in der Eisscholle selbst auf, grünes Wasser schoß empor und strömte am Sockel der sich bewegenden Wand entlang. Weil es keinen anderen Weg gab, arbeiteten wir vorsichtig weiter und paßten auf, daß wir nicht von herabgleitenden Eisblöcken zermalmt wurden. Ein paar Minuten, bevor wir bereit waren, die Überquerung zu wagen, hörte jede Bewegung auf, und es herrschte absolute Stille.

Am Nachmittag nahm der Wind wieder zu, und wir beide erlitten Erfrierungen: Charlie am Nasenrücken und ich an einem Augenlid. Die Navigation mit oder ohne Sonne ging inzwischen beinahe instinktiv vor sich. Vielleicht reagierte ich unwillkürlich auf die Lage der Eisrücken oder den Wind oder sogar auf die Richtung der Lichtquelle, die ich nicht bewußt bestimmen konnte.

▲ Die Entstehung eines Preßeisrückens von links nach rechts: Strömungen und Wind schieben zwei Eisschollen langsam aufeinander zu. Die Ränder der Eisscholle brechen, verkanten sich und bilden eine Wand. Dann türmt sich das Eis weiter auf, kippt über und zerbricht zu Eistrümmern.

Am 27. März waren es minus 41 °C. Wir mußten stündlich anhalten, um die Blutzirkulation in Händen und Füßen anzuregen. In meinem Kompaßspiegel sah ich, daß sich das Weiße in meinen Augen ganz rot gefärbt hatte. Ich konnte meine Schutzbrille noch immer nicht tragen, obwohl fast den ganzen Tag Eisregen niederging; winzige Eisteilchen in der Luft, die wie kleine Nadeln in die Augäpfel eindrangen und stachen.

Um 17 Uhr schlugen wir unser Zelt auf einer massiven, wenn auch kleinen Eisscholle auf. Noch heute habe ich die Tonbandaufzeichnung einer merkwürdigen Unterhaltung, die wir im Zelt über Charlies Zehen führten. Sie war typisch für viele unserer Diskussionen – als sei unser Gehirn auf Leerlauf geschaltet.

„Sehr seltsam", bemerkte Charlie. „Direkt am Ende. Meine Füße sind tot. Kein Gefühl. Sehr seltsam."

„Fühlst du, daß du da kein Gefühl hast?"

„Ich fühle, daß da kein Gefühl ist."

„Was für ein Gefühl ist das denn?"

„Kein Gefühl."

„Ja, das Gefühl kenne ich."

In der Nacht zum 28. März wachten wir schwitzend in unseren klammen Schlafsäcken auf. Die Luft war drückend, und es herrschte Totenstille. Als ich mich morgens nach draußen begab, war mir sofort klar, daß etwas Ungewöhnliches im Gang war. Unser trümmerbedeckter Lagerplatz war rings von einem marmorierten Matsch aus dampfendem Eisbrei umgeben. Das bleichgelbe Sonnenlicht schien zu flackern und von Minute zu Minute zu verblassen. Keiner sagte ein Wort, als wir unser Zelt abbauten und die Gurte an den Schlitten festzurrten.

Im Nordosten verschwand ein mit einer braunen Schicht bedeckter See in der Düsternis. Wie Klumpen von geschmolzenem Käse auf Zwiebelsuppe schwammen Eisschollen auf dem Wasser. Kein Hexenkessel hätte bösartiger aussehen können. Ich schleuderte einen Eisbrocken auf die Matschschicht. Er sank langsam in die gallertartige Kruste ein und verschwand ganz allmählich. Wir gingen zur Ostseite unserer

Insel und warfen einen Klumpen auf die Haut. Von der Aufschlagstelle breiteten sich Wellen aus, der Brocken durchbrach die Oberfläche jedoch nicht. Ich zuckte die Achseln, und wir gingen zu den Skidoos.

Die nächsten fünf Stunden waren die Hölle. Unsere Route glich einer Spirale und verlief, wie die jeweilige Gefahrenlage es verlangte. Anhalten war gleichbedeutend mit Versinken. Der See war wie ein breiter Fluß, auf dem eine matschige Schicht sich vor uns ausdehnte und unseren Vormarsch bremste. Um die Mittagszeit waren wir erschöpft vor Besorgnis, denn soweit wir wußten, setzte sich der Matsch noch etliche Kilometer fort. Dann hob sich glücklicherweise der Nebel, und die Anstrengungen des Morgens wurden mit 22 Kilometern auf festem Eis belohnt.

Bei 87° 02' machten wir halt, vier Kilometer vor dem nördlichsten Punkt, den wir 1977 erreicht hatten, und vierzig Tage früher in der Jahreszeit. An diesem Abend brauchte ich eine Weile, bis ich herausgefunden hatte, in welche Richtung ich die Funkantenne auf Ginnie ausrichten mußte. Sie sagte, das spanische Team sei von Svalbard aus aufgebrochen, doch nach knapp fünf Kilometern hätten sie Probleme mit ihren Schlitten gehabt und sie seien nach Madrid zurückgeflogen.

Die Norweger hatten dagegen innerhalb weniger Tage erstaunliche 120 Kilometer zurückgelegt. Sie befanden sich 280 Kilometer südlich von uns. Das aufbrechende Eis, das sie aufgehalten hatte, fror in der nachfolgenden Kaltfront zu und bescherte ihnen eine makellose Durchgangsstraße nach Norden. Sie hatten ihre Chance genutzt und waren kilometerweit gefahren, ohne zu schlafen. Doch 280 Kilometer sind auf dem Nordpolarmeer eine lange Strecke.

„Die Norweger holen uns vielleicht ein, bevor wir Spitzbergen erreichen", sagte ich Ginnie, „aber nicht vor dem Nordpol."

Der Wettlauf zum Pol

Anfang April gerieten die Eisschollen immer mehr in Bewegung und wurden lauter. Es schien, als stürzten wir in einem unsichtbaren Flutstrom auf einen verborgenen Schlund zu, in den Rachen der Welt.

Drei Tage lang mühten wir uns weiter, mit vielen Pannen und zwei ganz üblen Situationen, als ein Schlitten in einer Wasserrinne versank und der dazugehörige Skidoo gleichzeitig im Matsch feststeckte. Zu zweit konnten wir die jeweiligen Geräte herausziehen. Aber manchmal war es schon eine haarscharfe Angelegenheit.

Bei 87° 48' wurden wir von dem gewaltigsten Eisbollwerk gestoppt, das ich je in der Arktis gesehen hatte – gewaltig bezog sich dabei nicht auf die Höhe, sondern auf die Masse. Zunächst sah man

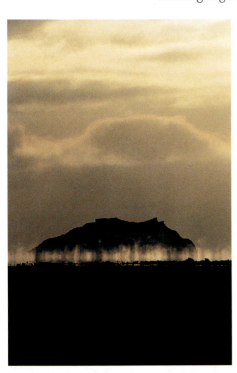

▲ Dampf- oder Eisnebel hängt über dem Horizont, ein Hinweis auf eine Stelle mit offenem Wasser.

einen drei Meter breiten, glücklicherweise zugefrorenen Graben, dann einen steilen, sechs Meter hohen und hundert Meter tiefen Wall. Der anschließende zerklüftete Trümmereisgürtel endete in einem weiteren Wall, der seinem parallel verlaufenden Nachbarn fast genau glich. Über diese Barriere gab es keinen Damm, auch keinen Umweg, so bahnten wir uns einen Zickzackpfad über sie hinweg, und vier Stunden später schlingerten wir auf der anderen Seite hinunter. Vor uns lagen knapp dreißig Kilometer einer leichteren Strecke ohne nennenswerte Wasserrinnen.

Den ganzen Tag über hatten schwarze Schatten am Horizont mir geholfen, offenes Wasser zu vermeiden. Eisblitzen, eine Spur Helligkeit am sonst dunklen Himmel über dem Meer, sagt einem aufmerksamen Steuermann auf dem Polarmeer, wo Eisschollen anzutreffen sind. Umgekehrt verraten dampfender Nebel oder Eisnebel dem Lotsen eines im Eis festsitzenden Schiffs, wo er einen Ausweg aus dem Packeis finden kann. Der Dampf entsteht, wenn kalte Luft auf wärmeres Wasser trifft.

Am 4. April war Ginnie deutlich zu hören. Die russische Expedition, sagte sie uns, habe sich erst gar nicht auf den Weg gemacht. Die Norweger machten gute Fortschritte, kamen uns aber nicht mehr näher.

Unsere Zusammenarbeit klappte gut, und das Wissen, daß wir nördlich von 88° waren, wirkte Wunder, wie aus meinem Tagebuch hervorgeht:

> 7. April: Ein richtiger Kampf heute. Heute sind die Bedingungen schlechter als alles, was wir an der Küste erlebt haben. Doch hier oben gibt es wenigstens ein paar gute Abschnitte zwischen den chaotischen Zonen.
>
> Charlie wäre heute morgen beinahe versunken. Nachdem wir uns zwei Stunden durch eine fast sechs Meter hohe Wand gehackt hatten, füllten wir einen Matschgraben mit den abgehackten Eisblöcken. Als er die Stelle überfuhr, verschwand das Eis unter Wasser. Er sprang ab, und wir zogen mit vereinten Kräften, bis die Gummiraupen es geschafft hatten. Wieviel Leben sind der Katze verblieben?...
>
> 8. April: Heute 62 matschgefüllte Spalten und zwei größere Eisrücken überquert. Wir legen uns ins Zeug. 33 Kilometer zurückgelegt und nur noch fünfzig Kilometer bis zum Pol...

Am 10. April, als wir noch etwa 32 Kilometer vom Pol entfernt waren, besserte sich die Meeresoberfläche und bot eine fast durchgehend geschlossene Decke, ohne daß größere Hindernisse zu sehen gewesen wären. Die letzten Kilometer zum Pol gingen über flaches Gelände, drei schmale Wasserrinnen waren kein Problem. Nach dem mittäglichen Anpeilen der Sonne kontrollierte ich die Kilometer mit Sorgfalt, denn ich wollte nicht über das obere Ende der Welt hinausschießen. Um 23.30 Greenwich-Zeit kamen wir an.

Am Ostersonntag 1982 um 2.15 Greenwich-Zeit setzte ich mich mit Ginnie in Verbindung. Ich mußte erst eine Weile überlegen, als ich die Antenne nach Süden auf sie ausrichtete, denn es ging in alle Richtungen nach Süden. Die Temperatur betrug minus 31,1 °C.

Charlie und ich waren die ersten Menschen in der Geschichte, die auf der Erdoberfläche zu beiden Polen gefahren sind. Doch die Sorge vor dem, was uns noch bevorstand, überschattete jedes Hochgefühl, das wir sonst möglicherweise in diesem Augenblick verspürt hätten. Noch war die *Benjy B.* Hunderte Kilometer und viele kalte, feuchte Monate jenseits unseres unmittelbaren Horizonts.

▲ Der Nordpol am 10. April 1982: Der Autor und Charlie mit dem unentbehrlichen Union Jack, der britischen Flagge, sind die ersten Menschen in der Geschichte, die beide Pole auf dem See- und Landweg erreichten.

◀ Rüstzeug der europäischen Seefahrer im 17. Jh.: Mit dem kreuzförmigen Jakobsstab und dem Astrolabium (unten links) berechnete man die Position, die in die Karte übertragen wurde.

Der Polarstern (Mitte) scheint fast ortsfest über dem Nordpol zu stehen. Wegen der Erdrotation bilden sich die Sterne in dieser Zeitrafferaufnahme als helle Linien ab. ▼

◀ Mit Hilfe eines Fernrohrs konnte der Mann im Ausguck selbst weit entfernte Landmarken und schmale Passagen im Treibeis sicher erkennen.

Die Erdpole liegen nicht fest, sondern bewegen sich ständig. GPS-Geräte ermitteln auch geringste Polbewegungen von wenigen Metern. ▼

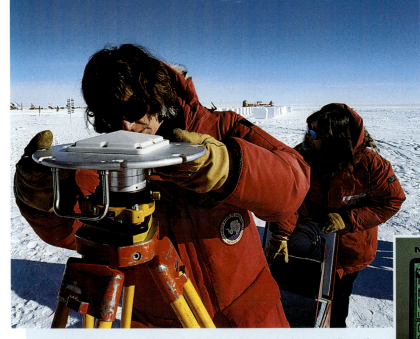

Vom GPS-System ist abzulesen, daß sich der Nordpol ganz in der Nähe befindet. Er liegt 1500 m von 90° nördlicher Breite entfernt. ▶

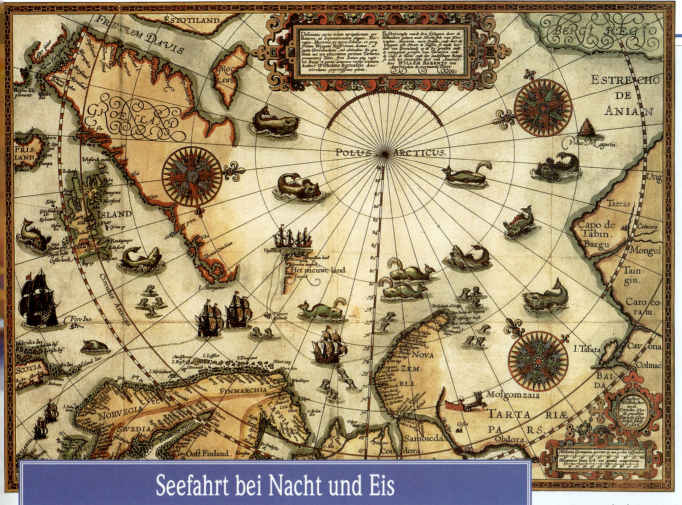

Seefahrt bei Nacht und Eis

Eisberge und Packeis behindern die Schiffahrt in polaren Gewässern und blockieren die Häfen oft monatelang. Doch das Eis ist nur eines von vielen Problemen, mit denen die Seeleute jenseits der Polarkreise kämpfen müssen: Auf den Kompaß darf man sich in der Nähe der Magnetpole nicht verlassen, die Sicht ist schlecht, nicht nur in der Polarnacht, die bis zu einem halben Jahr dauern kann, und wenn die Mitternachtssonne scheint, wird der Seefahrer mitunter durch Luftspiegelungen über dem kalten Wasser in die Irre geführt. So erging es dem britischen Polarforscher Sir John Ross, der sich bei der Suche nach der Nordwestpassage von einer Fata Morgana täuschen ließ und daraufhin ortskundige Inuit-Jäger bat, ihm Landkarten des Gebiets zu zeichnen.

Die ersten Seefahrer, die in die Polargebiete vorstießen, waren bei der Navigation noch ganz auf bekannte Landmarken und die Gestirne, vor allem den Polarstern als Leitstern, angewiesen. Zur Bestimmung der geographischen Breite kamen später Instrumente wie Jakobsstab, Quadrant und Sextant hinzu. Schwieriger war die genaue Bestimmung der geographischen Länge, die erst im 18. Jahrhundert nach der Einführung des Chronometers möglich wurde.

Die GPS-Technologie (**G**lobal **P**ositioning **S**ystem) hat inzwischen die herkömmlichen Navigationsverfahren verdrängt. Mit Hilfe der Funksignale von Navigationssatelliten, die die Erde umkreisen, kann man Standorte mit unglaublicher Genauigkeit – bis auf ein paar Meter exakt – bestimmen. Wer heutzutage zum Nordpol unterwegs ist, weiß deshalb mit Sicherheit, wann er dort angekommen ist – sofern nicht die Batterien der GPS-Geräte bei der Kälte streiken.

▲ Das Nordpolarmeer blieb lange unerforscht und rätselhaft – so wie es Willem Barents' Karte aus dem Jahr 1598 zeigt.

Zwei Inuit-Jäger zeichneten um 1830 für Sir John Ross eine Landkarte der King-William-Insel im hohen Norden Kanadas. ▼

DER KREIS SCHLIESST SICH

Nach unserer Ankunft am Nordpol kommentierte die Zeitung *Daily Mail:* „Fast auf den Tag genau am Jahrestag des tragischen Todes von Robert Falcon Scott in Antarktika im Jahre 1912 hat es doch etwas sehr Befriedigendes, daß Norweger am anderen Ende des Globus von Engländern besiegt wurden."

Ich erinnerte mich, wie sehr ich Scotts Gefühle nachempfinden konnte, als ich seine Anmerkungen zum Südpol las: „Großer Gott! Ein schrecklicher Ort, schlimm genug, daß wir uns ohne den Vorzug des Zuerstgekommenen dorthin abgemüht haben." Natürlich, wenn unsere eigenen Konkurrenten am Nordpol ankamen, konnten sie, im Gegensatz zu Scott und seinen Gefährten, ihre Flaggen in unberührtes Eis stecken, denn unsere Flagge und ihr Standort wären binnen 24 Stunden nach der Zeremonie nach Süden abgetrieben. Wir hatten jedoch noch nicht einmal die halbe Strecke durch die Arktis bewältigt.

▲ Mit dem treuen Bothie zur Seite bereitet Ginnie eine Übertragung über das Funknetz vor. Ihre Sachkenntnis trug viel zum Gelingen der Reise bei.

Mit dem Aufbrechen des Meereises war nicht vor Mitte Mai zu rechnen. Danach wäre eine Weiterfahrt unmöglich, und wir würden uns nach einer Eisscholle umschauen müssen, auf der wir treiben konnten. Wir hatten also vier Wochen Zeit, um im Zickzackkurs die 1600 Kilometer bis an den Rand des Packeises und zur *Benjy B.* zurückzulegen. Das Wetter am Pol war hervorragend, doch wir konnten es nicht nutzen, weil der *Daily Mirror* zwei Leute mit der Twin Otter zum Pol schicken wollte. David, Simon, Bothie, die Journalisten und das Filmteam sollten ein paar Stunden mit uns am Pol verbringen. Ginnie mußte auf ihrem Funkposten in Alert bleiben.

Die Landung erfolgte am 12. April, und die Leute vom *Daily Mirror* brachten uns eine Botschaft von Prinz Charles: „Welch großartige Nachricht... Sie haben eine bemerkenswerte Leistung vollbracht, und wir alle beten um endlose Quadratkilometer mit festem, glattem Eis zwischen dem Nordpol und Spitzbergen."

Wir hörten auch, daß Buzzard, unser Deckshelfer auf der *Benjy B.*, und Annie, seine Beute aus Neuseeland, in Bedford geheiratet hatten. Nach kurzen Flitterwochen sollten sie zur *Benjy B.* zurückkehren, die in Southampton neu ausgerüstet wurde, bevor sie in Richtung Spitzbergen auslief.

Bothie zeigte sich vom Nordpol nicht beeindruckt. Er trottete auf der Eisscholle umher und pinkelte nicht auf, aber neben den Union Jack und die anderen Flaggen, die wir dort aufgepflanzt hatten, etwa die Flaggen des Clubs der Forschungsreisenden von New York, Neuseeland, Kapstadt, des Special Air Service Regiments sowie den Blauen Peter, die Flaggen C. T. Bowrings und von Marsh and McLennan Inc.

Gleich nach dem Abflug der Twin Otter machten wir uns auf den Weg. Wir wollten nachts fahren und tagsüber schlafen. Auf diese Weise wäre die Sonne hinter uns und würde den Schatten meines Körpers vor den Skidoo werfen, so daß ich ihn als Sonnenuhr nutzen könnte. Auch wäre das Licht nicht so grell und die Fernsicht besser. Ich plante, quer über die Arktis auf dem dicksten Eis an eine Stelle zu fahren, die die *Benjy B.* erreichen konnte. Die Frage war nur, welches Ziel ich ansteuern sollte.

In London machte sich Unsicherheit über den besten Kurs breit. Unser Vorsitzender riet zu dem Versuch, an die Nordostküste Grönlands zu gelangen und dann mit dem Schlitten über das Inlandeis zu einem Gebiet an der Küste zu fahren, das die *Benjy B.* erreichen konnte. Andere schlugen vor, den ursprünglichen Plan beizubehalten und nach Osten in Richtung Spitzbergen zu fahren.

Ich persönlich hatte Angst vor den Anzeichen für ein ungewöhnlich frühes Aufbrechen der Eisdecke. Am Nordostkap in Grönland, hatten Meteorologen gemeldet, sei das Packeis bereits weiter aufgerissen als jemals seit dem Beginn der Beobachtungen vor 37 Jahren. So schien es am sichersten, genau zwischen Grönland und Spitzbergen zu bleiben, wo man die stärkste Südströmung vermutete.

Erst zwei Expeditionen in der Geschichte waren vom Pol aus nach Süden in diese Region gezogen. Ende Mai 1937 hatte ein sowjetisches Flugzeug Ivan Papanin mit drei Gefährten und einer Fertighütte am Nordpol abgesetzt, und in der Dunkelheit des Winters waren sie langsam an der grönländischen Ostküste nach Süden gedriftet. Sie hatten eine mehrjährige, große und massive Eisscholle ausgesucht, doch bereits Mitte Februar war sie fast zerfallen. Drei russische Eisbrecher hatten sich den Weg durch das Packeis gebahnt und die Gestrandeten gerettet.

Wir setzten unsere Hoffnungen auf die *Benjy B.,* doch sie vermochte nicht wie ein Eisbrecher in das Packeis vorzustoßen. Die einzige Möglichkeit, uns zu erreichen, lag in der Geschicklichkeit und dem Mut des Skippers und der Crew und ihrer engen Zusammenarbeit mit Karl, der für sie bei Tageslicht und sommerlichen Verhältnissen aus der Luft das Terrain sondierte. Derartige Verhältnisse herrschen in einem durchschnittlichen Jahr maximal für fünf oder sechs Wochen, zwischen Ende Juli und Ende September. Bis dahin mußten wir mindestens 81° nördlicher Breite erreicht haben.

Abgesehen von Papanin und seiner Mannschaft waren die vier Mitglieder des Teams von Wally Herbert 1968/69 die einzigen Menschen, die auf dieser Seite der Welt vom Nordpol nach Süden gefahren waren. Sie hatten sich am 7. April 1969 mit vierzig Huskies vom Pol auf den Weg gemacht, doch Ende Mai hatte das aufgebrochene Eis sie von ihrem Ziel, einem Landeplatz an der Küste von Svalbard, abgeschnitten. In der brüchigen Eismasse waren sie nach Westen gedriftet, wo sie auf die *Endurance* vom Eismeldedienst der Königlichen Marine trafen. Mit Hubschraubern gelang es, die Männer und Hunde auf das Schiff in Sicherheit zu bringen.

Unsere Skidoos waren für den Eisbrei und offenes Wasser ungeeignet, weil sie sich, anders als Hunde, nicht auf dem Land und im Wasser fortbewegen konnten. Die *Benjy B.* konnte nicht so gut ins Eis vordringen wie die viel größere *Endurance,* auch verfügte sie nicht über Hubschrauber. Deshalb wäre es unsinnig, Wally Herberts Route zu folgen, selbst wenn die Eisdecke auch jetzt erst Ende Mai aufbräche. Ich beschloß, einen Mittelkurs zu steuern und nach Süden vorzustoßen, solange die Temperaturen noch einigermaßen niedrig und das Packeis verhältnismäßig stabil waren. Wenn sich die Bedingungen so weit verschlechterten, daß ich ein unmittelbares Aufbrechen befürchten mußte, würde ich nach einer massiven Eisscholle suchen, um auf ihr nach Süden in der Nähe des Nullmeridians zu treiben. Dort sollte man uns aufnehmen, bevor die winterliche Dunkelheit und das neue Eis die *Benjy B.* zum Verlassen der Arktis zwangen. Niemand hatte bislang das Nordpolarmeer in einer Sommersaison überquert, doch wenn das Eis noch ein paar Wochen hielt und die alte *Benjy B.* geschickt geführt wurde, konnten wir es schaffen.

Der Weg nach Süden

Auf unserer Fahrt vom Pol waren die Oberflächenverhältnisse vier Nächte lang besser denn je, das Wetter war angenehm, nie unter minus 27,8 °C, und offenes Wasser war nicht in Sicht. Wir schafften jede Nacht durchschnittlich 35 Kilometer in Richtung Süden.

In der Nacht zum 17. April bemerkte ich die Spuren eines Eisfuchses bei 88°, viele hundert Kilometer vom nächsten Land entfernt. Zwar waren keine Bärenspuren zu sehen, doch es war anzunehmen, daß der Fuchs in einer solchen Entfernung von

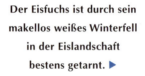

Der Eisfuchs ist durch sein makellos weißes Winterfell in der Eislandschaft bestens getarnt. ▶

seinen natürlichen Beutetieren wie etwa Hasen nur in der Nähe eines Bären zu überleben vermochte, weil er sich von dessen Beuteresten ernährte. Bären hat man vom Flugzeug aus sogar ein paar Kilometer vom Pol entfernt ausgemacht.

Auf unserem Marsch nach Süden entsprach unsere Entfernung von Alert Karls äußerster Reichweite, deshalb beschloß Ginnie, Alert allmählich zu schließen und sich auf den Umzug zur nächsten Basis, am Nordostkap, einzustellen.

In der Nacht zum 18. April überquerten wir eine schmale Wasserrinne zwischen zwei Tümpeln mit grünem Wasser. Dann standen wir vor einem Gürtel mit blubberndem grauem Matsch. Er bewegte sich vor unseren Augen langsam südwestwärts und führte eine Ladung Eistrümmer mit. Ein Geräusch wie ein gewaltiger Herzschlag ging von diesem Kanal aus, und wir standen fasziniert am Rand und lauschten. Zwei Eisplatten schoben sich rhythmisch und ruckweise übereinander, und das war wohl der Ausgangspunkt der Herzschläge. Schon vor langer Zeit hatten wir gelernt, daß eine einzige Matschschicht eher unter einem Skidoo nachgibt, zwei aber trugen unser Gewicht, auch wenn sie sich verkanteten und verbogen. So steuerten wir auf den Kanal zu und überquerten ihn. Mit fünfzig Kilometern in 14 Stunden schafften wir wahrscheinlich unsere beste Tagesleistung. In den nächsten drei Nächten verschlechterten sich die Bedingungen allmählich. Wir stießen auf Preßeiszonen, und die Trümmereisfelder waren ebenso ungünstig wie auf der Ellesmere-Insel. Für eine Landebahn sah es nicht gut aus.

Die Temperatur lag inzwischen bei minus 20 °C und stieg täglich. Eine Gesichtsmaske war nun überflüssig. Unter normalen Umständen hätte ich mit Fug und Recht weitere vier Wochen Galgenfrist bis zum Aufbrechen des Eises gehabt. Doch dies war kein normales Jahr, und je milder das Wetter wurde, desto wachsamer wurde ich.

Nun häuften sich offenes Wasser, Tümpel und Wasserrinnen. Oft ging ich mit einer Axt voraus, um einen Weg durch das Kanalgewirr zu finden. Charlie baute sich dann zwischen den Schlitten und mir auf. Wenn er sah, daß sich an einer Rinne etwas bewegte, schrie und winkte er, und ich rannte so schnell wie möglich zu ihm, damit wir nicht voneinander abgeschnitten wurden. Oft schafften wir es mit knapper Not. Zweimal blieben die Skidoos schlingernd in beweglichen Fugen zwischen Eisrücken stecken, und Charlie und ich hatten gerade eine oder zwei Minuten Zeit, sie herauszuhieven, bevor sie untergingen.

In der Nacht zum 21. April, als wir auf einem winzigen Platz kampierten, den wir über eine anstrengende Route durch Matschfelder und Pfannkucheneis erreicht hatten, senkte sich ein Whiteout auf uns herab. Der Wind verstärkte sich auf 25 Knoten, und im Schneetreiben war die Sicht gleich Null. Es wäre verrückt gewesen weiterzufahren, deshalb machten wir 48 Stunden Rast. Am Abend des 23. April frischte der Wind auf, und das Whiteout hob sich so weit, daß eine fahlgelbe Lichtquelle einen Anhaltspunkt für die Navigation bot. Die Temperatur war auf minus 13,9 °C angestiegen.

Zwei Stunden lang hackten wir uns durch niedrige Wälle aus grünem Eisgeschiebe, dann gelangten wir in ein unheimliches Gelände mit gewundenen Gängen aus neu aussehendem Eis. Um uns herum lagen schwarze Tümpel mit windgekräuseltem Wasser. Mehrmals versackte ich, wenn ich mich grauem Matsch näherte, in wasserdurchtränktem Eis, das eigentlich tragfähig ausgesehen hatte. Am Rand eines schmalen Kanals stolperte ich und fiel kopfüber hin. Ich streckte die Hand aus, in der ich die Axt hielt, um einen schweren Sturz abzufangen. Die Hand brach ein, dann mein Arm bis zum Ellenbogen und ein Bein bis zum Knie. Ich war teilweise klatschnaß, doch der schneebedeckte Eisbrei trug mein Gewicht. Nur die Axt ging unter.

▲ Als die Temperaturen mit dem Näherkommen des arktischen Sommers anstiegen, brach das Packeis allmählich auf und stellte das Team vor immer neue Aufgaben.

Zehn Kilometer weiter waren wir vom Meerwasser eingeschlossen, deshalb biwakierten wir. Ich sagte Charlie, ich wolle allmählich nach einer Eisscholle Ausschau halten, die sich für unsere Driftfahrt nach Süden eignete. Drei Tage lang hatten wir nicht nach der Sonne navigieren können, doch grob geschätzt befanden wir uns bei 86° 10'.

Am Abend des 24. April hatte sich der Wind auf zehn Knoten abgeschwächt. Es schneite bei etwa minus 15 °C. In ein blaßrosa Licht getaucht, stolperten wir über einen Hinderniskurs aus holprigen Flußbetten, Eismatsch, rissigen Kanälen, deren Ränder sich gegeneinander verschoben, und weiten Flächen aus neu gebildetem Eis, das unter dem leisesten Druck von Wind oder Strömung aufzubrechen drohte. Es war ein gefährliches Areal, in dem wir jederzeit in eine Sackgasse geraten konnten, deren Ausgang möglicherweise so schnell wegbrach, wie sich ein Fallgitter senkt.

An diesem Tag trennten wir uns mehrmals, wenn wir offenes Wasser erreichten, um in zwei Richtungen nach einer Stelle zum Überqueren zu suchen. War keine natürliche Verbindungsstelle zu finden, folgten wir dem Hindernis, bis wir an eine enge Stelle kamen, die uns die Möglichkeit zum Überbrücken bot. Oft bewegten sich die engen Stellen auseinander, während wir arbeiteten, und die Eisbrocken, die wir hineingeworfen hatten, gingen unter und drifteten fort.

In dieser Nacht schafften wir nur acht Kilometer, und in der nächsten hielt uns eine breite Wasserrinne ein paar Stunden auf. Doch wir überquerten sie und landeten zu meiner Freude auf einer ausreichend großen Scholle aus dreijährigem Eis voller rundlicher Hügel, die uns, abgesehen von zwei leicht zu überwindenden Bruchstellen, acht Kilometer weit problemlos nach Süden vorwärts kommen ließ. Dann bremste eine graugelbe Rinne von seltsamem Aussehen unseren Vormarsch. Wir schritten das Gebiet nach Westen und Osten ab, fanden aber keine bessere Stelle. Der Eismatschfluß schien mit etwa hundert Meter Breite in der Tat dort am schmalsten zu sein, wo wir zuerst auf ihn gestoßen waren.

Charlie schilderte unseren Versuch, die Rinne zu überqueren:

> Sie war nicht vollständig offen, sondern von porösem Eis bedeckt, das aussah wie ein Gummischwamm. Wir versuchten, sie zu überqueren. Ich ließ Ran ein Stück vorausfahren und folgte ihm. Dann sah ich, wie er anhielt, herumschwenkte und wieder zu mir zurückkehrte. Gleichzeitig spürte ich eine Bewegung unter mir wie auf einer Achterbahn. Ich schaute zurück. Das Eis schlug richtige Wellen, und mir wurde klar, daß das bei Ran wohl ebenfalls geschah. Er versuchte, von dort fortzukommen. Ich dachte, wenn diese beiden Wellen, meine und Rans, aufeinandertreffen, möchte ich nicht gerade mitten in der Wasserrinne sein. So kehrte ich in einem großen Bogen um und kam glücklicherweise wieder auf festes Eis. Ran fuhr an mir vorbei auf die Scholle zurück, die wir verlassen hatten. Wir waren schon früher einmal auf solchem Eis gewesen, doch nie zuvor hatten wir es mit derartig großen, flüssigen Eiswellen zu tun.

▲ Die Mitternachtssonne taucht das schmelzende Packeis der Arktis in ein warmes Licht. Durch die Neigung der Erdachse haben die nördlichsten und südlichsten Breitenkreise an einem Tag des Sommers 24 Stunden lang Tageslicht. Entsprechend herrscht im Winter 24 Stunden Nacht.

Weil wir den Kanal weder umfahren noch überqueren konnten, biwakierten wir auf der Eisscholle und kontrollierten in den nächsten Tagen in regelmäßigen Abständen den Untergrund. Unter anderem kletterte ich auf einen sechs Meter hohen Eisblock, von dem ich eine gute Sicht nach Süden hatte. In dieser Richtung war das Eis wieder rissig und von Tümpeln, Wassergräben und Matschzonen durchzogen. Dunkle Flecken auf der Unterseite von Wolken waren Hinweise auf Stellen, wo sich offenes Wasser am Himmel spiegelte. Alle Wetterbedingungen schienen auf ein frühes Aufbrechen des Eises hinzudeuten.

Auf einem Seerosenblatt

Sechs Tage nach unserer Ankunft befanden wir uns nach wie vor auf derselben Eisscholle. Es gelang mir, die andere Seite zu erreichen, doch das Eis fühlte sich klebrig an und hatte eine Beschaffenheit, die sich bei kälterem Wetter innerhalb von zwölf Stunden verfestigt hätte. Im Lauf der Tage akzeptierte ich, daß die Vorsehung uns ein gutes „Grundstück" zur Verfügung gestellt hatte und wir das Beste daraus machen mußten.

Am 30. April schloß Ginnie ihre Basis in Alert, verabschiedete sich von den Kana-

◄ Die Sirius-Schlittenpatrouille mit einem Husky-Gespann an der Nordostküste des Nationalparks von Grönland. Die 1950 ursprünglich als Militärpatrouille eingerichteten Siriusteams fungieren heute als Park-Rangers und Polizisten.

diern im Camp und flog mit Simon und Karl über das Inlandeis Grönlands zum Nordostkap. Dort gab es eine militärische, mit fünf Dänen bemannte Funkbasis, außerdem diente es als nördliches Depot für die Sirius-Hundeteams, die jeden Winter an der Nordostküste Grönlands patrouillieren. Als Ginnie mit dem Aufbau ihrer Funkgeräte begann, flog Karl über unser Funkfeuer hinweg und gab uns die Position 85° 58' durch. Nach drei Wochen mit schlechter Sicht und kräftigen Nordwinden waren wir 44 Seemeilen weiter nach Süden getrieben, als unter normalen Umständen zu erwarten war. Ginnie bestätigte in ihrem ersten Funkspruch vom Nordostkap, daß die *Benjy B.* von Southampton in die Nordsee ausgelaufen war. Und daß das norwegische Eisteam nach dem Erreichen des Nordpols beschlossen hatte, die Überquerung des Nordpolarmeers aufzugeben. Eine Twin Otter hatte sie ausgeflogen.

In der ersten Maiwoche schickte ich über Ginnie eine Botschaft nach London. „Wir müssen uns einfach darauf verlassen, daß wir auf dieser Scholle treiben, bis das Schiff uns erreicht oder so nahe an uns herankommt, daß wir die Lücke überbrücken können. Das wird wohl im Juli oder August der Fall sein."

Ich bat Ginnie, uns ein paar Kanus zu besorgen. Sie gab die Bitte per Funk an Ant Preston weiter. Die Kanus mußten innerhalb von drei Wochen in Spitzbergen eintreffen, sonst wurde die Oberfläche unserer Scholle zu matschig, und Karl konnte dort nicht mehr landen. Mit dem Fallschirm konnte man eben keine Kanus abwerfen. Am 9. Mai traf die *Benjy B.* vor Longyearbyen in Spitzbergen ein.

Das lange Warten auf der Eisscholle

Zwölf Tage waren wir auf unserer Eisscholle ans Zelt gefesselt. Trotz des andauernden Whiteouts weichte die Eisoberfläche allmählich auf. Mit dem Schmelzen der Schneedecke kamen täglich mehr glänzendgrüne Flecken, Spuren der letztjährigen Schmelzwassertümpel, zum Vorschein. Die Sonnenstrahlen zehrten an unserer unsicheren, schwimmenden Plattform.

Auf dieser unsicheren Eisscholle waren der Autor und Charlie wochenlang den Launen der Strömung und steigenden Temperaturen ausgesetzt. ▼

In der Nacht zum 11. Mai brach unsere Eisscholle 500 Meter östlich vom Zelt lautlos auseinander. Mit einem Schlag war unser Territorium ein Drittel kleiner. Ich beugte mich über den neuen Kanal und sah, daß die Scholle eine Stärke von 1,80 Meter hatte.

Nach drei Monaten, in denen wir kein Tier zu Gesicht bekommen hatten, weckte mich am frühen Morgen ein einziger leiser Piepser. Ich lugte durch die Zeltklappe und entdeckte eine zaunköniggroße Schneeammer, die auf einer Lebensmittelkiste hockte. Der Anblick erfüllte mich mit Hoffnung und Gewißheit. Die Ammer flog bald im feuchten Nebel davon, ohne auf die Armeekekskrümel zu achten, die ich auf den Schnee gestreut hatte.

Als Karl auf der Eisscholle landete, brachte er uns zwei 2,40 mal 1,50 Meter große Zelte mit. Wir versuchten, sie hintereinander aufzustellen, und wollten die eine Hälfte zum Schlafen und die andere zum Essen nutzen. Doch wegen der unebenen Oberfläche ging es nicht, deshalb ließen wir einen kleinen Abstand und bezogen jeder ein eigenes Zelt. Weil die Zelte so eng waren, konnten wir nicht aufstehen. Der Boden aus zurechtgehauenem Eis war uneben und täglich stärker von Schmelzwasser durchtränkt. Sitzen war unmöglich, so lagen wir in unseren Schlafsäcken, um Feuchtigkeit und Kälte abzuwehren. Ich breitete meinen Schlafsack auf Verpflegungskisten aus, bis dahin reichte das Schmelzwasser nicht.

▲ Eine Schneeammer war das erste wildlebende Tier, das der Autor nach drei Monaten erblickte. Im Winter ziehen sich diese Vögel auf der Suche nach eßbaren Samen in die wärmeren südlichen Tundren zurück.

Am 17. Mai meldete Ginnie, die *Benjy B.* stecke im Longyearbyen-Fjord fest, weil sich der Wind gedreht habe. Derselbe stürmische Südwind drängte uns nach Norden zum Pol zurück und verursachte neue Bruchstellen im Eis. Außerdem bildete sich ein Riß mitten durch die Eisscholle und halbierte unser ursprünglich „sicheres" Areal.

An den meisten Tagen waren wir in Seenebel eingehüllt. Jeden Tag machte ich einen Rundgang auf der Eisscholle. Inzwischen war unsere Eisscholle ringsum von offenem Wasser umgeben, das stellenweise bis zu vierzig Meter breit war.

Charlie zauberte jeden Abend ein ausgezeichnetes Essen, das er mir ins Zelt reichte, bevor er selbst hereinkam, so wenig Platz bot es uns. Am 1. Juni rupfte er mir drei graue Haare aus dem Schopf. „Armer Kerl", sagte er, „du wirst allmählich alt." Ich erinnerte ihn, daß er ein Jahr älter war als ich und seine kahle Stelle seit unserer Abfahrt in Greenwich doppelt so groß geworden war. Um abzulenken, sah er in seinem Tagebuch nach und stellte fest, daß es der tausendste Tag der Expedition war.

Ende Mai flogen zwei Mitglieder des Ausschusses zunächst nach Longyearbyen und dann mit Karl über das Meereis zwischen Svalbard und unserem Gebiet. Wieder in London, ließen sie das übrige Komitee wissen, unsere Erfolgschancen seien gering. Alles spreche dafür, uns herauszuholen, und zwar innerhalb der nächsten 14 Tage, denn später wäre unsere Eisscholle zu durchweicht, als daß die Twin Otter noch dort landen könnte. Ginnie erhielt eine entsprechende Funknachricht. In meiner Rückantwort versicherte ich dem Komitee, daß wir auf jeden Fall weitermachen wollten und bereit seien, die alleinige Verantwortung für die Konsequenzen zu übernehmen.

Karl landete am 3. Juni und lud zwei leichte Aluminiumkanus aus, mit Paddeln und skiähnlichen Kufen aus Holz, damit man sie über Eisschollen ziehen konnte.

In meinem Tagebuch vermerkte ich:

> Starker Westwind am 6. Juni und eine Durchschnittstemperatur von minus 3 °C. Nebel ohne Ende. Letzte Nacht wurde unsere Eisscholle vom Wind gegen ihren östlichen Nachbarn getrieben. Wo sie sich rammten, türmte sich ein 4,50 Meter hoher Wall aus Eistrümmern auf. Er ist dreißig Meter lang, macht Krach und läßt vor meinen Augen neue Eisblöcke hervorpoltern. Inzwischen schöpfe ich jeden zweiten Tag das Wasser von meinem Zeltboden. Auf meinen Abendspaziergängen ist es nun für die Schneeschuhe zu naß, deshalb trage ich Wattstiefel und halte mit Skistöcken das Gleichgewicht...
>
> Wir verbringen 21 Stunden am Tag im Bett. Nach einem Spaziergang stellte ich fest, daß mein Pulsschlag bei 125 lag. Außerdem werden wir immer irrer. Jedesmal, wenn eine vorbeifliegende Möwe im Nebel kreischt, rufen wir beide zurück: „Hallo, Herbert." Für uns sind alle Möwenarten Herbert, denn ohne Ollie sind wir in puncto Bestimmung ziemlich aufgeschmissen. Ich glaube, unsere häufigsten Besucher sind Raubmöwen, Dreizehenmöwen und Elfenbeinmöwen. Keine Schneeammern mehr.

Mitte Juni stand die Landebahn unter Wasser. Wir waren abgeschnitten.

Der Kampf mit den Bären

Eines war nun gewiß: Früher oder später würden uns Eisbären aufstöbern, denn sie haben einen legendären Geruchssinn. Den Inuit zufolge sind sie imstande, eine Robbe aus dreißig Kilometer Entfernung zu wittern. 1977 biwakierte eine Gruppe Österreicher auf Svalbard. Ein Eisbär wanderte in das Lager und schnüffelte an einem Zelt. Der Zeltinsasse zog den Reißverschluß auf, und der Bär packte ihn an der Schulter. Er schleppte ihn zum Meer hinunter und auf eine Eisscholle, wo er ihn vor den anderen Österreichern, die keine Waffen besaßen, langsam auffraß.

▲ Auf der Hut vor Eisbären hält Charlie sein Gewehr griffbereit, während er den Rand der Eisscholle auf Risse prüft.

Eines Abends lag ich in meinem Schlafsack, als ich neben meinem Kopf, der an die Segeltuchwand des Zelts stieß, ein Schnüffeln vernahm. Kurz darauf hörte man am Zwischenraum zwischen unseren Zelten, wie es an einer Lebensmittelkiste raschelte.

„Ran?" rief Charlie.

Seine Stimme kam aus dem Zelt. Also hatte nicht er mein Zelt umschnüffelt oder an den Lebensmittelkisten gekratzt. Mir sträubten sich sämtliche Nackenhaare, als mir klar wurde, daß es jemand anders war. „Ich glaube, wir haben Besuch!" rief ich zurück.

Schnell zog ich Wattstiefel und Jacke über meine langen Unterhosen und das Unterhemd, ergriff meine Kamera und die Pistole und warf einen kurzen Blick aus der Zeltklappe. Alles, was ich sah, war Charlie, der das gleiche tat. Ganz langsam bewegten wir uns hinaus. Charlie war genauso angezogen wie ich und hielt sein Gewehr schußbereit. Ich schaute um sein Zelt. „Nichts", sagte ich.

Er musterte das Ende meines Zeltes. „Bei dir ist auch nichts."

Die Spannung ließ nach. Dann sah ich, wie Charlie erstarrte, und seine Augen quollen ihm fast aus dem Kopf. „Fehlanzeige", sagte er, „wir haben doch einen Besucher."

Ein großer Eisbär kam hinter meinem Zelt hervor. Seine Vorderpfoten standen auf den Zeltschnüren etwa drei Meter vor uns. Der Bär beäugte uns eine Weile von oben bis unten, dann trottete er langsam fort.

Das nächste Mal hatten wir nicht so viel Glück. Wieder bewegte sich ein Bär ein Weilchen um die Zelte herum, und wir dachten beide, es sei der jeweils andere, der sich draußen zu schaffen machte. Als wir kapierten, was los war, und bewaffnet aus den Zelten auftauchten, war der Bär bei Charlies Zelt. Zehn Minuten lang schlich der Bär um uns herum, während wir ihm lauthals Beschimpfungen an den Kopf warfen, die Töpfe zusammenschlugen und Kugeln an seinen Ohren vorbeipfeifen ließen.

Nach 15 Minuten feuerte ich einen Leuchtfallschirm ab. Die Rakete schoß vor dem Bären in den Schnee und zischte strahlend hell. Auch das blieb unbeachtet. Statt dessen ließ sich der Bär uns gegenüber im Schnee nieder und wiegte leicht sein Hinterteil wie eine Katze, die einer Maus auflauert. Allmählich kam er uns näher.

„Wenn er über die Senke im Schnee dort bis auf dreißig Meter an uns herankommt, gebe ich einen Schuß auf ihn ab", flüsterte ich Charlie zu.

◀ Obwohl der Eisbär ein schweres Tier ist, beweist er erstaunliche Behendigkeit und springt von einer Scholle zur anderen. Diese prachtvollen Tiere verbringen den Sommer größtenteils auf Eisschollen und jagen Robben, bisweilen fangen sie auch Fische.

Der Bär, ein prächtiges Tier, kam näher und näher, und ich feuerte mit der Waffe auf eine seiner Vorderpfoten. Da hielt er plötzlich inne und verschwand. Zu hinken schien er nicht, doch seine Fährte zeigte Blutspritzer. Wir folgten ihm ans Ende der Landebahn, dort sprang er ins Meer und schwamm zu einer anderen Eisscholle hinüber.

In den folgenden Wochen zog eine ansehnliche Anzahl Bären über unsere Eisscholle hinweg. Ihre Besuche verscheuchten unsere Langeweile. Nicht minder aufregend war allerdings auch das Schrumpfen unserer Eisscholle.

Am 10. Juli gelang mir um Mittag eine Peilung mit Hilfe der Sonne. Wir waren bereits seit mehr als siebzig Tagen auf der Eisscholle und befanden uns noch immer nördlich des 82. Breitenkreises. Es dauerte fünfzig Minuten, bis ich den Theodoliten für die mittägliche Winkelmessung eingerichtet hatte, und ich watete dabei in Matschpfützen. Weil die Beine des Stativs langsam wegrutschten, mußte man die Libelle des Theodoliten nach beinahe jeder Messung neu einspielen.

Bei 82° brach von der südwestlichen Ecke ein etwa 8000 Quadratmeter großes Stück ab. Der Nachbar im Norden schob sich vierzig Meter weit auf unsere Scholle. Achtzig Prozent unserer Eisscholle waren mindestens fünfzig Zentimeter hoch von Matscheis bedeckt. Vor den dem Meer zugewandten Seiten peitschte der Wind kleine Wellen auf den schwarzen Wasserflächen auf, auf denen massenweise Eistrümmer vor dem Wind vorbeisegelten. Die Schneedecke auf dem Eis war völlig abgeschmolzen, und die Bruchstellen traten wie Krampfadern hervor. Tag für Tag blieb die Sonne unsichtbar, und am Himmel spiegelten sich die dunklen Stellen der offenen Wasserflächen südlich und nördlich unseres treibenden Floßes. Darüber hinaus verging kaum ein Tag, ohne daß sich ein Bär, manchmal auch zwei, blicken ließ. Wir standen mit schußbereitem Gewehr neben dem Zelt.

Zum Geräusch des Windes und der Brandung gesellte sich nun ein gurgelndes Fließen, denn die Schmelzwassertümpel hatten ein ganzes Netz von Schleusen zwischen den Pfützen und schließlich auch zwischen der Eisscholle und dem Meer aufgezehrt. Im Wasser rings um uns drängten sich riesige, schwimmende Eisbruchstücke, dazwischen schwammen Buckelwale hin und her und tauchten mit lautem Platschen auf. Oft schnaubten sie wie Pferde, und nachts vernahm man deutlich ihre unirdischen Gesänge, die über die nebelverhangenen Eisfelder schwebten.

Inzwischen lag ein ziemlich großer Abstand zwischen uns und anderen massiven Eisbrocken. Manchmal aber schob ein kräftiger Wind unsere Scholle kurz gegen eine

Walgesänge

Wale verbringen einen Großteil der Zeit in den finsteren Tiefen der Weltmeere. Wie die meisten im Wasser lebenden Säugetiere geben sie Laute, ja wahre „Gesänge" von sich, die bei den Meeresbiologen auf großes Interesse stoßen.

Untersuchungen über die Walgesänge stecken noch in den Kinderschuhen. Aus den bisherigen Forschungen geht hervor, daß sie in zwei Gruppen einzuteilen sind. Die erste Gruppe umfaßt eine Reihe scharfer, kurzer Klicklaute: Die Reflexion der von diesen Klicklauten erzeugten Schallwellen scheint den Walen die Orientierung zu ermöglichen, vielleicht zu Nahrungsquellen, zum Meeresboden oder zur Wasseroberfläche. Die zweite Gruppe von Lauten dient vermutlich zur Kommunikation zwischen den Tieren. Buckelwale etwa erzeugen eine komplizierte Folge von Tönen, die vom leisen Zirpen bis zum lauten Kreischen reicht. Man vermutet, daß die Hochfrequenztöne für eine Verständigung über kurze Entfernungen dienen, während sich die Niederfrequenztöne unter Wasser über die verblüffende Entfernung von mehr als tausend Kilometern fortpflanzen können.

▲ Buckelwale gelten als besonders verspielt und mitteilsam. Ob ihre Laute, die von Wissenschaftlern aufgezeichnet werden (rechts), der Kommunikation dienen, ist unter den Experten allerdings umstritten.

Einige Wissenschaftler bezweifeln jedoch die Theorie, daß sich Buckelwale auf diese Weise verständigen. Ihre Gesänge sind nämlich identisch, verändern sich nur von einem Jahr zum andern, und wenn eine ganze Gruppe dieselben Laute von sich gibt, ist es eher unwahrscheinlich, daß dabei Informationen ausgetauscht werden.

andere und richtete großen Schaden an den Randstellen an. Bisweilen wachte ich plötzlich auf und lauschte aufmerksam. War ein Bär in der Nähe, oder gab es wieder einen Zusammenstoß? Als Antwort hörte man meistens, wie tonnenweise Eis donnernd vom Rand unserer Scholle abbrach, dann folgten Echos, wenn sich Miniaturflutwellen am anderen Ende der Wasserrinnen brachen.

Nun waren wir nicht mehr weit von der Packeisgrenze in der Framstraße entfernt. Bis zu 13 Millionen Quadratkilometer des Nordpolarmeers sind von Packeis bedeckt, und ein Drittel dieser Last wird alljährlich durch die Framstraße abgeleitet. Sehr bald würde unsere Eisscholle in einen Engpaß geraten, wo sich die Oberflächenströmungen um hundert Prozent verstärken und ihre zerfallende Eisfracht mit einer unglaublichen Geschwindigkeit von dreißig Kilometern am Tag nach Süden transportieren.

Als wir nach Süden in diesen Sog gerieten, wirbelte unsere Scholle wie Schaum, der auf ein Abflußloch zufließt. Die Sonne hing jeden Tag unmerklich tiefer, und nachts froren die Schmelzwassertümpel allmählich zu. In der Nacht zum 28. Juli schlief ich kaum und lauschte dem polternden Krachen vom Meer. Unsere Scholle wurde täglich kleiner.

Am 29. Juli wies Charlie mich darauf hin, daß die Nahtstellen in der Scholle zwischen unserem Toilettenhäuschen und den Zelten immer breiter wurden, ebenso die Fugen zwischen seinem Zelt und dem nächstgelegenen Teil des Schmelzwassersees. Nun trieben wir schon seit 95 Tagen auf der Eisscholle.

Les Davis, wieder Skipper auf der *Benjy B.,* war sich der wachsenden Gefahr für uns bewußt. Er beschloß, sich zu uns durchzukämpfen, sobald die ersten Anzeichen für das Aufbrechen des Packeises sichtbar wurden. Als am 1. August unser siebter Monat auf dem Meereis begann, glitt die *Benjy B.* in den tiefhängenden Nebel. Kurz zuvor hatte Ginnie das Nordostkap verlassen, weil sie sicher war, vom Schiff aus mit unserer Eisscholle in Verbindung treten zu können. Nun war auch sie an Bord.

Der Weg nach Hause

Am späten Abend des 1. August befand sich das Schiff 49 Seemeilen von unserer letzten gemeldeten Position entfernt und bewegte sich langsam durch mittelschweres Packeis und dichten Nebel. Eisbrocken behinderten das Fortkommen zwischen den größeren Eisschollen. Sie mußten beiseite geschoben und vom Sog der Schiffsschraube weggefegt werden, eine frustrierende Angelegenheit, die der Brücke einiges an Geschicklichkeit abverlangte. Meterweise und mit vielen Umwegen bewegte sich die *Benjy B.* durch eine wechselhafte, düstere Eislandschaft und schreckte hin und wieder Robben, Bären und Zwergwale auf.

Viele Besatzungsmitglieder hielten sich stundenlang an Deck auf und schauten in die Düsternis. Am späten Nachmittag des 2. August zog der Nebel ab, und sofort flog Karl von Longyearbyen ab. Erst kreiste er eine Weile, dann lotste er Les Davis durch das Labyrinth der geborstenen Eisfelder und führte das Schiff geschickt in eine zerklüftete Wasserrinne, die nach zwölf Seemeilen zu unserer Scholle führte.

Etwa um dieselbe Zeit beobachtete die Crew bedenkliche Anzeichen, daß sich der Wind drehte, und innerhalb einer Stunde war eine Brise aus Süden aufgekommen. Noch ein wenig mehr Wind, und das Schiff, das sich nun weit in der Packeiszone befand, würde vom Eis eingeschlossen. Die ganze Nacht hindurch führte die Crew mit ihrer Willenskraft die *Benjy B.* meterweise nach Norden und schaffte den Durchbruch.

Am 3. August setzte ich mich mit Ginnie in Verbindung. Sie hörte sich müde, aber aufgeregt an. „Wir sind 17 Meilen südlich von eurer letzten gemeldeten Position und sitzen fest."

Ich rief Charlie die Nachricht zu. Wir mußten bereit sein, so bald wie möglich mit den Kanus abzufahren. Beide hofften wir, daß die *Benjy B.* imstande war, sich zu uns durchzuschlagen. Für uns konnten selbst 800 Meter Fahrt von der Scholle fort katastrophal werden, denn rings um uns war alles in Bewegung, große Treibeisschollen prallten in den Kanälen aufeinander, und Eisbreigebilde lauerten auf dem Meer.

Am Mittag meldete ich Anton unsere Position. Das Schiff befand sich südöstlich von uns. Um es zu erreichen, mußten wir zwölf Seemeilen auf dem durchweichten Packeis zurücklegen und den Nullmeridian überschreiten. Am 99. Tag unserer Driftfahrt verstauten wir um 14 Uhr 150 Kilo Gerätschaften, Lebensmittel und unsere Aufzeichnungen in den Kanus und machten uns auf den Weg. Der Wind wehte mit steifen zwölf Knoten, als wir über die erste Rinne mit ihrem kabbeligen Wasser paddelten.

▲ Charlie macht sich mit dem neuesten Transportmittel der Expedition vertraut, dem Aluminiumkanu.

Die hölzernen Skikufen, die dazu dienen sollten, die schwerbeladenen Kanus über Eisschollen zu befördern, brachen bereits in der ersten Stunde ab. Danach zerrten wir die Bootsrümpfe über das rauhe Eis und hofften, daß sie nicht verschlissen. Wenn wir an Tümpel, Flüsse oder Seen kamen, ließen wir die Kanus vorsichtig von den bröckelnden Eisrändern ins Wasser gleiten.

Wir hatten so viel Zeit ohne körperliche Betätigung in den Schlafsäcken verbracht, daß das Ziehen eine beträchtliche Anstrengung war. Einmal versperrte ein Sumpf aus Eisbrei und schwimmenden Eisbrocken unseren Weg. In dieser Stunde kamen wir nur 400 Meter voran. In der Regel aber kletterte ich auf hohe Eisrücken, erkannte die Matschzonen rechtzeitig und nahm lange Umwege in Kauf, um die Gefahren zu meiden. Tiefe Schmelzwassertümpel waren problemlos. Wir wateten einfach hindurch und zogen die Leinen hinter uns her. Als ich versuchte, mich in einem See durch eine kreisende Masse von Eisinseln zu manövrieren, warf ich einen prüfenden Blick zurück, ob Charlie mir folgte. Ich sah gerade noch zwei Blöcke krachend zusammenstoßen. Durch den Aufprall schoß ein Wasserschwall hinter meinem Kanu her. Glücklicherweise befand sich Charlie noch nicht in dem brodelnden Durchgang, sonst wäre er umgeworfen worden.

Unsere Hände und Füße waren naß und gefühllos, doch als ich um 19 Uhr auf einen niedrigen Hügel stieg, um die Lage zu erkunden, sah ich zwei Streichhölzer in meiner Peilrichtung am Horizont: die weit entfernten Masten der *Benjy B.*

Plötzlich standen mir Tränen in den Augen, und ich schrie laut nach Charlie. Ich fühlte mich bärenstark. Dann kniete ich mich auf den kleinen Hügel und schickte ein Dankgebet zum Himmel. Drei Stunden lang wurde geschoben, gezogen, gepaddelt und geschwitzt. Manchmal verloren wir das Schiff kurz aus den Augen, doch jedesmal, wenn wir es wieder erblickten, war es ein kleines bißchen größer.

Am 3. August, kurz vor Mitternacht, erkannten die Besatzungsmitglieder der

DER KREIS SCHLIESST SICH

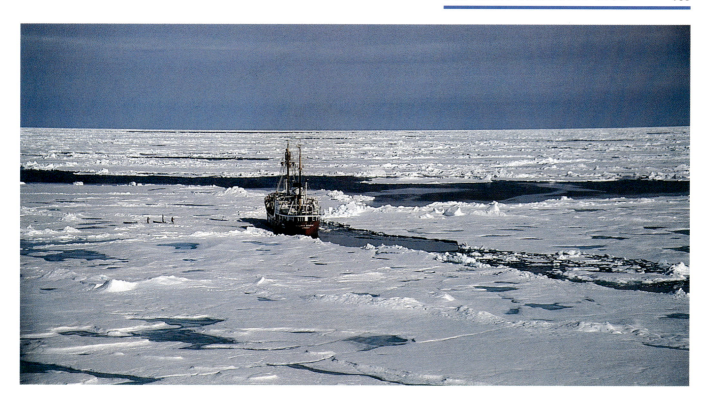

▲ Nach drei Jahren und fast 65 000 Kilometern legen der Autor und Charlie die letzten Kilometer bis zur triumphalen Wiedervereinigung auf der *Benjy B.* zurück.

Benjy B. nacheinander in der wogenden weißen Masse die zwei dunklen Gestalten, die sie vor so langer Zeit an der Mündung des Yukon auf der anderen Seite des Nordpolarmeers abgesetzt hatten.

Am 4. August um 0.14 Uhr kletterten wir bei 80° 31' nördlicher Breite und 0° 59' westlicher Länge an Bord.

Ginnie stand an der Ladeluke. Ich sah, wie allmählich die Anspannung aus ihrem müden Gesicht wich. Sie lächelte, und ich wußte, was sie dachte. Zusammengerechnet hatten wir zwanzig Jahre unseres Lebens damit verbracht, diesen Punkt zu erreichen. Unser unmöglicher Traum war beinahe fertiggeträumt.

Zwölf Tage lang kämpfte die *Benjy B.,* um sich aus dem Packeis zu befreien. Doch sie steckte fest. Durch einen glücklichen Zufall nahmen die beiden Eisschollen, die sie umschlossen, durch ihren Winkel den Querdruck auf und schützten sie vor dem enormen inneren Kräften des Packeises. Am 15. August drehte sich der Wind endlich, und die *Benjy B.* kam langsam frei. Wir liefen den Longyearbyen-Fjord an, um die Lagerausrüstung abzuholen und uns von Karl zu verabschieden.

Am nächsten Tag, als die Fracht im Laderaum festgezurrt war, legten wir von dem hölzernen Landesteg ab – unser letzter Abschied nach drei Jahren ständiger Abfahrten aus fernen Häfen. Wir hatten in vielen Ländern viele Freunde gefunden.

Von den einsamen Svalbard-Inseln fuhren wir nach Süden durch die Grönlandsee, dann durch die Nordsee, bis der orangefarbene Nachthimmel von Aberdeen an uns vorüberzog. Am 29. August stieß Prinz Charles auf der Themse zu uns und brachte das Schiff fast auf den Tag genau drei Jahre nach unserer Abfahrt nach Greenwich, unseren Ausgangspunkt, zurück. Die Themse glitzerte unter einer steifen Brise und der Wärme eines wunderbaren Sommertages. Bunte Fähnchen und 10 000 jubelnde Zuschauer säumten die Ufer.

Unsere Reise war vorbei.

REGISTER

Halbfett gedruckte Seitenzahlen kennzeichnen einen Eintrag in einer Karte, *kursiv* gedruckte weisen auf eine Abbildung hin. Einträge sind zum Teil unter Oberbegriffen aufgeführt, Ortsangaben wurden für Arktis mit (A), für Antarktis mit (Ant) abgekürzt.

A

Abidjan (Elfenbeinküste) **46**, 70
Adelaide-Insel (Ant) **26**, *40*
Adélieland (Ant) 100
Afrika **46**, 65–70
Agulhas-Becken (Südatlantik) 71
Alaska **10**, 14, 16, 18, 24, 110, *117*
Alert (Ellesmere-Insel) **46**, 47, 52, 110, 119, 146
Aleuten 18, **46**, 111, *111*
Algier (Algerien) **46**, 65
Amundsen, Roald 36, 37, 39, 75, 121, 129, 149
Amundsengletscher (Ant) 105
Antarktis 13, **26**, 27–41, *28, 33*, **46**, 48, 71, *74*, 76, *80*, 86, *86*
    Bodenschätze 41, 100
    Expeditionen 27, 34, 35, 36, *36*, 37, *37*, 38, 39, 47, 75
    Forschung 40, 41
    Geologie 100, *100*, 101, *101*
    Klima und Wetter 27, 76, 79, 80, 81, 84, 91, 100, 101
    Pflanzen 28, 29, 33, 36, 104
    Polarforscher 27, 34, 35, *35*, 36, *36*, 37, *37*, 38, 39
    Tiere 14, 28, 29, 30, *30, 31*, 32, *32*, 33, *33*, 35, 108
Antarktische Halbinsel **26**, *71*
Antarktische Konvergenz 13, 28
Antarktisflüge 38, 39
Antarktisvertrag 40, 41, 100

Äquator **46**, 70
Arktis 11–27, 48, 71, 80, 81
    Expeditionen 18, *18*, 19, *19*, 21, 22, 23, *23*, 24, *24*, 47, *47*, 144, 145, 149, 156, *156*, 157, 164, 170
    Forschung 25, 26
    Klima und Wetter 80, 81, 148, 157
    Pflanzen 12, *12*, 13, *13*, 14
    Polarforscher 18, *18*, 19, *19*, 21, 22, *22*, 23, *23*, 47, *47*, 144, *144*, 145, *145*, 156, *156*
    Tiere 13, 14, *14*, 15, *15*, *130*, 133, *136*, *138*, 143, 173, *173*, *177*, 181
    Völker 16, 17, 121
Aston Bay (A) 132
Auckland (Neuseeland) **46**, 109
Aurora australis 86
Aurora borealis 86, 150
Australien **46**, 109, 110, *110*
Axel-Heiberg-Gletscher (Ant) 105
Axel-Heiberg-Insel (A) 136

B

Back (Fluß) **10**, 22
Baffinmeer (A) **10**, 145
Barcelona (Spanien) **46**, 65, *65*
Barents, Willem 19, *19*, 21, 169
Barren Grounds (A) 22
Barrow-Straße 131, 132
Baumgrenze 13, 14
Beaufort-Gyral-Strömung 150

Beechey-Insel (A) 133, *133*, 145
Bellinghausen, Fabian von 34, 35, *35*
Benjamin Bowring (Transglobe-Schiff) 58, 59, *59*, 60, *74*
Bering, Vitus Jonassen 19, *19*, 114
Beringmeer 111, 112, *112*, 115
Beringsee-Kultur 18
Beringstraße (A) **10**, 18, 47, 48
Besiedlung der Arktis 17, 18
Bodenschätze 16, 41, 82, 100, 104
Boote *17*, 18, *37*, 49, *49*, 52, *54*, 114, 115, *115*, 176, 178, *182*
Borchgrevink, Carsten 34, 36
boreale Wälder 14, 15, 17
Borgamassiv (Ant) 76, *76*, 89
Bowring, Anton (Transglobe) 58
Burton, Charlie (Transglobe) 51, *60*
Byrd, Richard Evelyn 38, 39, *39*

C

Cambridge Bay (A) 126, *126*, 127
Campbell-Insel (Neuseeland) **46**, 108, 109, *109*
Canyon des Grant (A) 143, *143*
Cardigan-Straße (A) 135
Clements Markham Inlet (A) 152
Cook, Frederic 25
Cook, James 34, 35
Coppermine (Fluß) **10**, 22
Cornwallis-Insel (A) 52, 132, 133
Cow Cove (A) 124, 125

D

Davis, John 21, 35
Dawson City (Kanada) **46,** 48, 110, 115, 117, 118, *118*
Dehydrierung 157
Devon-Insel (A) **10,** 14, 132, 133
Dolphin-und-Union-Straße (A) 125
Dorset-Kultur 18
Dumont d'Urville, J. S. C. 36
Dundee-Insel (Ant) 38
Durham Point (Ant) 107

E

Echolot 24
Eis 27, 71
   Inlandeis 13, 27, *62,* 71, 140
   Meereis 13, 71, 152, *158*
   Packeis 62, 71, 72, 73, 132, 136, 143, 150, 155, *173, 174,* 181
   Preßeis 152, 153, *154,* 164, *165, 166,* 173
   Schelfeis 71, 77
Eisberge 35, 62, 70, 71, *71, 81,* 131, 133, *135*
Eisbrecher *18,* 19, 171
Eisdecke 11, 24, 82, 93, 100, 181
Eiskernbohrungen 27, 40, 93, *93,* 94
Eisschollen *125,* 134, *158,* 161, *161, 162, 162, 165,* 167, 175, *176*
Eisspalten 78, *78,* 97, 103, *103,* 105, 106, *106*
Eiszeit 17, 25, 27
El Golea (Algerien) 65
Elephant-Insel (Ant) **26,** 37, 39
Elfenbeinküste 69
Ellesmere-Insel (A) **10,** 47, 48, 110, 132, 135, 137, *137,* 138, *140,* 156
Ellsworth, Lincoln 38
Erdgas und Erdöl 24

Erebus Bay (A) 133
Erfrierungen 53, 121, 150, 157, 164
Erik der Rote 62
Eugenie-Gletscher (A) 142
Eureka (A) 136
Exxon Valdez (Öltanker) 24

F

Fahrzeuge 16, *16,* 17, *17,* 18, *18,* 19, *20, 23,* 37, *37, 77,* 90, 92, 93, 114, 115, 141, *141,* 146, 150, 153
Fiennes-Expeditionen 45, *45,* 51–56
   → Transglobe-Expedition
Fiennes, Ginnie (Transglobe) 44, *44*
Fiennes, Ranulph (Transglobe) 41, *44*
Fischerei 16, 62, 29, *62,* 73
Forschung 11, 24, 25, 27, 40, 41
Forschungsstationen
   Antarktis 40, *40, 41,* 47, 76, 83, 84, 102, *102,* 108
   Arktis 119, 132
Fossilien 100, *101,* 104
Foyn, Sven 36
Framstraße (A) 181
Franklin Bay (Kanada) 123, 124
Franklin, John 19, 22, 126, 133, 144, 145
Frobisher, Martin 21
Frostschuttwüsten 13, 15, 33
Fuchs, Vivian 39, 49, 56

G

Gardner Ridge (Ant) 104, 105
Geologie 100, 101
Gerlache, Adrien de 36
Geschichte 18, 19, 21, 22, 23, 27, 34–41, 62, 114, 118, 124, 129, 133, 144, 145, 156, 169

Gesteine 100, *100,* 101, *101,* 104
Gjoa Haven (A) 129
Gletscher 71, 89, 103, 104, *104,* 105, 136, 137, 138, 139, 142, *147,* 152
Gletscherkunde 27, 40, *40*
Global-Positioning-System (GPS) 168, *168,* 169
Goldrausch 118
Gondwana 100
Grahamland (Ant) **26,** 38, *39*
Grant-Eiskappe (A) 142
Greely, Adolphus 22
Greely-Fjord (A) 136
Greenwich (Großbritannien) **46**
Grise-Fjord (A) 135
Grönland 13, 16, 23, **46,** 50, *50,* 62, *62,* 63, *63,* 71, *81,* 120, 147, 171
Growler 71

H

Hall, Charles 22
Halo 92
Hearne, Samuel 22
Herbert, Wally 47, *47,* 150, 171
Hillary, Edmund 39
Hinge Line (Ant) 77
Höllentor (A) 132, 135
Holy Cross (Alaska) 116, 117
Hudson, Henry 21
Hudson's Bay Company 128, 133, 145
Hundeschlitten 16, 108, 175, *175*
Huskies 171, 175, *175*

I/J

Indianer 18, 22, 136
Inuvik (Kanada) **46,** 110, 115, 118, *119*

Irtysch (Fluß) 18
Isotherme 13
Jagd 16, 18, 36
Jekselen (Ant) 79
Jermak, Timofejewitsch 18
Jones-Sund (A) 135
Jutulstraumen-Gletscher (Ant) 76

K
kalter Krieg 124
Kanada **10, 11,** 16, 18
Kane, Elisha Kent 22
Kap Adare (Ant) 36
Kap Aldrich (A) 147, 152
Kap Columbia (A) 147, 152
Kap Dalhousie (Kanada) 122
Kap Delano (A) 151
Kap Denison (Ant) 80
Kap Evans (Ant) 108
Kap Parry (A) 125
Kap Sherard (A) 135
Kap Warrender (A) 134
Kapstadt (Südafrika) **46,** 70
King-William-Insel (A) 145, *145,* 169
Kirwan Escarpment (Ant) 75, 89
Kleidung 88, 89, *89,* 92, 94, 120, *120,* 121, *121,* 154
Klein-Gletscher (Ant) 105
Klima 14, 27, 76, 80, 81, 118
Klimaforschung 80, 81
Klimageschichte 40, 93, 94, 100
Klondike (Kanada) 118
Kodiak-Insel (Alaska) 114
Kolabucht (Rußland) **11,** 21
Kompaß 77, 91, *91,* 92, 123, 148, 155, 169
Kontinentaldrift 24
Krill 28, 29, *29,* 73
Kwikpak (Fluß) 115

L
La-Groce-Gebirgszug (Ant) 104
Labrador (Kanada) **11**
Lachswanderung 115, *116*
Lady Franklin Point (A) 125, 126
Lake Hazen (A) 139, 140, *141*
Lancastersund (A) **10,** 21, 22, 132, 133
Lappland 16
Lebensraum, Anpassung an 15, 17
Lena (Fluß) **10,** 18
Liverpool-Land (Grönland) *62*
Longyearbyen (Spitzbergen) **10,** *16*
Longyearbyen-Fjord 177, 183
Los Angeles (USA) **46,** 110
Luftspiegelungen 169
Luftverschmutzung 40, 93
Lyttelton (Neuseeland) 109

M
Macdonald (Fluß) 138, 139
Mackenzie (Fluß) **10,** 22, 48, 110, 118, 119
Mackenzie, Alexander 22
Magnetpol 91, 169,
Mali 67, 68, 69
Mammut 25
McMurdo-Sund (Ant) **26,** 39, 102, 105, *107*
Meteoriten 93
Mikroorganismen 28, *28*
militärische Frühwarnstationen 119, 122, 124, *124,* 125
Mineralien 62, 100, *100*
Mitternachtssonne 13, 125, 169, *174*
Mount Cooper Key (A) 152
Mount Erebus (Ant) **26,** 36, 39, **46,** 100, *101, 107,* 108
Mount Foster (A) 152
Mount Gardiner (Ant) 105
Mount Ruth (Ant) 105
Mount Wood (A) 142

N
Nahrungskette 13, 29, 30
Nalegga (Ant) 79, *79*
Nansen, Fridtjof 22, *22,* 23, 56
Nationalpark 62, 175
Natural History Museum (London) 66
Navigation 91, 122, 168, 169, 179
Navigationsgeräte 77, 91, *91,* 92, 123, 148, 155, *168,* 168, *169,* 169, 179
Neuseeland **46,** 109
Newman, Geoff (Transglobe) 51, *60*
Niederschläge 80, 81
Niger (Fluß) 67, *67,* 68, 69
Nordenskiöld, Adolf Erik *18,* 19, 21
Nordenskjöld, Otto 36
Nordlicht 86, 150
Nordostkap (Grönland) 175
Nordostpassage 18, 19, 21
Nordpol **10,** 22, 23, 24, **46,** 48, 150, 156, 167, *167*
Nordpolarmeer **10,** 18, 21, **46,** 143, 150, *169,* 181
Nordwestpassage 21, 48, 110, 119, 122, 129, 133, 169
Norwegen **11,** 14
Norwegische Bucht (A) 132, 135, 136
Nowaja Semlja (A) **10,** 18, 21
Nullmeridian **46,** 94
Nunataker 79
Nuuk (Grönland) 62, *62*

O/P
Ochotskisches Meer (Rußland) 18
Ökosystem 29, 41, 73

Ozonloch 40, *40,* 41, 80
Papanin, Ivan 171
Parhelia 92
Peary, Robert Edwin 25, 156, *156*
Peel-Sund (A) 132
Pelz 15, 36, 121
Pelzhandel 114
Penck-Gletscher (Ant) 89
Permafrostgebiet 118
Perry-Insel (A) 127, 128
Pflanzen 11, 12, *12,* 13, *13,* 14, 28, *28,* 29, 69, 100, 116
　Algen 13, 28, 33
　Bäume 12, 14
　Blütenpflanzen *12,* 13, 33
　Flechten 12, *12,* 13, 14, 33, 104
　Gräser 12, 14, 33
　Moose 12, 13, 14, 33, 36, 138
　Zwergsträucher 12, *13,* 14
Pipeline 24, *24*
Plankton 13, 28, 29, 30, 73
Point Barrow (Alaska) 47
Polar Continental Shelf Project (A) 119
Polarbjörnbukta (Ant) 74, *74*
Polarexpeditionen 18, *18,* 19, *19,* 21, 22, 23, *23,* 24, *24,* 27, 36, *36,* 37, *37,* 38, 39, 47, 121, 133, 144, *144,* 145, *145,* 149, 156, *156,* 157, 163, 164, 167, 168, 169, 170, 171
Polarforscher 18, *18,* 19, *19,* 21, 22, *22,* 23, *23,* 27, 34, 35, *35,* 36, *36,* 37, *37,* 38, 39, *120,* 129, 133, 144, *144,* 145, *145,* 149, 156, *156,* 169, 171
Polargebiete 40, 47
　Ausdehnung 11, 13
　Besiedlung durch Menschen 11
Polarkreise **10,** 11, 26, **46**
Polarlicht 86, *86,* 92, *92*
Polarmeer 13, 14, 15, 18, 28
Polarnacht 150, 156, 169

Polarstern 11
Polbewegungen 168
Prinz Charles 52, 56, 57, 58, 64, *64,* 109, 149, *149,* 170, 183
Prudhoe-Bucht (Alaska) 24

R

Rae, Dr. John 22
Resolute (Devon-Insel) **46,** 119, 132
Roaring Forties 71, 72
Robbenschläger 14, 34, *34,* 36
Ross, James Clark 28, 36
Ross, John 21, 169, *169,*
Ross-Insel (Ant) **26,** 37, *107*
Ross-Schelfeis (Ant) **26,** *35,* 36, 38, **46,** 102, 107
Rothera (Adelaide-Insel) **26,** 40, *40*
Royal Geographical Society 52, *52*
Russen in Alaska 114, *114*
Ryvingen (Ant) **46,** 75, 76

S

Sahara 65–69
Sanae (Ant) **46,** 47, 71, 86
Sastrugi 95, *96,* 97, 98, 107
Satelliten 124, 169
Schelechow, Grigori 114
Schiffahrt 21, 169
Schiffe 18, *18, 20,* 21, 22, 23, *23,* 58, 133, 145, *156*
Schlitten 23, 37, *90,* 92, 93, 98, 141, *141,* 148, 150, 153, 154, *154,* 160
Schneebrillen 88, 89, *89, 120,* 121
Schneefahrzeuge 16, 49, *49,* 52, 54, 77, *90,* 92, 93, 141, *141,* 150, 153 158, 159, *159,*
Schneeschmelze 12
Schneewehen 98, *98*

Scotia-Meer (Ant) **26**
Scott Base (Ant) **46,** 105, 108, 109
Scott, Robert Falcon 36, *36,* 37, 39, 58, 72, 75, 108, 120, 121, 170
Scott-Gletscher (Ant) **46,** 102, 103, 105, *105,* 106
Seilkopffjella-Gebirge (Ant) 79
Shackleton, Ernest 37, *37,* 39
Shepard, Oliver (Transglobe) 51, *60*
Sibirien 13, 16, 18, 149
Skorbut 145
Slettfjellnutana (Ant) 79
Smithsund (A) **10,** 22
Sonnensäulen 92, *92*
Sonnenscheindauer 88
Special Air Service (SAS) 44
Spence Bay (A) 130
Spitzbergen **10,** *16,* **46,** 148, 149, 150, 171, 176, 178, 183
Sponsoren 48, 49, 52, 56, 58, 59, 60, 61, 109, 119, 147
St. Michael (Alaska) 114
Station Eismitte (Grönland) **10**
Station Nord (Grönland) 147
Steershead-Spalten (Ant) 107
Stignabben (Ant) 89
Südantillenmeer (Ant) 28
Südgeorgien (Ant) **26,** 37
Südorkneys (Ant) 34
Südpol **26,** 40, **46,** 47, 99, *99,* 103
Südpolargebiet 80, *121*
Südpolarmeer 27, **27,** 29, 35, **46,** 70
Südshetlands (Ant) 34
Svalbard → Spitzbergen
Sydney (Australien) **46,** 109, 110, *110*

T

Tamanrasset (Algerien) 66
Tanquary-Fjord (A) 136, 137

Temperaturen 53, 76, 79, 80, 81, 84, 85, 91, 107, 148, 149, 150, 153, 154, 157, 161, 164, 167, 172, 173
Terra australis incognita 34
Teufelsgletscher (Ant) 105
Thoreth, Ragnar 149
Thule (Grönland) *50,* 147
Thule-Kultur 18
Tiere 11, 12, 13, 14, 15, 28, *28,* 29, 32, 33, 62, 66, 67, 68, 69, 70, 73, 100, 133, 181
    Bären 15, 17, 122, *122*
    Eisbären 13, 14, *15,* 24, 27, 130, *130,* 134, 172, 178, 179, *179*
    Fische 13, 14, 18, 28, 30, *129*
    Fledermäuse 66, 67, 68
    Karibus *14,* 17, 143
    Krebstiere 13, 28, 29, *29*
    Lemminge 14, 17, 143
    Moschusochsen 14, *14,* 15, *15,* 17, 18, 138, *138,* 141
    Pinguine 29, 29, 30, *30,* 30, 33, 35, *37,* 38, 70
    Polarfüchse 14, 17, 143, 148, *172*
    Rentiere 14, 15, 17
    Robben 13, 14, 18, 28, 29, 30, 32, *32,* 33, 35, 179
    Schneehasen 14, *14,* 17, 138, 143
    See-Elefanten 32, *33,* 35, 108
    Seeleoparden 30, 32, 35
    Skinke 65, 66, *66*
    Vögel 14, 15, *15,* 17, 28, 30, *62, 73, 73,* 66, 67, 68, 109, *109,* 128, *128,* 177, *177,* 178
    Wale 13, 14, 29, 30, 32, *32,* 33, 35, 70, 131, *131,* 134, 180, *180*
    Walrosse *15,* 18
    Wölfe *14,* 15, 17, *136,* 138, 143
Tiere, Kälteschutz 14
Tiere, Lebensraumanpassung 17

Tiere, Nahrung 13, 14, 29, 33, 73
Tierfang für Natural History Museum 65, 66, 68, 69
Tierschutz 35
Timbuktu (Mali) 46, 67, 68
Titanic 71
Tobol (Fluß) 18
Torrington, John *145*
Transantarktisches Gebirge **26,** 38, *38*
Transglobe-Etappen
    Sahara–Westafrika 65–69
    Kapstadt–Antarktis 71–74
    Sanae–Ryvingen 75–79
    antarktisches Winterlager 77–88
    Ryvingen–Südpol 88–99
    Südpol–Scott Base 103–108
    Antarktis–Alaska 108–115
    Yukon–Tuktoyaktuk 115–119
    Nordwestpassage–Alert 122–143
    arktisches Winterlager 146–150
    Alert–Nordpol 150–167
    Nordpol–Spitzbergen 170–183
Transglobe-Expedition
    Ausrüstung *48,* 49, *61,* 147, 148, 150, 151, 153, 154
    Forschungsarbeiten 60, 65, 66, 68, 69
    Route **46,** 47, 48, 64, 71, 75, 102, 110, 114, 133, 150, 171
    Team 51, 56, 57, 58, 59, *59,* 70
    Verpflegung 87, 94
    Vorbereitung 44–63
Transpolarer Driftstrom 150
Treibhauseffekt 80
Tschernobyl 16, 93
Tschuktschenhalbinsel **10**
Tuktoyaktuk (Kanada) **46,** 47, 119, 122
Tundra 12, 14, 15, 17, 22, 122, 140, 177

U

Überfischung 16
Umanak (Grönland) *62*
Umweltschutz 35
Umweltverschmutzung 16, 24, 40, 93
Unterkühlung 53, 90
Ural (Rußland) **10,** 18
UV-Strahlung 120, 121

V

Valdez (Alaska) 24
Vancouver (Kanada) **46,** 110
Vegetationszonen 13, 14, 15, 17
Versteinerungen 100, *101,* 104
Very (Fluß) 139
Victoria-Insel (A) 126
Victoria-Straße (A) 126
Völker, arktische
    Eskimo → Inuit
    Inuit (Eskimo) 16, *16, 17,* 18, 22, 114, 115, 118, 120, *121,* 128, *129,* 130, 135, 145, *169,* 178
    Jakuten 16
    Lappen → Samen
    Nenzen 16, *17*
    Samen (Lappen) 16, *16,* 120, 141
    Tschuktschen 16
Vulkane 36, 100, 101, *107,* 108, 111
Vulkanismus 100, 101, *101*

W

Walfang 35, 36
Walfänger 14, 34, 36
Walgesänge 180
Ward-Hunt-Eisschelf (A) 152
Wedellmeer (Ant) **26,** 37, 39, **46,** 71
Wegener, Alfred 24, *25*
Wellington-Kanal (A) 130, 133

Wetter 71, 79, 80, 81, 84, 85, 91, 134, 135, 157, 159, 161, 163, 172, 173
Wetterballon *81*
Wetterbeobachtung 80, 81, 83, 124, 125
Wetterstationen 80, *80,* 81, *81,* 136
Whale-Insel (Alaska) 114

White-Insel (Ant) 108
Wikinger-Eiskappe (A) 138
Wilkes, Charles 36
Wilkins, George Hubert 38
Willoughby, Hugh 18
Wilson, Edward 37
Wind 76, 80, 81, 82, 84, 85, 161
Wind-Chill-Faktor 53, 150

Windmesser 84, *84*
Wintersonnenwende 87

Y/Z

Yukon (Alaska) **10**, 48, 110, 111, 113
Zelt 94, *94, 95,* 154, *155*
Zugvögel 30

Literaturverzeichnis

Bei der Bearbeitung dieses Bandes wurden folgende Werke in- und ausländischer Verlage und Autoren zu Rate gezogen:

Antarctica: Great Stories from the Frozen Continent, The Reader's Digest Association Limited 1985

Arktis–Antarktis, Kunst- und Ausstellungshalle der Bundesrepublik Deutschland GmbH in Bonn 1997

Bachmann, Klaus: *635 Tage jenseits der Welt. Die Shackleton-Expedition: Katastrophe und Rettung im antarktischen Eis.* In: GEO Nr. 10/Oktober 1998

Beattie, Owen, and Geiger, John: *Der eisige Schlaf. Das Schicksal der Franklin-Expedition,* Piper 1994

Bond, Creina, and Siegfried, Roy: *Antarctica: No Single Country, No Single Sea,* New Holland 1990

Brody, Hugh: *Jäger des Nordens. Menschen in der kanadischen Arktis.* Peter Hammer 1998

Brown, Warren: *The Search for the Northwest Passage,* Chelsea House Publishers 1991

Bruemmer, Fred, and Dr. Taylor Jr., William E.: *The Arctic World,* Century Publishing 1985

Burton, Robert: *The Life and Death of Whales,* André Deutsch 1973

Cameron, Ian: *Explorers & Exploration,* Bison Books 1991

Cameron, Ian: *To the Farthest Ends of the Earth: 150 Years of World Exploration,* Macdonald 1980

Eichler, Horst: *Erdkunde in Bildern, Ein Schau- und Lesebuch von der Vielfalt der Erde.* Touristbuch 1987

Eichler, Horst: *Geographisches Hand- und Lesebuch für Reise, Schule und Weiterbildung.* Touristbuch 1989

Fernández-Armesto, Felipe (Hrsg.): *The Times Atlas of World Exploration,* Times Books 1991

Fogg, G. E., and Smith, David: *The Explorations of Antarctica: The Last Unspoilt Continent,* Cassell 1990

Fothergill, Alastair: *Leben im ewigen Eis. Eine Naturgeschichte der Antarktis,* Kynos 1996

Gavet-Imbert, Michèle (Hrsg.): *The Guinness Book of Explorers and Exploration,* Guinness Publishing 1991

Imbert, Bertrand: *North Pole, South Pole: Journeys to the Ends of the Earth,* Thames & Hudson 1992

John, Brian: *The World of Ice: The Natural History of the Frozen Regions,* Orbis Publishing 1979

Johnson, Clive: *Land of the Ice King: An Antarctic Journey,* Swan Hill Press 1990

Keay, John (Hrsg.): *The Royal Geographical Society History of World Exploration,* Hamlyn 1991

Lebendige Wildnis: Tiere der Tundra und Polargebiete, Verlag Das Beste 1996

Lucas, Mike: *Antarctica,* New Holland 1996

May, John: *Das Greenpeace-Buch der Antarktis,* Ravensburger 1989

Newby, Eric: *The Mitchell Beazley World Atlas of Exploration,* Mitchell Beazley 1975

Pernetta, John: *Philip's Atlas of the Oceans,* Reed International Books 1994

Pleticha, Heinrich, und Schreiber, Hermann: *Die Entdeckung der Welt,* Ueberreuter 1993

Ray, G. Carlton, and McCormick-Ray, M. G.: *Wildlife of the Polar Regions,* Chanticleer Press 1981

Rubin, Jeff: *Antarctica: A Lonely Planet Travel Survival Kit,* Lonely Planet Publications 1996
Shackleton, Sir Ernest: *South: The Story of Shackleton's Last Expedition, 1914–17,* hrsg. v. Peter King, Century 1991
Silcock, Lisa (Hrsg.): *The Oceans: A Celebration,* Ebury Press 1993
Stonehouse, Bernard: *North Pole, South Pole: A Guide to the Ecology and Resources of the Arctic and Antarctic,* Prion 1990
Stonehouse, Bernard: *Polar Ecology,* Blackie 1989
Stonehouse, Bernard, and Lowe, Peter: *Animals of the Antarctic: The Ecology of the Far South,* 1972
Struzik, Edward: *Northwest Passage: The Quest for an Arctic Route to the East,* Blandford 1991
Sugden, David: *Arctic and Antarctic,* Basil Blackwell 1982
The Encyclopaedia Britannica
The Times Atlas of the World, Times Books 1993
Wie funktioniert das? Wetter und Klima, Meyers Lexikonverlag 1989
Willis, Thayer: *The Frozen World,* The Reader's Digest Association Limited 1971

Bildnachweis

O= oben; *U*= unten; *M*= Mitte; *R*= rechts; *L*= links; *E*= eingeklinkt

Bucheinband: *O* Bilderberg/José Azel *R* Topham *U* Tony Stone/David E. Myers
Vor- und Rücksatzpapier: Tony Stone/Kevin Schafer

Innenteil: 2 Ranulph Fiennes **3** Papilio/Robert Pickett **5** Zefa/Lenz **6/7** Zefa/J. Conrad **8/9** Tony Stone Images/Ben Osborne **12** *O* Galen Rowell/Mountain Light *M* Bruce Coleman Ltd./Johnny Johnson *U* Oxford Scientific Films/Daniel J. Cox **12/13** Impact Photos/Geray Sweeney **13** *O* Bruce Coleman Ltd./Norbert Schwirtz *M* Windrush Photos/Wendy Dicklon **14** *O* BBC Natural History Unit/Lynn M. Stone *U* Planet Earth Pictures/Jim Brandenburg **14/15** Planet Earth Pictures/Jim Brandenburg **15** *OL* Bruce Coleman Ltd./Wayne Lankinen *OR* Mountain Camera/Colin Monteath *U* BBC Natural History Unit/Martha Holmes **16** *O* Planet Earth Pictures/Jan Tove Johansson *M* Tony Stone Images/James Balog *U* Bryan & Cherry Alexander **16/17** Oxford Scientific Films/Doug Allan **17** Bryan & Cherry Alexander **18** Nationalmuseum, Stockholm **18/19** Galen Rowell/Mountain Light **19** *OL* By permission of the British Library *OR* ET Archive *M* Statens Sjöhistorisk Museet, Stockholm/Jean-Åke Almquist *U* National Maritime Museum, London **20/21** Mike Beedell/Canada In Stock Inc. **22** *O* University of Oslo Library, Picture Department *U* Scott Polar Research Institute **23** *OL* Bryan & Cherry Alexander *OR* University of Oslo Library, Picture Department *U* Bryan & Cherry Alexander **24** *O* The Image Bank/Paul McCormick *U* Galen Rowell/Mountain Light **24/25** Still Pictures/Klaus Andrews **25** *O* Bildarchiv Preußischer Kulturbesitz *M* Mountain Camera/Colin Monteath **28** *O* Oxford Scientific Films/Harold Taylor Abipp *U* Oxford Scientific Films/Harold Taylor Abipp **29** *OL* Science Photo Library/Dr. Gene Feldman/NASA GSFC *OR* Greenpeace Communications Ltd./Gutman *M* Ardea, London/Jean-Paul Ferrero *U* Biofotos/Heather Angel **30/31** Mountain Camera/Colin Monteath **32** *O* Oxford Scientific Films/Doug Allan *M* Ardea, London/François Gohler *U* Ardea, London/D. Parer & E. Parer-Cook **32/33** Galen Rowell/Mountain Light **33** Oxford Scientific Films/Doug Allan **34** *OL* The Bridgeman Art Library/Mitchell Library, State Library of New South Wales *OR* The Bridgeman Art Library/British Library, London *U* Mary Evans Picture Library **34/35** Oxford Scientific Films/Rick Price/Survival Anglia **35** Hulton Getty **36** Mary Evans Picture Library **36/37** Scott Polar Research Institute **37** *O* Ardea, London/Jean-Paul Ferrero *M* Scott Polar Research Institute *U* Hulton Getty **38** *O* Bryan & Cherry Alexander/Ann Hawthorne *M* Mary Evans Picture Library *U* From the Collections of Henry Ford Museum & Greenfield Village **38/39** Royal Geographical Society/Charles Swithinbank **39** Hulton Getty **40** *O* Galen Rowell/Mountain Light *M* Galen Rowell/Mountain Light *UL* Bryan & Cherry Alexander/Ann Hawthorne *UR* Science Photo Library/NOAA **40/41** Eye Ubiquitous/C. Leask **41** Science Photo Library/David Vaughan **42/43** Tony Stone Images/Roger Mear **44** Ranulph Fiennes **45** Bryn Campbell **47** Robert Harding Picture Library/Wally Herbert **48** Bruce Coleman Inc./Norman O. Tomalin **49** Ranulph Fiennes **50** Private Collection **52** Royal Geographical Society/Chris Haworth **53** Galen Rowell/Mountain Light *E* Ranulph Fiennes **54** Ranulph Fiennes **56**

H. J. Hare & Son Ltd. **57** Ranulph Fiennes **59** Topham **60** Ranulph Fiennes **61** Ranulph Fiennes **62** *O* Planet Earth Pictures/John Lythgoe *M* Bruce Coleman Ltd./Jan van de Kam *U* Bruce Coleman Inc./Malcolm Hanes **62/63** Science Photo Library/NASA **63** *OL* The Greenland National Museum and Archives/Erik Holm *OR* Science Photo Library/Simon Fraser *M* Galen Rowell/Mountain Light *U* Bruce Coleman Ltd./Dr. Eckart Pott **64** Topham **65** The Image Bank/Francisco Nuñez **66** Frank Lane Picture Agency/Chris Mattison **67** The Hutchinson Picture Library/Christina Dodwell **68** Royal Geographical Society/Ranulph Fiennes **69** Oxford Scientific Films/Andrew Lister **71** Mountain Camera/Graham Land **72** Topham **73** Oxford Scientific Films/Daniel J. Cox **74** Bryn Campbell **76** Royal Geographical Society/Ranulph Fiennes **77** Bryn Campbell **78** Science Photo Library/Doug Allan **79** Ranulph Fiennes **80** *O* Science Photo Library/Simon Fraser *M* Bryan & Cherry Alexander/Ann Hawthorne *U* Charles Swithinbank/University of Colorado/CIRES/NSIDC **81** *OL* Ranulph Fiennes *OM* Ranulph Fiennes *OR* Biofotos/J. Hoogesteger *U* Galen Rowell/Mountain Light **82** Ranulph Fiennes **83** Ranulph Fiennes **84** Ranulph Fiennes **85** Royal Geographical Society/Ranulph Fiennes **86** Oxford Scientific Films/Doug Allan **89** Ranulph Fiennes **90** Ranulph Fiennes **91** Topham **92** Oxford Scientific Films/Kim Westerskov **93** Bryan & Cherry Alexander/Ann Hawthorne **94** Ranulph Fiennes **95** Ranulph Fiennes **96** Ranulph Fiennes **98** Ranulph Fiennes **99** Ranulph Fiennes **100** *O* Galen Rowell/Mountain Light *M* Natural History Museum, London *U* Ardea, London/E. Mickleburgh **100/101** Galen Rowell/Mountain Light **101** *O* Ardea, London/D. Parer & E. Parer-Cook *M* NHPA/Rich Kirchner *U* Mountain Camera/Colin Monteath **102** Galen Rowell/Mountain Light **103** Papilio/Marcus Walden **104** Mountain Camera/Colin Monteath **105** Ranulph Fiennes **106** Ranulph Fiennes **107** Mountain Camera/Colin Monteath **109** Ardea, London/Jean-Paul Ferrero **110** J. Allan Cash Photo Library **111** Planet Earth Pictures/Rick Rosenthal **112** Bryn Campbell **114** Bruce Coleman Inc./Ken Graham **115** Ginnie Fiennes **116** Planet Earth Pictures/Tom Walker **117** Bryan & Cherry Alexander **118** Biofotos/Alan Berryman **119** Robert Harding Picture Library/Tony Waltham **120** *OL* Wilderness Photographic Library/John Noble *OR* Bruce Coleman Ltd./Dr. Eckart Pott *M* Bryan & Cherry Alexander *U* The Bridgeman Art Library/Scott Polar Research Institute, Cambridge **120/121** Royal Geographical Society/Roger Mear **121** *OL* Galen Rowell/Mountain Light *OR* Yale Collection of Western Americana, Beinecke Rare Book and Manuscript Library *U* Mary Evans Picture Library **122** Biofotos/Heather Angel **124** Oxford Scientific Films/Colin Monteath **125** BBC Natural History Unit/David Noton **126** Impact Photos/Alain Le Garsmeur **127** Topham **128** Bruce Coleman Ltd./Joe McDonald **129** Planet Earth Pictures/John Eastcott & Yva Momatiuk **130** Eye Ubiquitous/David Langfield **131** Oxford Scientific Films/Doug Allan **133** Bruce Coleman Ltd./Dr. Eckart Pott **134** Tony Stone Images/Kim Westerskov **135** The Image Bank/David W. Hamilton **136** BBC Natural History Unit/Tom Vezo **137** BBC Natural History Unit/Neil Nightingale **138** Galen Rowell/Mountain Light **139** Ranulph Fiennes **140** Bryan & Cherry Alexander **141** Mike Hoover **142** The Image Bank/Alex Stewart **143** Mike Hoover **144** *OL* National Maritime Museum, London *OR* By courtesy of the National Portrait Gallery, London *ML* National Maritime Museum, London *MR* The Bridgeman Art Library/National Maritime Museum, London *U* National Maritime Museum, London **144/145** Mike Beedell/Canada In Stock Inc. **145** *O* Hulton Getty *U* Topham **146/147** Mike Beedell/Canada In Stock Inc. **148** Ranulph Fiennes **149** R. A. E. Cove **150** The Image Bank/Steve Bronstein **151** BBC Natural History Unit/Jeff Foott **154** Ranulph Fiennes **155** Ranulph Fiennes **156** National Geographic Image Collection/Robert E. Peary Collection *E* Brown Brothers **157** Simon Grimes **158** Bryan & Cherry Alexander/Ann Hawthorne **159** Jim Young **160** Ranulph Fiennes **161** Tony Stone Images/Robin Smith **162** Ranulph Fiennes **163** Royal Geographical Society/Ranulph Fiennes **165** Ranulph Fiennes **166** Bryan & Cherry Alexander **167** Topham **168** *OL* Mary Evans Picture Library *OR* The Bridgeman Art Library/National Maritime Museum, London *M* Science Photo Library/George East *UL* Bryan & Cherry Alexander/Ann Hawthorne *UR* Galen Rowell/Mountain Light **169** *O* National Archives of Canada/NMC-21063 *U* The Bridgeman Art Library/Scott Polar Research Institute, Cambridge **170** Ranulph Fiennes **172** BBC Natural History Unit/Thomas D. Mangelsen **173** Biofotos/Heather Angel **174** BBC Natural History Unit/Martha Holmes **175** Galen Rowell/Mountain Light **176** Simon Grimes **177** Windrush Photos/Roger Tidman **178** Ranulph Fiennes **179** BBC Natural History Unit/Thomas D. Mangelsen **180** NHPA/David E. Myers *E* Bruce Coleman Inc./Jeff Foott **182** Ranulph Fiennes **183** Gerry Nicholson **184** *O* Mountain Camera/Colin Monteath *U* Bryan & Cherry Alexander **185** *O* Bryan & Cherry Alexander *U* Bryan & Cherry Alexander

FASZINATION DER WEITEN WELT
Redaktion: Christian Berger (Projektleitung), Dr. Peter Göbel, Susanne Straub, Kirsten Thiel
Übersetzung: Ingrid Frieling
Korrektur: Horst Langheinrich
Gestaltung und Typographie: Veit Müller
Einband: Karel Meisner
Produktion: Günter Kress, Roman Wagner
Bildresearch: Ute Noll

Ressort Buch
Redaktionsdirektorin: Suzanne Koranyi-Esser
Redaktionsleiter Auswahlbücher und Leseserien: Heinz Volz
Art Director: Rudi Schmidt

Operations
Direktor Operations: Hanspeter Diener
Leitung Produktion Buch: Joachim Spillner

Satz: Lihs GmbH, Medienhaus, Ludwigsburg
Druck und Binden: Brepols, Belgien